U0404872

武汉商学院资助出版

A Textbook of Practical Translation

应用翻译教程

主　编：李　萍
副主编：忻　竞　　黎　珂
参　编：李　奕　　邹翠英

华中科技大学出版社
http://www.hustp.com
中国 · 武汉

内容简介

本书共分十章。第一章概述应用翻译的基本理论，第二章概述应用文本的基本翻译方法，其余七章通过大量的译例，介绍不同文本的常用翻译方法与技巧，最后一章讲述译者的素养。各章均配有专项翻译练习，供学生独立完成。本书旨在满足大学生走上工作岗位后的实际需求，聚焦实际工作中需要完成的翻译任务，培养学生对外交流和传递信息的能力。本书主要供英语专业本科生翻译课教学使用，也适用于英语爱好者自学。

图书在版编目（CIP）数据

应用翻译教程/李萍主编. —武汉：华中科技大学出版社，2017.7（2023.2 重印）
ISBN 978-7-5680-2721-2

Ⅰ. ①应… Ⅱ. ①李… Ⅲ. ①翻译学-教材 Ⅳ. ①H059

中国版本图书馆 CIP 数据核字（2017）第 068103 号

应用翻译教程 李 萍 主编
Yingyong Fanyi Jiaocheng

策划编辑：牧 心
责任编辑：刘 平
封面设计：孙雅丽
责任校对：何 欢
责任监印：周治超
出版发行：华中科技大学出版社（中国·武汉） 电话：（027）81321913
武汉市东湖新技术开发区华工科技园 邮编：430223
录 排：华中科技大学惠友文印中心
印 刷：武汉科源印刷设计有限公司
开 本：787mm×1092mm 1/16
印 张：13.75 插页：1
字 数：290 千字
版 次：2023 年 2 月第 1 版第 9 次印刷
定 价：56.00 元

本书若有印装质量问题，请向出版社营销中心调换
全国免费服务热线：400-6679-118 竭诚为您服务

前　　言

改革开放30多年来，在当下经济贸易、文化传播全球化的时代，随着我国多方位、多领域、多层次对外开放政策以及中国企业、文化走出去战略的实施，翻译服务已经渗透到经济、文化、科技等各个领域，应用翻译逐渐取代文学翻译，跃居翻译的主位，社会对高质量应用翻译人才的需求越来越迫切。

《应用翻译教程》根据翻译市场的真实需要编写，理论联系实际，立足双语文化差异和结构差异，重视翻译产品和翻译过程，加强译文对比分析，突出实践环节，聚焦实际工作中需要完成的翻译任务，培养学生的对外交流和信息传递能力。本书主要供英语专业本科生翻译课程教学使用，也适用于英语爱好者自学。

本书的编写分理论和实践两个模块。理论部分，介绍了功能翻译理论的代表人物及他们的主要观点，以及功能理论指导下的应用文体的翻译原则；通过对英汉两种文本的比较对照，概述应用文体的基本翻译策略。实践部分，分别就外贸信函、商务合同、外事文书、体育、餐饮、旅游、汽车等领域文本的类型、语言特征、功能及翻译目的进行分析并展示示例，便于学生熟悉这些领域文本的特点及常用的翻译技巧。理论介绍力求深入浅出，通俗易懂，帮助学生学习应用翻译的基础知识和技能，同时通过各种应用文本的翻译实践，使学生掌握基本的翻译技能，并达到一定的熟练程度。

全书共分十章：第1章概述了应用翻译的基本理论问题；第2章概述应用文本的基本翻译方法；其余七章均通过分析文本类型与语言特征、文本功能与翻译目的，并结合文本的翻译示例，介绍了不同的应用文本常用的翻译方法与技巧；最后一章讲述译者的素养。各章均配有专项翻译练习题，供学生独立完成。参加本书编写的是武汉商学院外国语学院教师，其中第1、2、10章由李萍执笔，第3、4章由忻竞执笔，第5、6、9章由黎珂执笔，第7章由李奕执笔，第8章由邹翠英执笔。

我们尽可能使本书体现出新颖、实用的特色，为此付出了艰辛的劳动，但错误或疏漏在所难免，恳请广大同仁和读者不吝指正。

编　者

2017年1月

目　录

第1章　概论

1.1　应用翻译的定义 ………………………………………………… 1
1.2　功能翻译理论 ………………………………………………… 2
　1.2.1　功能对等理论 ………………………………………… 2
　1.2.2　交际翻译理论 ………………………………………… 3
　1.2.3　德国的功能派翻译理论 ……………………………… 4
1.3　应用翻译的特点 ……………………………………………… 9
　1.3.1　信息性 ………………………………………………… 9
　1.3.2　劝导性 ………………………………………………… 10
　1.3.3　匿名性 ………………………………………………… 11
　1.3.4　时效性 ………………………………………………… 11
1.4　应用翻译的原则 ……………………………………………… 12
　1.4.1　达旨 …………………………………………………… 13
　1.4.2　循规 …………………………………………………… 14
　1.4.3　共喻 …………………………………………………… 17

第2章　应用文本的翻译策略与方法

2.1　翻译策略 ……………………………………………………… 22
　2.1.1　异化策略 ……………………………………………… 22
　2.1.2　归化策略 ……………………………………………… 23
2.2　翻译方法 ……………………………………………………… 25
　2.2.1　零翻译 ………………………………………………… 25
　2.2.2　直译 …………………………………………………… 25
　2.2.3　意译 …………………………………………………… 26
　2.2.4　音译 …………………………………………………… 27
　2.2.5　音意结合 ……………………………………………… 28

2.2.6 压缩或删减 …… 28
2.2.7 增补与阐释 …… 29
2.2.8 编译 …… 29
2.3 英汉应用文本语言对比与翻译 …… 32
2.3.1 英汉词义比较与翻译 …… 32
2.3.2 英汉句法比较与翻译 …… 37
2.3.3 英汉语篇比较与翻译 …… 48

第3章 外贸信函翻译

3.1 文本类型与语言特征 …… 58
3.1.1 文本类型 …… 58
3.1.2 语言特征 …… 59
3.2 文本功能与翻译目的 …… 63
3.3 文本翻译示例 …… 66
3.3.1 建立业务关系函 …… 66
3.3.2 询盘信函 …… 67
3.3.3 报盘与还盘信函 …… 68

第4章 商务合同翻译

4.1 文本类型与语言特征 …… 75
4.1.1 文本类型 …… 75
4.1.2 语言特征 …… 76
4.2 文本功能与翻译目的 …… 83
4.3 文本翻译示例 …… 85
4.3.1 正式合同 …… 85
4.3.2 协议书总则 …… 87
4.3.3 确认书 …… 88

第5章 外事文本翻译

5.1 文本类型与语言特征 …… 95
5.1.1 文本类型 …… 95
5.1.2 语言特征 …… 96

5.2 文本功能与翻译目的 …… 98
5.3 文本翻译示例 …… 99
5.3.1 涉外邀请函 …… 99
5.3.2 外事校际合作协议 …… 101
5.3.3 外事法律条例 …… 107

第6章 体育文本翻译

6.1 文本类型与语言特征 …… 113
6.1.1 文本类型 …… 113
6.1.2 语言特征 …… 113
6.2 文本功能与翻译目的 …… 115
6.3 文本翻译示例 …… 116
6.3.1 体育新闻 …… 116
6.3.2 体育教学 …… 118
6.3.3 体育营销 …… 118
6.3.4 体育表演 …… 119

第7章 餐饮文本翻译

7.1 文本类型与语言特征 …… 124
7.1.1 文本类型 …… 124
7.1.2 语言特征 …… 125
7.2 文本功能与翻译目的 …… 126
7.3 文本翻译示例 …… 127
7.3.1 菜名 …… 127
7.3.2 烹饪方法 …… 133
7.3.3 中华餐饮文化 …… 138

第8章 旅游文本翻译

8.1 文本类型与语言特征 …… 146
8.1.1 文本类型 …… 146
8.1.2 语言特征 …… 147
8.2 文本功能与翻译目的 …… 148

8.3 文本翻译示例 …… 149
8.3.1 旅游景点介绍 …… 149
8.3.2 旅游景点导游词 …… 153
8.3.3 旅游景区公示语 …… 155
8.3.4 经典旅游双语文本 …… 159

第9章 汽车文本翻译

9.1 文本类型与语言特征 …… 167
9.1.1 文本类型 …… 167
9.1.2 语言特征 …… 168
9.2 文本功能与翻译目的 …… 173
9.3 文本翻译示例 …… 174
9.3.1 汽车商标 …… 174
9.3.2 汽车广告 …… 174
9.3.3 汽车说明书 …… 176

第10章 译者的素养

10.1 扎实的双语语言基本功 …… 182
10.2 广博的文化背景知识 …… 184
10.3 专业知识 …… 185
10.4 丰富的翻译理论知识和技巧 …… 186
10.5 熟练掌握信息通信技术 …… 186
10.5.1 网络资源 …… 186
10.5.2 搜索引擎 …… 186
10.5.3 在线翻译 …… 187
10.5.4 计算机辅助翻译软件 …… 187
10.5.5 翻译论坛 …… 188
10.6 职业道德 …… 189
10.6.1 译者的责任 …… 189
10.6.2 良好的政治思想素质 …… 189
10.6.3 高尚的职业道德 …… 190

参考答案

第1章　概　　论

《圣经》里说，人类的祖先最初讲的是同一种语言，所有的人齐心协力，步调一致，他们联合起来希望能兴建通往天堂的巴别塔（Babel）。没想到此举惊动了上帝。他看到人们这样齐心协力，心想：如果人类真的修成宏伟的巴别塔，那以后还有什么事情干不成呢？为了阻止人类的计划，上帝让人类说不同的语言，使人类相互之间不能沟通。由于语言不通，无法交流，人们就停工不建塔了。从此人间便产生了成百上千种语言，人们四散天涯海角。巴别塔轰然倒塌，不同种族之间为了交流和沟通不得不借助于翻译。

翻译是跨语际、跨文化、跨民族的一项活动。翻译活动最本质的作用是为人类搭建一座桥梁，促成不同社会、不同地域、不同文化背景的国家和民族之间的沟通和交流。在世界经济越来越开放、全球化越来越深入的今天，在中国企业和文化走出去的战略背景下，翻译在国际交流中起着至关重要的作用，它承载着促进文化交流合作、提供公共文化产品和服务的功能。大到国际会议、各类谈判、设备引进，小到个人简历、公证文件、成绩单的翻译，翻译活动已经渗透到社会生活的方方面面。

1.1　应用翻译的定义

翻译分为文学翻译和应用翻译。文学翻译(literary translation)就是对文学作品进行的翻译，主要是诗歌、小说、戏剧、散文等文学作品的翻译。在文学作品翻译中，文学性是实现译作忠实性的不可或缺的因素。译者在进行文学翻译的过程中，应遵循“信（faithfulness）、达（expressiveness）、雅（elegance）”的原则(严复，1898)，在保证译作忠实性的基础上，努力提高其文学性，使文学翻译最终成为翻译文学。本书所称的应用翻译(practical translation)是相对于文学翻译而言的。关于应用翻译的定义，有如下几种：

应用翻译是一种以传递信息为主要目的，注重信息传递效果的实用型翻译，它的最大特点是实用性强，应用面广，其范围几乎涵盖当今政治、经济、社会、文化生活的各个领域，大大不同于强调艺术审美与文学欣赏的文学翻译。

——贾文波（2004:1）

应用翻译包括除文学翻译之外所有以信息传达为主的文本翻译。科技、法律、经贸等实用文本的翻译，以及各种应用文的翻译都属于应用翻译。纯理论文本和政治、社科、外交文本的翻译也是应用翻译，因为这些文本同样也以传达信息为主要目的。

——韩子满（2005:49）

应用翻译以传达信息为目的，区别于有较强情感意义和美学意义的文学翻译。应用翻译范围较广，包括人们日常接触和实际应用的各类文字，涉及对外宣传、社会生活、生产领域、经营活动等方方面面。

——方梦之（2015:2）

应用翻译又称实用翻译（practical translation 或applied translation），是一种实用性文本的翻译，内容涵盖政治、经济、社会、文化、科技、生活等各个方面，几乎包括了除文学翻译之外的所有文本。因此，应用翻译是一种以传递信息为主要目的，同时又注重信息传递效果的实用型翻译。

——谢工曲（2015:1）

综上所述，所谓应用翻译，是应用文体翻译的简称，是一种以传递信息为目的，同时又注重信息传递效果的实用型翻译，适用于除文学翻译之外的所有文本，内容涵盖政治、经济、社会、文化、科技、生活等各个方面。

1.2 功能翻译理论

应用文体的翻译以功能翻译理论（functionalist translation theory）为指导。功能翻译理论是一个广义的术语，涵盖了众多以语言的功能为基础和中心的翻译理论。除德国功能翻译学派的“目的论”（skopos theory）主导理论以外，还包括一些认同功能翻译的理论以及受德国“目的论”启发的学者的观点，这其中包括美国学者奈达（Eugene A. Nida）的“功能对等”理论（functional equivalence）和英国学者纽马克（Peter Newmark）的“交际翻译”理论（communicative translation）。

1.2.1 功能对等理论

尤金·奈达是美国著名的语言学家、翻译家和翻译理论家，在世界翻译界有广泛的影响。奈达的“功能对等”理论是基于他的《圣经》翻译研究而提出来的，其发展经历了三个阶段：形式对等（formal equivalence）、动态对等（dynamic equivalence）和功能对等（functional equivalence）。奈达在 1964 年出版了《翻译科学初探》，在书中提出了“形式对等”和“动态对等”的概念（Nida，1964）。70 年代，奈达又直接用“功能对等”替代了“动态对等”。

第一阶段：形式对等强调的是原文文本。指的是在翻译过程中，要尽可能地把原文的内容和形式都忠实地传达出来。译入语读者在看译文时，要尽可能地觉得他是原文语境中的一位成员。形式对等是一种有意义的直译，为了更好地理解原文文本，原文可以加注脚，原文形式有必要保留。形式对等是从内容和形式上关注信息本身（刘军平，2009:145-146）。

第二阶段：动态对等。在这一阶段，奈达把动态对等称为等效原则（the principle of dynamic effect）。这种原则就是寻求与原语信息一样的、最贴切的自然对等，即接受者和信息应该在本质上与原语的接受者和信息一致。为了取得语言、语法与词汇上的通顺、自然，译

文可以与原文的接受者和信息一致。信息可以裁剪,以满足接受者语言和文化上的需要,并且达到“完全自然”的表达。“动态对等”追求的是和原语信息最接近的最自然的对等翻译(the closest natural equivalence)。为了取得语言、语法与词汇上的通顺、自然,要考虑译文风格、措辞和接受者的语境,译文可以做出适当的改变。为了对等,译文必须达到四个条件:①要有意义;②要传递原文的精神风貌;③表达自然、流畅;④要与原文产生相同的反应。在意义与风格发生冲突时,意义对等优于风格对等。(刘军平,2009:146)

第三阶段:功能对等。为了强调翻译的交际功能,奈达就用“功能对等”代替了“动态对等”(Nida,2001)。该理论的主要观点是,翻译不应拘泥于原文的语言结构,而应着眼于原文的意义和精神,使用一种“最切近的自然对等语”使译文文本的读者基本上能以原文读者理解和欣赏原文的方式来理解和欣赏译文文本。功能对等强调的是语言之间、文化之间能通过寻找翻译对等语,以恰当的方式重新组织信息的形式和语义结构而进行交际(刘军平,2009:146)。根据功能对等具有不同的适合程度,奈达提出了功能对等的两个层次:最高层次的对等和最低层次的对等。所谓最高层次是指译文读者应能以原文读者相同的方式理解和欣赏译文。这只是翻译所追求的理想境界,永远无法达到,尤其是两种语言的文化和审美差异较大时,就更不可能达到。最低层次的对等指译文读者能够透过对译文的理解而想到原文读者是如何理解和欣赏原文的。这是功能对等的最低现实意义,低于这一层次的译文都是不可接受的。

“功能对等”理论是一种比较客观的等效翻译理论,它追求译文的效果,强调译文读者对译文的反应要基本上与原文读者对原文的反应一致,并把这一点作为评价译文好环的标准。因此,在翻译过程当中,译者应着眼于原文的意义和精神,而不拘泥于原文的语言结构,即不拘泥于形式对应。这也就是奈达一直提倡的“内容第一,形式第二”。但奈达也明确提出“内容第一,形式第二”并不是只顾内容不顾形式,在做到信息内容对等的同时,尽可能在形式上也要求对等,当形式不能对等时优先考虑内容对等。

1.2.2 交际翻译理论

彼特·纽马克(Peter Newmark)是西方当代科学翻译学派中最具代表性的人物。1981年,在《翻译问题探索》(*Approaches to Translation*)中,纽马克提出了“语义翻译”(semantic translation)和“交际翻译”(communicative translation)两个重要翻译策略。语义翻译是把重点放在原文的语义内容上,而交际翻译则是把重点放在读者的反应上。纽马克把严肃文学语言划归到语义翻译,将非文学语言划归到交际翻译。

忠于作者、充分表达作者原意的翻译叫作语义翻译(semantic translation);忠于读者、便于读者接受的翻译叫作交际翻译(communicative translation)。纽马克非常明确地区分了语义翻译与交际翻译的标准,认为语义翻译是“在目标语语言结构和语义许可的范围内,把原作者在原文中表达的意思准确地再现出来”;交际翻译是“试图为译文读者创造出与原语读者所获得的尽可能接近的效果"(Newmark,1981:22)。简言之,语义翻译屈从于原语文化和原作者,注重译文是否忠实于原作,注重词、句的语义分析,译文与原文的形式更为接近;交际翻译屈从于译语和译语文化,注重译文读者的反应、译文的顺畅,实际效果与原文内容发生冲突时,内容让位于效果。

纽马克运用布勒 (Karl Buhler,1990) 的语言功能理论,在语言功能分类的基础之上,对文本类型进行了划分,主要分为:表达类文本 (expressive text),包括文学作品、权威性言论、自传、随笔、私人信函等;信息类文本 (informative text),包括自然科学、经济、专业报告、报刊文章、学术论文、专著、会议纪要等;呼唤类文本 (vocative text),包括告示、说明书、宣传手册、广告等。纽马克认为表达类文本带有强烈的个人感情色彩,它往往运用一些夸张的、有个人特点的词语和句型,反映出原作者的语言风格和特点;信息类文本是对客观事件的写实性描述,它的语言往往不带个人特色,经常用普通的搭配、正常的句型、传统的习语和比喻等;召唤类文本强调以读者为中心,其目的是号召读者按照原作者的意图来行动。

纽马克还指出,一个文本很少只有其中一个功能,绝大多数文本兼有三种功能,只是侧重点不同而已。在此基础之上,纽马克提出,不同文本类型要求不同的翻译方法与之相适应。"表达类文本"的核心是作者的思想,作者的个性成分构成了表达型文本的表达要素,形成了表现作者个人语言风格的个人习语。因此纽马克提出用"语义翻译"的方法来处理这类文本,即"尽可能地使用贴近原语的语义、句法结构将原文的语境意义准确地表达出来"。"信息类文本"的核心是信息传达的真实性,作者在文本中只是处于一种匿名的地位。这类文本的翻译应该注重接受者的理解和反应,即信息传递的效果,因而他建议采用"交际翻译"的手法,意在让译文读者获取尽可能接近原文读者的效果,突出信息传达的准确性和真实性。"呼唤类文本"的核心是信息的传递效果和读者的情感呼应,因此译者需采用"交际翻译"的手法,顺从译文读者的欣赏习惯和心理感受,不必拘泥于原文的语言形式,尽量使用译文读者所熟悉的语言表达形式,去获取译文预期的效果。

1.2.3 德国的功能派翻译理论

德国的功能派翻译理论产生于20世纪70年代到80年代,它摆脱了传统的对等、转换的语言学的翻译方法,运用功能和交际方法来分析、研究翻译。其代表人物有德国学者凯瑟林娜·赖斯 (Katharina Reiss)、汉斯·费米尔 (Hans Vermeer)、贾斯塔·赫兹·曼塔利 (Justa Holz-Mänttäri) 和克里斯蒂安·诺德 (Christiane Nord)。它的形成大体经历了四个阶段,其颇具里程碑意义的理论是赖斯的文本类型理论 (text typology)、费米尔的目的论 (skopos theory)、曼塔利的翻译行为理论 (theory of translation action) 和诺德的功能加忠诚理论 (function plus loyalty)。

1. 文本类型理论

1971年，凯瑟林娜·赖斯在《翻译批评的可能性与限制》(*Possibilities and Limitations in Translation Criticism*)中首次提出翻译功能论(functional approach)，把"功能类型"这个概念引入翻译理论，并将文本功能列为翻译批评的一个标准。她提出翻译应有具体的翻译要求(translation brief)和基于原语和译语功能关系的功能批评模式，有时因特殊需要，要求译文与原文具有不同的功能。理想的翻译应该是：原文文本与目标文本在内容、语言形式和交际功能等几个层面与原文建立起对等关系。这本《翻译批评的可能性与限制》也被认为是德国功能学派翻译理论形成的起点。值得强调的是，她的这种理论观仍是建立在以原文作为中心的"等值"基础之上的，其实质是寻求译文与原文的功能对等。

赖斯提出，翻译需要研究文本类型，不同的文本类型决定着使用不同的翻译方法。她更多地借用了布勒(Karl Buhler)的语言功能理论的研究成果，建立了翻译类型学体系。赖斯将语言的语义功能分为3类：信息功能(informative function)、表达功能(expressive function)、感染功能(operative function)。在这3种功能的基础上，赖斯将文本分为3大类：内容为主的文本、形式为主的文本、感染为主的文本。

内容为主的文本注重文本的内容，这种文本主要反映客观事实，传递信息，所以该文本也被称为"信息型文本"(informative text)，如新闻、商业信件、货物清单、说明书、专利说明、条约、官方文件、各类非虚构作品、教材、论文、报告以及人文学科、自然学科和其他技术领域的所有文献。形式为主的文本(expressive text)，其内容通过艺术形式表现，这种文本实际就是指文学文本(literal text)，如小说、诗歌等。感染为主的文本(operative text)是指以感染为主要目的的文本，如广告、布告、宣传、营销等文本。赖斯认为，信息文本翻译的首要目的是保证信息的正确性，文学文本关心修辞结构的相应美学效果，而感染文本则要达到原文的目的。

赖斯认为不同的文本类型应采用不同的翻译方法：

①信息功能文本：译者应该准确、完整地再现原文内容。就风格选择而言，以目的语文化的主导规范为指导。

②表达功能文本：译文应传达原文的审美及艺术形式。当两种语言文化规范发生冲突时，以原语文化的主导规范为指导。

③感染功能文本：译者以读者的同等反应为原则，在译文读者中创造与原文同等的效果，为此译文与原文可以有内容、形式和风格上的变化。

根据文本类型学(text typology)的相关理论，应用翻译主要属于赖斯的信息型文本和感染型文本或纽马克的信息类文本和召唤类文本，而文学翻译则侧重于表情型或表达型文本。

文本类型的功能、特点及其翻译方法见下表：

(Munday, 2001)

文本类型 (Text type)	信息型 (Informative)	表情型 (Expressive)	感染型 (Operative)
语言功能 (Language function)	表达事物与事实 (Representing objects and facts)	表达情感与态度 (Expressing sender's attitude)	感染接受者 (Making an appeal to text receiver)
语言特点 (Language dimension)	逻辑的 (Logical)	美学的 (Aesthetic)	对话的 (Dialogic)
文本焦点 (Text focus)	侧重内容 (Content-focus)	侧重形式 (Form-focus)	侧重感染作用 (Appellative-focus)
译文目的 (TT should)	表达其内容 (Transmit referential content)	表达其形式 (Transmit aesthetic form)	诱出所期望的反应 (Elicit desired response)
翻译方法 (Translation method)	简朴的白话文,按要求做到简洁明了 (Plain prose, explicitation as required)	仿效,忠实原作 (Identifying method, adopt perspective of ST author)	编译,等效 (Adaptive, equivalent effect)

2. 翻译目的论

赖斯的学生汉斯·费米尔进一步打破了对等理论的局限,摆脱了以原语为中心的等值论的束缚,提出以文本目的为翻译活动的第一准则,创立了功能派的奠基理论——目的论。目的论的核心概念是:翻译方法和翻译策略必须由译文的预期目的或功能决定。其中的目的(skopos)是希腊词,意思是"目的、动机、功能"。翻译目的论的定义是:"在目的语背景下,为目的语的目的,和目的语的环境读者,产生一个文本。"(Produce a text at target setting for a target purpose and target addressee in target circumstances.)(Nord, 1997:28)。弗米尔将目的原则阐述为两条规则:①翻译"目的"成为翻译的功能,原文和译文的互动由翻译的目的来决定。②翻译的目的根据接受者不同会有所不同,译者应该用最适当的翻译策略来达到目的语文本意欲达到的目的。在目的论的翻译过程中,译者可以根据特定的读者对象,决定采用直译、意译或编译的方法。

目的论主张,译本的预期目的决定翻译的方法和策略,在翻译过程中应遵循三个总体原

则，即目的原则(skopos rule)、连贯原则（coherence rule）和忠实原则（fidelity rule）。

目的原则指的是所有翻译活动应该遵循的第一条主要原则就是"目的原则"。换言之，整个翻译过程，包括翻译方法和翻译策略的选择，都是由翻译行为所要达到的目的决定的。目的论把翻译行为所要达到的目的概括为三种，即译者的目的、译文的交际目的和使用某种特殊翻译手段所要达到的目的。其中，译文的交际目的在一般情况下，比另外两个目的更为重要，而交际目的通常是由翻译行为的发起人决定的，不过，译者可以参与译文目的的确定。

连贯原则指的是译文必须符合语内连贯(intratextual coherence)的标准，即译文具有可读性和可接受性，能够使接受者理解并在译入语文化及使用译文的交际语境中有意义。

忠实原则指译文与原文之间应该存在语际一致连贯（intertextual coherence）的要求，是针对译文文本与原文文本之间的关系而言的，类似于我们通常所说的译文应忠实于原文的说法，但与原文忠实的程度和形式取决于译文的目的和译者对原文的理解。

在这三个原则中，语篇间连贯从属于语篇内连贯，而二者同时受目的原则的统领。

3. 翻译行为理论

曼塔利基于交际理论与行为理论提出翻译行为理论，目的是为专业翻译情境提供一个模式和指导。曼塔利指出"翻译是一种用于达到特别目的的复杂行为"(Munday，2001：76)。她将翻译和翻译行为区别开来，将翻译放在社会文化语境中，并涵盖了翻译发起者和译者的相互作用和影响，使翻译功能主义翻译目的论又前进了一大步。

她认为，翻译不仅是译字、词、句或者文本，而且是一种跨越文化障碍的有意识的合作，这种合作建立在以功能为主的交际之上。作为信息发出者，译员是跨文化交际的信息传递专家。曼塔利将"跨文化交际"称为"合作"，也就是指信息发出者与接收者之间的合作(刘军平，2009：386)。

翻译行为是信息传递的过程，它服务于交际合作的目的。翻译行为非常重视为接收者提供一个功能性的交际文本，即在形式和文体上与目的语文化达到功能性适合的目的语文本。功能性适合由译者确定。译者是翻译行为的专家，其角色是确保文化转换圆满完成。在目的语文本制作过程中要分析原语文本，目的是弄清其结构和功能特征，其特征可用内容和形式来描述。接收者的需要是目的语文本的决定因素。原语文本中的术语，对于非专业的目的语文本读者有可能需要解释。为保证目的语读者的阅读连贯性，单个术语的翻译需要前后一致。

曼塔利的翻译行为理论区分了翻译和翻译行为两个概念。她认为翻译是一个狭义的概念，涉及原语文本的使用，而翻译行为是一个广义的概念，涉及译者为翻译所做的一切，包括在翻译过程中给予文化或技术上的参考意见。并且，她将改编、编译、编辑和资料查询都包括在翻译行为内，她甚至把与外来文化有关的编辑、查阅等行为也包括在内。在这种"行为"里，译者变得像是一个根据委托人要求设计"产品规范"(product specifications)的专家，并生产符合接受者文化圈特定需要的“信息传递物”(message transmitter)。而译作也不再寻求与原文的等值,而是一份能满足委托人需要的目的语文本。

此外,曼塔利对翻译过程中的行为及参与者角色予以细致的分析,主要包括:发起人/客户(the initiator/client)、委托人(the commissioner)、原文作者(the ST producer)、译者(the TT producer)、译本使用者(the TT user)及译本接收者(the TT receiver)(Holz-Manttari,1984)。他们并非参与每一个翻译过程,有时一个人可以同时担任几个不同的角色。

4. “功能+忠诚”理论

诺德在曼塔利翻译行为理论的基础上进一步分析了翻译各方参与者的责任,继承了赖斯和弗米尔的功能思想,即翻译的目的决定翻译方法和翻译策略(Munday,2001:83),提出了功能+忠诚理论(function plus loyalty),其中,“功能是指使译文在译语环境下发挥预期作用的因素”;“忠诚是指译者、原文作者、译文读者以及翻译发起者之间的关系”(Nord,2001:126)。从翻译的技术角度看,“忠实”是原文文本与译文文本之间的技术关系,而“忠诚”则是翻译上的一种伦理道义原则。“功能+忠诚”的原则主要指向的,是译者与翻译参与者之间建立的可信赖的伙伴关系。一方面,信息发送者、接收者、发起人、原文作者、委托人等的意图、合法权益和期待,都可能影响翻译的目的和功能;另一方面,作者(委托人)通常要求忠实于原文,但是,如果委托人相信译者的水平和职业道德,在翻译的过程中,译者即使对原文做出某种改变,委托人也相信译者,这是一种信任感。忠诚概念涉及的是对译者素质的基本要求和译者的社会沟通能力。译者必须充分考虑翻译参与各方的意见,但是译者有权按照翻译目的自主选择翻译方法,必要时可以忽略原文的某些方面。如果译者对原文的改动不符合译语文化惯例,那么就有责任给予读者解释,而不能欺骗;同样,如果译者的传译有悖于原文传送者的期望,也有责任向原文传送者解释这些变动。“功能+忠诚”原则主要有以下七个方面:

①功能原则。翻译方法和翻译策略由翻译目的决定。

②功能+忠诚原则。在翻译活动中,限定翻译目的的范围使得对特定原文的翻译行为受到译者对翻译参与方责任的限制。

③译文的预期功能是目标环境下最重要的因素。

④翻译指令必须是在对翻译目的详细说明的条件下描述译文需求。

⑤功能不是文本天然的特征,而是文本在被接受的过程中由接受者所赋予的文本特征,也就是说,文本功能是否能够发挥作用是由接受者决定的。

⑥文本创造者和译者应该尽量创造接受者认可的文本,以使其达到译文的预期功能,为此,译者可以使用包括语言外“功能标记”在内的所有手段。

⑦只要译文和原文的交际意图基本一致,译文预期的功能和原文可以有所不同。

以“功能+忠诚”对原文地位重新定位。原文只是翻译的信息提供源和翻译的起点，并不是判断译文是否成功的唯一标准。译者可以根据翻译目的对原文进行必要的转译。“功能+忠诚”理论提高了译者在翻译过程中的地位，并赋予其更大的自由和广阔的发挥空间。同时，接受者的要求也被视为决定翻译目的和策略的重要标准，凸显接受者的不同需求，突出了译文的有效供应，促进了翻译标准和翻译策略的多元化。“功能+忠诚”理论认为面对译文读者的多样化，在某些特定的情况下，可以采用翻译、解释甚至改编的策略。

1.3 应用翻译的特点

法国翻译理论家德利尔（Delisle：1988）认为应用翻译具有以下特征：①匿名性（anonymous）；②指称性（denotative）；③客观性（objective）；④信息性（informative）；⑤暂时性（short-lived）；⑥说教性（didactic）。谢工曲（2014：1）认为应用翻译涉及的文本包罗万象，但是，这些文本的翻译又具有相当的共性特点：实用性、目的性、专业性和匿名性。方梦之（2015：2）认为信息性、劝导性、匿名性和实效性是绝大多数应用语篇的主要特点。本书采纳方梦之的观点对应用翻译的特点进行介绍。

1.3.1 信息性(informativity)

应用文体翻译的基本功能是传递信息，即译本对目的语读者提供所需的原文的信息，如科技知识、新闻资讯、产品说明、旅游项目介绍等。应用翻译要充分考虑读者的信息需求，准确无误地传递原文的信息。在翻译过程中，我们转换的是语言，但保留的是最有价值的信息。信息分为核心信息、次要信息和冗余信息。核心信息可以是明示的概念意义，也可以是暗含的概念意义以及潜在的文化和风格信息，甚至形式，在翻译时一定要传达核心信息；次要信息是指原文中具有一定价值的信息，在翻译过程中具有从属性；冗余信息是指原文中多余、混乱或错误的信息。在翻译中，我们不能简单地认为原文中的各种信息在译文中保留得越多越好。首先要确保的是核心信息的传递，其次是冗余信息的删除，再次是在译文流畅前提下次要信息的传递（张健，2013：28）。对信息作陈述，要根据目的语读者的阅读经验和期待视野对语篇中的信息进行适当调节、取舍，使之适合于目的语读者的要求。信息的编排既受制于交际目的，又受制于交际者的认知局限性，必须从信息的质量和数量两方面综合考虑。

译文传达的信息质量会直接影响翻译目的的实现。商贸领域的汉英翻译必须正确地将源语的信息用译文表达出来。考虑到译文的目的和读者的需要和接受能力，译者提供的信息有时有增减，译者可做适当调整或补偿，使译文的信息性合理、合适。

例1：董事长李先生现在是市人大代表、政协委员、劳动模范。

译文：Mr. Li, an influential and successful entrepreneur in the city, serves as the chairman of the board.

分析：汉英民族由于不同的文化背景、价值观念和思维习惯，在语言表达方式上也有所不同。汉语倾向于过度修饰，而英文讲究简洁明快。例1中的这句话常见于企业外宣翻译中对董事长的介绍。若把董事长的三种身份都一一用英语说出来，对并不了解中国文化的英语读者而言，这些冗余信息会加大阅读负担，而且也不利于实现宣传企业的目的。在翻译时删繁就简，省略了原文中的三种身份，用"具有影响力的成功企业家"来代替，既间接传达了原文的信息，又符合英语读者的阅读期待。

例2：6月15日—16日，由天津市人民政府、全球信息基础设施委员会和赛伯世纪论坛共同举办的"第三届电子商务国际论坛（中国·天津）"在天宇大酒店举行。信息产业部副部长吕新奎、外经贸部副部长陈新华、中国机电产品商会会长李慧芬、中国社会科学院高级顾问刘国光、国务院发展研究中心副主任鲁志强及天津市领导出席论坛。

译文：On June 15-16, the Third China International E-commerce Forum (Tianjin, China) was held at Tianyu Hotel. The forum was jointly sponsored by Tianjin Municipal Government, Global Information Infrastructure Commission and the Cyber Century Forum. Present at the forum were officials and researchers from China's central government and Tianjin Municipality.

分析：根据原文报道，主要信息是"电子商务论坛"的相关信息，而中文稿根据"中国新闻"的习惯，罗列了一大串政府官员，不符合西方人的接受习惯，所以在具体翻译过程中，译者在无条件保留核心信息的基础上，在确保译文流畅和读者的阅读习惯的前提下，酌情删除了次要信息和冗余信息。

1.3.2 劝导性(persuasiveness)

应用翻译的劝导性表现在译文内容对读者的启示和诱导，劝导人们相信什么或否定什么，劝导人们做什么或不做什么。科普读物劝导人们辨别真伪，旅游指南吸引人们参观景点，广告诱导人们购物。在由源语翻译成目的语时，要结合目的语的语言文化，把源语的劝导性用目的语恰当地表现出来。

例3：只为点滴幸福。（蒙牛牛奶）

译文：For Every Drop of Happiness.

分析：这是蒙牛企业在2013年首次切换形象时打出的全新广告语，以幸福为主题，给人带来一种美好的感觉，而说到"点滴"，又容易让人想到牛奶，十分符合蒙牛的企业特性。当时译文为"Little Happiness Matters"，这则广告的译文乍一看似乎合情合理，但深究起来，却与原意截然相反。little在英语中含有否定之意，把译文回译成汉语后就会发现是"幸福并不重要"，与原文的含义差之千里。因此，在直译过程中不能任意搭配词语，而是需要结合

目的语的语言文化，仔细研究后谨慎用词。

由于英汉文化的差异，商务广告在实现劝导性的方法上也不尽相同。在翻译过程中，译者不应拘泥于原文，而要根据语言文化差异对原文的非信息成分进行改动。因此，在翻译商务广告时，不仅要保持源语的个性内涵，更要迎合目的语消费群体的文化传统心理和消费观念，使译文接受者与源语接受者可以产生相同或对等的反应，从而真正达到广告的目的。

例 4：Not all cars are created equal.

译文：人生而平等，汽车却有优劣之分。

分析：这是日本三菱汽车公司在美国市场推销汽车的广告。它采用了仿拟（parody）手法，刻意模仿了美国尽人皆知的《美国独立宣言》中的一句话"All men are created equal（人人生而平等）"，并将肯定句改成了否定句，突出了该品牌汽车的与众不同，达到了引人注目的广告效果。

1.3.3 匿名性(anonymity)

应用翻译的匿名性是由两方面的原因造成的。一是大多数应用翻译语篇应业务交往或工作之需，仅在有限范围内交流，译者对委托人负责，而且委托人可能就是读者本人，没有必要署名。对于公开出版物，译者有署名的，也有不署名的，这由出版单位与译者协商决定。二是应用文体的各类语篇缺乏、甚至没有作者个性，而是按一定的（约定俗成的）程式行事，犹如"安民告示""官样文章"，对于译者而言，作者因素并不重要，重要的是语篇提供的信息及信息传递的效果，因此其作者的身份通常不刻意突出，即处于一种"匿名"的地位。

例 5：Electrical energy can be stored in two metal plates separated by an insulating medium. Such a device is called a capacitor, or a condenser, and its ability to store electrical energy is termed capacitance. It is measured in farads.

译文：电能可储存在由一绝缘介质隔开的两块金属极板内。这样的装置称为电容器，其储存电能的能力称为电容。电容的测量单位为法拉。

分析：科技活动本身是一件十分严肃的事情，来不得半点马虎，因此对事物的陈述必须客观、准确。尽管科技活动系人类所为，但由于科技文章所揭示的内容主要是科技成果和客观规律本身，而不是相关成果的完成者或某一规律的发现者，因此，科技文章往往没有人称。据英国学者斯威尔斯（J. Swales）的统计，科技英语中有三分之一以上的动词为被动形式，主要原因就是科技英语以叙事推理为主，在很多情况下要表达的只是一个客观事实，无须强调或指出行为的发出者。这是科技英语行文的一个重要特点，在翻译中要着力再现。

1.3.4 时效性(timeliness)

同一件事情在不同的时间具有很大的性质上的差异，我们管这个差异性叫时效性。比如报纸、新闻节目，今天听了是新闻，明天听了就是旧闻。应用翻译的时效性指两个方面。第一是指译文本身的时效性。应用翻译的主要功能是传递信息，信息在一定的时空中产生效益，无论新闻、产品推介、可行性报告、招标书或是广告、商务协议、技术报告等都有一定的时间性，超过时间，就意味着失效。第二是指翻译时限，即委托人对译者完成译文的要求。翻译时限是翻译服务质量要求的重要指标之一，也是翻译报价的依据之一。

在当今网络时代，信息传递的速度越来越快，信息量也越来越大。与之相适应的是翻译量与日俱增，翻译速度成倍增长，翻译的无纸化程度成倍提高，对译者的要求也越来越高。译者要在有限的时间内出色地完成翻译任务，满足委托人的要求。

例 6：惊悉古巴革命领导人菲德尔·卡斯特罗同志不幸逝世，我谨代表中国共产党、政府、人民，并以我个人的名义，向你并通过你向古巴共产党、政府、人民，对菲德尔·卡斯特罗同志的逝世表示最沉痛的哀悼，向其家属致以最诚挚的慰问。

译文：Distressed to learn of the passing away of Cuban revolutionary leader Fidel Castro，I，in the name of the CPC，the Chinese government and people and in my own name，express my deepest condolences to you and through you to the Communist Party of Cuba，the Cuban government and people，and my sincerest sympathy to Fidel Castro's family.（《中国日报》双语新闻）

分析：2016 年 11 月 25 日，古巴革命领袖菲德尔·卡斯特罗逝世，11 月 29 日，中共中央总书记、国家主席、中央军委主席习近平前往古巴驻华使馆，吊唁古巴革命领袖菲德尔·卡斯特罗逝世，发表了上述的吊唁词。像这类国家领导人公开发表的讲话，时效性很强，原文稿件一经定稿，就要求及时地译为目的语。

1.4 应用翻译的原则

泰特勒（Alexander Fraser Tytler）是我国译界熟悉的 18 世纪英国著名翻译理论家。他在《论翻译的原则》（*Essay on the Principles of Translation*，1790）一书中提出的“翻译三原则”被译学论者和翻译工作者广泛引用和阐释。这三条原则在被引用时，中文一般都译成：

①译作应该完全复写出原作的思想；

②译作的风格和手法应和原作属于同一性质；

③译作应具备原作所具有的通顺。

早在 19 世纪末，严复就提出了“信、达、雅”的标准，这与泰特勒的翻译三原则有异曲同工之妙。“信”指意义不背原文，即译文要准确，不歪曲，不遗漏，也不要随意增减意思；“达”指不拘泥于原文形式，译文通顺明白；“雅”则指译文选用的词语要得体，追求文章本身的古雅，简明优雅。

1979 年，刘重德（1979：114-119）指出：“严复所定的信、达、雅，只要撇开他所讲的一些具

体办法,'信''达'两字可沿用;而泰特勒所讲的三个总原则,比较完善,可全部采纳。"刘重德参考中外两家之说,取其精华,精练措辞,提出了"信、达、切"三字翻译原则。此后,刘重德(1993:2000)又对其三字原则加以说明:"信—信于内容,达—达如其分,切—切合风格。"

我国资深翻译家、翻译理论家、翻译学刊出版人和译学辞典编撰人方梦之(2013:70-78)在充分吸收中西翻译理论元素的基础上,提出了应用翻译的总体原则:达旨—循规—共喻。三者各有侧重,互为因果。达旨,即达到目的,传达要旨。"达旨"两字源自严复的"译例言",但方先生吸纳的是严氏的翻译思想(即通过翻译,表达原作意思,达到译者目的)和严氏的翻译方法,如颠倒附益、长句短译、增译、减译等。同时,"达旨"也体现了德国功能目的论的精髓,它是译者翻译的出发点和归结点。"循规",即遵循译入语规范。该概念源自文化学派的翻译规范理论:翻译活动发生在一定的社会文化环境之中,译者为使翻译获得认可,必须融入译语的意识形态,符合译语的思维方式,遵守译语的规范制度。它是译者翻译过程的操作纲领。"共喻",即让读者畅晓明白。"共喻"与"达旨"的出处相同,是对"达旨"和"循规"的必要补充,翻译大家如严复、奈达、纽马克等都非常注重译文的通顺性和针对不同读者需求的适应性。它是译者翻译作品的最终承载形态,因而规定了译者在翻译过程中采用不同的翻译策略和手段。

1.4.1 达旨

目的论的理论核心在于翻译的目的,即达旨。目的论中的达旨是达到翻译委托人和译本接受者的目的。开译之前,译者要了解委托人或客户对翻译的要求和目的,也就是要了解译文的预期功能、译文读者、翻译的时间、译文的空间(译文的篇幅或信息含量)、译文的传播媒介等。翻译要求也可以由客户和译员共同讨论完成。译员根据翻译要求制订翻译策略,翻译要求成为译者翻译工作的目标。

应用翻译中有大量信息型文本,如教科书、技术报告、报刊文章、学术论文、会议纪要等。信息型文本的核心是关于某个主题的事实,是语言之外的现实世界,因而信息和客观事实是翻译的着力点。诺德认为,"信息型文本的主要功能在于向读者提供真实世界的客观事物和现象。语言和文体形式的选择应该服从于这一功能。"(Nord,2001:37)

除了信息型文本外,应用翻译还面对以召唤功能为主的文本,如通知、广告、企业介绍、宣传文字等。这类语篇有较强的劝导性,着力号召读者"去行动、去思考、去感受"。当然,许多语篇是以一种功能为主,兼有其他功能的。不管怎样,在形式和内容的关系上,翻译应着重于意义和精神,而不是拘泥于原文的语言形式。奈达认为,"作为职业翻译,最重要的是有效地传递意义,因为意义才是客户们确切想要和需要的东西。他们关心的不是文本的形式特征,而是文本的内容。"(奈达,2001:128)

1.4.2 循规

循规即遵循目的语的文化规范。规范的概念和名词来源于社会学，是“要求人们遵守的行为方式和规则，指的是人们在社会生活中该怎么做、不该怎么做”（Giddens，1996：58）。图里认为，翻译活动发生在一定的社会文化环境之中，译者为使译文能获得认可就必须要遵守译文社会的规范，因此“翻译是一项受规范制约的行为”（Toury，1995：56）。译文是“目的语文化的产物”（Toury，1995：29），指明译者在翻译活动中能做或必须做什么，也明确了译者不能做、被禁止做什么。图里将翻译规范划分为三类（1995：56-61）：

（1）初始规范（initial norms），指译者对翻译的大致策略的选择，即在倾向于忠于原文或倾向于忠于译文的语言和文化规范之间做出选择，前者为“充分性”翻译（翻译方法上倾向于“直译”或“异化”），后者为“可接受性翻译”（翻译方法上倾向于“意译”或“归化”），而多数情况下译者会将这两种策略结合（Toury，1999：21）。

（2）预备规范（preliminary norms），即涉及特有的翻译政策、特定时期对特定文本类型和语言的选择，以及翻译的直接性，即是否允许或接受第三种语言的转译——从原文直接翻译（考虑其文本类型、出版年代等），还是从其他语言的译本进行转译。

（3）操作规范（operational norms），指翻译中所做的实际决定，涉及具体文本的处理、操作和翻译策略。分为“宏观架构规范”和“篇章语言学规范”。前者决定译文的宏观结构，如翻译全文还是部分，各部分的位置是否变化以及文本的结构变化等。后者影响译文的微观结构，制约译者如何选择合适的语言成分组织译文。

总之，译者不必过分被源语中的“等值”和目的语中的“可接受性”所束缚，译者应当进行适当的取舍。译者的责任是在实际翻译过程中选取适用于自己的翻译规范。在特定社会历史环境下，意识形态、权力关系、文学传统（即文化视角和权力视角）这些（规范）外部的因素对翻译活动的影响，随着社会进程的演进，这些外部（文化、权力）制约本身就可能变成（翻译）规范，因为规范也是某种类型的制约（Toury，1999：17）。为此，译者为顺应译文的交际目的或功能“可以不择手段”（由于翻译发起人或委托人的目的可能和原作者相异，因此译者在译文中要表达的意向性、文本信息的结构和内容可能和原作者不同，甚至大相径庭）。

1. 顺应意识形态规范

从权利话语的角度来看，翻译是一种双重话语制约下的再创造活动。对于同一现象在不同政治语境下会有不同的说法，译语往往表达一定政治集团的意识形态。

我国的对外宣传工作历来带有强烈的意识形态倾向，这一点，任何其他国际媒体毫不例外（美国CNN新闻报道中强烈的意识形态色彩早已尽人皆知）。一旦涉及意识形态与政治，任何国际媒体都不可能真正超越国家、超越意识形态、超越文化。外宣翻译内容的政治性强、政策敏感度高，译文的内容与质量直接关系到一个民族的国际形象和民族尊严。例如

我国对外宣传中改革（reform）、开放（opening-up）的翻译。若不考虑政治内涵，一味顺从英语习惯，似乎译为 transform 和 open-door（门户开放）更能为西方读者接受，因为这类表达都是在外刊上经常亮相的。但二者看似仅一字之差，里面却大有讲究：reform 是原地重构（社会主义体制不变），而 transform 则是从原地到另一地的改变（社会主义向资本主义转换）；同样，opening-up 由于有 up 一词，有向上、向外的意思，是我们主动对外，突出我们的主权；而 open-door 虽有开放之义，但同时还可以理解为别人而开门，就是说，对外国人而言，可以说门是为他们开的，他们是主体，这就颠倒了主次。更为重要的是，open-door 二字会使我们想起晚清末年外国列强强加给我国的门户开放政策，那是一段屈辱史，在今天的中国决不允许再次发生，这里面有质的区别。因而，这不仅是语言层面上的求异，还有着更为深刻的政治内涵和用意。

例 7：在中国，共产党是执政党，但我们非常欢迎民主党派以及无党派人士对政府工作加以监督。

译文：In China, the Communist Party is the party in power, but other political parties or groups and personages with no party affiliation are welcome to supervise the government.

分析：由于西方长期不正确的宣传，西方受众有可能错误地把共产党等同于不讲民主的专政党，如果把原文中的民主党派译为 democratic parties，他们可能产生的误解是中国实施的是共产党一党专制，同时中国存在着若干个追求民主的反对党，两者之间是相互对立和排斥的。如果译成 other political parties or groups 就会淡化这种错误印象。

2. 符合译语文化习惯

一种语言代表一种文化，从某种意义上说，翻译就是翻译文化。中西方文化存在巨大的差异，这种差异会导致思维习惯和表达方式有着显著的不同。中文里我们习以为常的词语如果直接翻译成目的语，不但难以忠实地传达原意，反而可能会引起误解。由于外宣译作的读者大多数是外国人，他们在文化背景、认知习惯、思维方式等方面与中国读者有很大差异，这就要求译者充分了解目的语文化，以免在外宣翻译过程中造成文化空缺、文化扭曲或文化冲突等“文化性翻译失误”。如有些翻译者把“梁山伯与祝英台”直接翻译为 Liang Shanbo and Zhu Yingtai 而不加任何的解释，外国读者完全不懂中国古典文化，看了以后会不知所云，这种因文化空缺而造成的外宣翻译失误会导致传播失效。其实，译者完全可采用归化的方法，借用外国人所熟知的典故、人物等来比喻汉语中相似的典故，以达到语义对等的效果。如前面这个例子，我们完全可以借用莎士比亚笔下人人皆知的 Romeo 和 Juliet 这个典故，或者采用直译加注的方法，可以译成 Liang Shanbo and ZhuYingtai (butterfly lovers, just like Romeo and Juliet)，这样一来外国读者就比较容易理解了。

例 8：杭州市在“文革”结束后重修了当年被作为封资修而毁坏的所有历史遗址，唯独西湖之滨那个著名的苏小小墓至今不见踪影，想必还是为她江南名妓的身份所累。

译文：Hangzhou，a beautiful city in south China，revamped and rebuilt historical relics that had been destroyed during the Cultural Revolution. But the tomb of Su Xiaoxiao was not included，largely because she was a prostitute.（*Beijing Review*，2001：46）

分析：此例中封资修、文革、江南名妓这些表达反映出中国独特的历史国情，更是体现中国当时社会意识形态的最典型表达，照实译出容易引起西方读者不解甚至反感（特别是封资修的提法），故而译文去繁从简，仅保留西方读者熟悉的文革这一时代信息和妓女这一事实。

3. 符合译语语言规范

英汉两种语言有着各自不同的语言规范。从词法上看，汉语表达趋于雅，英文趋于白；从句式结构方面看，英语注重形合（hypotaxis），而汉语侧重于意合（parataxis）。此外，英汉两种语言在表达风格上也存在巨大的差异。汉语表达往往辞藻华丽，修饰语过多，而英语则更注重客观事实，常常开门见山，直入主题。因此在翻译的过程中，译者不用紧跟原文，亦步亦趋，而应该遵守译语的语言规范。如汉语公示语中，有关“禁止……”之类的命令式祈使句随处可见。这种表达作为社会指令信息，凝练简洁，醒目易懂，已得到普遍接受。但是在英语文化里，这种直白的、命令性的禁止用语不受人们欢迎。因此，在翻译公示语时会常常用被动句式、无人称主语句式和名词短语，以取得对等的接受程度。如在国内很多饭店，“谢绝食用非本店食品”的字样被译成“Please don’t test or drink any food and drink that doesn’t belong to this restaurant”，这样的表达则不如“Consumption of our food only”更合适。

不同的国家有不同的职称、职衔称谓，实行不同的货币制度、纪年制度和技术规范，翻译时需要转换或改译，采用译语国家的相应说法。

中国人与有职衔的人讲话，不管其职衔大小，往往以“姓＋职衔”形式相称，因而“王院长”“李书记”“张科长”之类的称呼到处都能听到。

英语职衔称谓比较少，因为西方文化追求平等，力求发展一种平等的人际关系，这种平等精神以其独特的方式表现在称谓上，特别是面对面地称呼对方时，通常直呼其名，以表达说话者试图建立一种平等的关系的愿望。除了以名相称外，英语中工作人员对厂长、经理、主任，教员对校长、系主任，学生对教师等，多用“Mr. /Mrs. /Miss＋Surname”的形式（包括上下级关系）。

和汉语的情形一样，英语中也有职衔称谓，只是远不如汉语普遍。

英语的职衔称谓及其表现形式为：

①单独使用：常用的称谓词有 Father（教父）、General（将军）、Colonel（上校）、Doctor（博士/医生）、Professor（教授）、Boss（老板），等等。Doctor（博士）和 Professor（教授）一般不单独用，但有时也有例外的情况，如只对那些获得医学博士学位的医生才能单独使用 Doctor

一词，而对于没有这一学位的医生只能用“Doctor ＋ Surname”这一形式。

②Mr. ＋官衔：如 Mr. President（总统先生）、Mr. Ambassador（大使先生）、Mr. Senator（参议员先生）等。

③Mr. ＋军衔：Mr. Major（少校先生）、Mr. Colonel（上校先生）、Mr. Captain（上尉先生）等。

④职衔＋Surname：Professor Thompson、Prof. Bloomer 等。

⑤学衔＋Surname：Dr. Stevenson、Dr. Aloia 等。

翻译上，将英语的职衔称谓翻译成汉语比较容易，通常采取异化的方法，比如说 Mr. President 译成“总统先生”，Mr. Colonel 译成“上校先生”等。在将汉语的职衔称谓翻译成英语时，由于汉语的很多职衔在英语中没有相对应的称呼，所以不能够简单地按字面上来翻译，将“张经理”翻译成 Manager Zhang，最好是采用归化的方法，翻译的称谓语尽量符合西方的称呼习惯，达到 Nida 所提出的“功能对等”。

例 9：第 118 届中国进出口商品交易会（广交会）今天上午在广州琶洲国际会展中心开幕。我市发改委刘处长参加了本届广交会。

译文：The 118th session of the China Import and Export Fair (Canton Fair) opened in Guangzhou Pazhou International Convention and Exhibition Center this morning. Mr. Liu, director of the City Development and Reform Commission, attended the Canton Fair.

另外，货币制度（有不同的汇率）、温度（英语国家多用华氏，我国用摄氏）、度量衡制度（英语国家多用英制，我国多用公制）常要以译入语国家的规范为准，有时需作换算。

1.4.3 共喻

共喻即译文传递的信息要让读者了解，产生和源语读者一样的认知体验。共喻在修辞学领域指在一句话里，用一个喻体同时比喻并列的两个本体。而在认知领域，则可解释为在某一领域中，事物为人所共知，依赖强大的语境和共有的普遍认知能力，可以做到不言而喻。为了达到共喻，通过采取翻译策略，使译文通顺、文体适切，使读者畅晓明白。

语篇的生成与理解要以交际双方共享的认知环境为基础。这种认知环境包括语言知识和非语言知识两大模块。语言知识指语音、词汇、语法结构、语篇表现方式等各个方面，而非语言知识则指语篇建构与解读过程中作者、读者（译者）的百科知识和逻辑知识。就翻译而言，译者在将源语语篇转换成目的语语篇的过程中，既需要考虑源语与目的语两种语言系统的不同特征和源语语篇与目的语语篇的不同建构模式，又需要关注源语语篇与目的语语篇的读者各自的包括社会经验、认知图示、历史文化传统等先有、先在、先识的“前知识”差异。因此，反映在翻译操作中，译者就必须围绕上述两个方面，借助包括加注和语篇重构等在内的手段、技巧、方法，以实现翻译所扮演的跨语言/文化交际功能。

1. 译文通顺流畅

翻译的具体操作通常是在两个层次上进行的。一是词句层,也就是像作文一样的遣词造句过程。译者在这一层次上所思考的主要是词义的定夺和句式的安排。二是语篇层,即在句以上的语篇层次上进行操作。在英汉互译过程中,虽然两个层次的操作都是不可或缺的,但相对而言,在句以上的语篇层次上进行操作更为普遍,这是因为,在更多的情况下,一个词或者一个结构的意义不能在本句的范围内得到解决,而必须放在更大的语言单位中去分析思考,或者说需要译者在句以上的语言的交际单位——语篇层次上进行操作。在语篇层次上进行操作,不仅要考虑一个句子,还要顾及几个句子、整个段落甚至整篇文章。译文对原文的忠实要以这一点为依据,译文的通顺同样要以这一点为依据。这道理也正如作文一样,光遣词造句是不够的,还必须善于连句成篇,句与句之间的结构衔接、意义连贯更是保证译文质量的重要环节。因此,要实现译文通顺、优美,关键在于译文要符合目的语语言结构特征,而要做到这一点,就必须了解翻译的基本单位——英汉语篇的结构和组织规律的差异,并洞悉其背后所反映出的操英汉两种语言民族的思维模式以及认知图式的差异,以便在翻译时进行必要的结构转换,以摆脱“翻译腔”,实现译文的神似。

例 10:The study found that non-smoking wives of men who smoke cigarettes face a much greater than normal danger of developing lung cancer. The more cigarettes smoked by the husband,the greater the threat faced by his non-smoking wife.

译文 1:这项研究表明抽烟男子的不抽烟妻子罹患肺癌的危险比一般人大得多,丈夫抽烟越多,其不抽烟的妻子面临的威胁越大。

译文 2:这项研究表明,妻子不抽烟而丈夫抽烟,妻子得肺癌的危险性比一般人大得多。丈夫抽烟越多,妻子受到的威胁也就越大。

分析:译文 1 过分拘泥于原文形式和句子结构,使用不符合汉语语言习惯的长定语句,译文虽然能看得懂,但不流畅、不自然,读起来生硬、别扭,属于“翻译腔”。

2. 文体风格一致

语言的交际单位不是单个的句子,而是语篇。语言在交际过程中由于其使用范围、场合和交际参与者不同而形成不同的文体。例如,新闻报道语篇显然有别于法律文献,叙事语篇也必然不同于政论文体,正式发表的演讲与朋友的私下交谈自然也会有显著区别。由于语篇与情景语境相联系,因此,从语用学的角度说,说话人必须生成与情景相一致和相称的篇章,说话人的遣词造句都必须在诸如表达媒介、身份、态度、言语(文章)对象以及与说话人的关系等具体语境的诸方面保持一致。反映在翻译中,就要求译者在将源语译成目的语时不仅要实现基本语义的等值,还必须同时做到文体相符,或者说根据语言知识中的情景性,即情景语境,来再现源语的语言文体风格。好的译文应该尽可能与原文在形式、内容以及风

格等各方面都保持一致。

例11:中国有句古话:“不入虎穴,焉得虎子。”这句话对于人们的实践是真理,对于认识论也是真理。

译文:There is an old Chinese saying,“How can you catch tiger cubs without entering the tiger's lair?” This saying holds true for man's practice;it also holds time for the theory of knowledge.

分析:汉语谚语“不入虎穴,焉得虎子”,比喻不历艰难,就不能获得成功。英语中也有含义相似的谚语即“Nothing ventured,nothing had”。两者虽然形象或者说风格不同,但比喻意义是大致相同的,或者说基本语义是等值的。因此,在不强调形象或者认为形象不太重要时,两者可互译;然而,如果要强调各自的形象或者风格时,则不能互译。究竟应该如何处理,只能根据该谚语所在的语篇确定。由于原文语篇第一句话已经表明,这是一句中国古话,而且原文强调的是老虎的形象,而这一形象在译文中无法用“Nothing ventured,nothing had”来表达的,因此,译文采用了直译,以保留原文的风格。

达旨、循规、共喻三者各有侧重,互为因果(方梦之,2015:59)。译者以达旨为出发点,在翻译过程中遵循译语的社会文化规范,力求达到共喻的结果。三者关系中,达旨为先导。没有翻译目的,就没有翻译行为。达旨和循规的目的是为了达到共喻。不同文本的功能和目的不一样,翻译的要求和标准也不一样。应用文本翻译信息传达的效果取决于读者的民族语言文化、思维方式、期待心理、认知能力等因素,只有充分考虑这些因素的影响,翻译才能达到信息传递的最佳效果。

练　习

一、问答题

1. 什么是应用翻译?

2. 应用翻译的主要特点是什么?

3. 简述德国功能翻译理论。

二、英译汉

The First Lesson of the Beginning of the School Term,will be aired on CCTV tonight and is required viewing for all mainland school students.

The Ministry of Education has also instructed all primary and secondary schools to implement each safety measure presented in the programme and to plan for any contingency. “After the school term opens,schools have to focus on carrying out safety education and safety drills,” the ministry said.

A Beijing-based journalism scholar welcomed the move,saying China had never before made a programme specifically on disaster prevention and escape.

"In the past, we had a lack of disaster preventive measures," he said. "Now I think the Sichuan quake finally brought some positive changes because the death toll, especially among students, was just too high..."

三、汉译英

立足国内资源,实现粮食基本自给,是中国解决粮食供需问题的基本方针。中国将努力促进粮食增产,确保在正常情况下粮食自给率不低于95%,净进口量不超过国内消费量的5%。

现阶段中国已经实现了粮食基本自给,在未来的发展过程中,中国依靠自己的力量实现粮食基本自给,客观上具备诸多有利因素。根据中国农业自然资源、生产条件、技术水平和其他发展条件,粮食增产潜力很大。

参考文献

[1] Nord C. Text Analysis in Translation: Theory, Methodology and Didactic Application of a Model for Translation-Oriented Text Analysis [M]. Amsterdam: Rodopi, 1988 /1991.

[2] Nord C. Translating as a Purposeful Activity: Functionalist Approaches Explained [M]. Manchester: St. Jerome Publishing, 1997.

[3] Nord C. Translating as a Purposeful Activity: Functionalist Approaches Explained [M]. Shanghai: Shanghai Foreign Language Education Press, 2001.

[4] Nida E A. Language and Culture: Contexts in Translating [M]. Shanghai: Shanghai Foreign Language Education Press, 2001.

[5] Nida E A. Toward a Science of Translating: With Special Reference to Principles and Procedures Involved in Bible Translating [M]. Leiden: E. J. Brill, 1964.

[6] Toury G. Descriptive Translation Studies and Beyond [M]. Amsterdam and Philadelphia: John Benjamins, 1995.

[7] Toury G. In Search of a Theory of Translation [M]. Tel Aviv: The Porter Institute for Poetics and Semiotics, 1980.

[8] Toury G. A Handful of Paragraphs on "Translation" and "Norms" [C]//Schaffner C. Translation and Norms [C]. Clevedon: Multilingual Matters Ltd., 1999.

[9] Vermeer H. What Does It Mean to Translate? [J]. Indian Journal of Applied Linguistics, 1987, 13(2): 25-33.

[10] Delisle J. Translation: An Interpretive Approach [M]. Ottawa: University of

Ottawa Press,1988.

[11] Munday J. Introducing Translation Studies: Theories and Applications[M]. London and New York: Routledge, 2001.

[12] Buhler K. Theory of Language: The Representational Function of Language [M]. Trans. Goodman D F. Amsterdam /Philadelphia: John Benjamins, 1990.

[13] Reiss K. Translation Criticism: The Potentials & Limitations: Categories and Criteria for Translation Quality Assessment [M]. Trans. Erroll F R. Manchester: St. Jerome Publishing, 1971/2000.

[14] Reiss K. Possibilities and Limitations in Translation Criticism[M]. Munich: Hueber, 1971.

[15] Reiss K. Text Types, Translation Types and Translation Assessment[C]//Chesterman A. Readings in Translation Theory. Helsinki: Finn Lectura, 1987.

[16] Newmark P. Approaches to Translation [M]. Hertfordshire: Prentice Hall , 1981/1988.

[17] Newmark P. A Textbook of Translation [M]. Hertfordshire: Prentice Hall, 1988; Shanghai: Shanghai Foreign Language Education Press, 2001.

[18] 方梦之. 应用翻译研究:原理、策略与技巧[M]. 上海:上海外语教育出版社,2013.

[19] 方梦之. 英汉-汉英应用翻译教程[M]. 上海:上海外语教育出版社,2015.

[20] 韩子满. 应用翻译:实践与理论研究[J]. 中国科技翻译,2005(4):48-51.

[21] 赫胥黎. 天演论[M]. 严复,译. 北京:中国青年出版社,2009.

[22] 贾文波. 应用翻译功能论[M]. 北京:中国对外翻译出版公司,2004.

[23] 刘重德. 试论翻译的原则[J]. 湖南师院学报(哲学社会科学版),1979 (1) : 114-119.

[24] 刘重德. 翻译原则再议——在海峡两岸外国文学翻译研讨会上的发言[J]. 外国语(上海外国语大学学报),1993(3):31-35.

[25] 刘军平. 西方翻译理论通史[M]. 武汉:武汉大学出版社,2009.

[26] 谢工曲. 应用翻译实务[M]. 广州:中山大学出版社,2015.

[27] 谢天振. 国内翻译界在翻译研究和翻译理论认识上的误区[J]. 中国翻译,2001 (4):2-4.

[28] 张健. 外宣翻译导论[M]. 北京:国防工业出版社,2013.

第2章 应用文本的翻译策略与方法

翻译是用一种语言形式把另一种语言形式的内容重新表现出来的语言实践活动，翻译策略则是从事这种活动的具体手段和方法。由于话题和目的不同，应用类文体所使用的语言和整体风格不同，因此很难给应用类文体一个确定的翻译模式。但是，应用类文体有着一些语言和格式上的相同点和共性，所以还是能根据这些共性提出一些应用文翻译的基本原则和方法。

从翻译实践上看，翻译之所以可能，是由于各民族的语言之间存在一些共性，但语言之间的差异又给翻译造成了很多困难。英语和汉语两种语言不仅在语言上存在差异，两种语言的使用者在思维、认知、文化以及价值观念上也存在差异，这些差异通常会在词汇、句法、语篇层次上表现出来。通过英汉两种语言的对比分析，我们能够了解英汉两种语言各自的特征，以便在应用文体翻译中更好地理解原文，并在译文中恰当表达。

2.1 翻译策略

根据译者在翻译活动中对原文作者和译文接受者的不同取向，德国哲学家、神学家、著名翻译家施莱尔马赫(Friedrich Schleiermacher)提出了异化(foreignization)和归化 (domestication) 两种翻译策略。

2.1.1 异化策略

异化的本质属性是"原文作者取向"，即译者在翻译过程中尽量向原文作者靠拢，"把读者带向原作者。"(Schleiermacher，2006：229)具体表现在翻译中，就是尽量保留原文的语言、文学、文化特质，保留异国风味。

异化策略的优势主要体现在以下三个方面：①可以在目的语中引入源语的结构、表达方式、诗学特征和文化要素，丰富目的语的表达，促进目的语的发展；②使目的语读者能充分欣赏和领略异域风味，并因此促进不同民族之间的文化交流；③在弱小民族的语言向强势民族的语言翻译过程中，如采用异化的策略，可能会成为一种抵抗强势民族的文化殖民和文化霸权，彰显弱小民族文化身份的一种手段。(Venuti，1995)

异化策略的缺陷主要体现在译文的可读性上，即译文可能会生硬，不够地道自然，并因此影响译文在目的语接受者中的传播。

异化翻译除对各民族间的文化交流有着巨大的推动作用外，它还对丰富各民族语言有着不可忽视的影响。我们现在耳熟能详的一些惯用法从英语译入时采用了异化翻译策略，如 crocodile tears(鳄鱼的眼泪)、hold out the olive branch(伸出橄榄枝)、teeth for teeth(以牙还牙)等。从西方来的食品饮料,如 hamburger(汉堡包)、hot dog(热狗)、pizza(比萨)、champagne(香槟)、brandy(白兰地)、Coca Cola(可口可乐)等,都是采取异化翻译策略。中国的食物英译的时候大多采取异化翻译策略,具有中国特色且被外国人接受的菜名,使用方言来拼写或音译拼写,如东坡肉(braised Dongpo pork)、饺子 (jiaozi)、豆腐 (toufu)、馄饨(wonton)等。中国传统典籍《易经》里出现的词,也用拼音直接译成英语,如风水(feng shui)、阴阳(yin and yang)、八卦(ba gua)等。还有从汉语借用的英语词,如 kung fu(功夫)、kowtow(磕头)、mahjong(麻将)、qi pao(旗袍)、oolong(乌龙茶)、long time no see(好久不见)等,这些都反映了中华文化在世界上的传播和影响。

例 1:Is cloning technology becoming the sword of Damocles to human beings?

译文:克隆技术是否正成为人类头上的一柄达摩克利斯剑,无时无刻地威胁着我们的安全呢?

分析:译文采用归化加释义的方法,巧妙引出"达摩克利斯剑"的意义,虽然稍长,但仍通顺流畅,且形象鲜明生动,较好地传达了原文的信息和文化内涵。

例 2:Chinese martial arts such as tai chi and qi gong place emphasis on breathing.

译文:中国的武术如太极、气功等,都强调配合呼吸来发展完成。

分析:武术、太极、气功这些词汇是中国传统文化中独有的,翻译时使用异化策略直接采取汉语拼音进行音译,更有利于传播中国武术文化。

2.1.2 归化策略

与"异化"相对应,"归化"的本质属性是"译文接受者取向",即译者在翻译中尽量向译文接受者靠拢,就是译者"尽量不要打扰读者,而是把原作者带向读者。"(Schleiermacher ,2006:229)具体表现在翻译中,就是尽量用目的语读者喜闻乐见的语言、文学、文化要素来替换源语的语言、文学和文化规范。

归化策略的优势表现在译文流畅地道,通俗易懂,容易被目的语接受者所接受;或顺应、满足目的语读者某些特定的需求。归化策略的缺陷表现在以下两方面:①原文的语言、文学、文化要素丢失,并因此导致目的语接受者被剥夺欣赏异域语言、文学、文化的机会,这无助于目的语国家的语言、文学、文化的丰富和发展,无助于不同民族间的文化交流;②在弱小民族的语言向强势民族的语言翻译过程中如采取归化策略,可能会强化强势民族的文化殖民和文化霸权,弱化弱小民族的文化身份。(Venuti,1995)

中国食物英译时有时也采取归化的翻译方法,如五香牛肉 (spicy roast beef)、馒头(steamed bread)、夫妻肺片 (pork lungs in chili sauces)等。

例 3:If the public officials of higher authorities resort to bribery, those of lower authorities will follow. This is called "Fish begins to stink at the head."

译文:如果上级公务员行贿受贿,下级公务员也会效仿。这叫"上梁不正下梁歪"。

分析:"Fish begins to stink at the head"本意是"鱼从鱼头开始臭"。译成汉语时如果直译,国人就会摸不着头脑,不知道是什么意思,用汉语固有的表达法"上梁不正下梁歪"则恰如其分,明了易懂。

例4:绿水青山就是金山银山。

译文:Lucid waters and lush mountains are invaluable assets.

分析:这句话在翻译时采用了归化翻译策略。没有把金山、银山翻译成 golden and silver mountains,而是按照英语的语言习惯,译成 invaluable assets。

尽管中西方翻译中存在归化和异化翻译这两种相反的策略,但是在文化翻译中,归化和异化都起着不可或缺的作用,两者不能相互替代。若这两种翻译方法有机结合,协调运用,则相得益彰,既能加速跨文化交际,也能消除读者阅读和理解上的困难,还能使读者充分领略其他民族独特的文化风采。

处理翻译中的文化因素应该是归化还是异化的问题,主要应考虑以下两条标准:①译文是否有利于准确、顺畅地传达原作意义;②译文是否有利于不同语言间的文化交流与传播。

对于中国一些传统的特色食品,采用异化和归化相结合(音译加解释)的方式,不仅保留了中国传统食品的特色,还能使游客了解食品的原料和制作方式,如锅贴(guotie, pan-fried dumpling)、豆汁(douzhir, fermented bean drink)、汤圆(tangyuan, glutinous rice balls)、油条(youtiao, deep-fried dough sticks)等。

例5:我们要牢记为中国人民和中华民族做出贡献的前辈们,不忘初心,继续前进。(习近平主席2017年新年贺词)

译文1:We will remember those pioneers who have made contributions to the people of China and all ethnic Chinese. We should not forget the original aspiration and will carry on. (CCTV 译文)

译文2:We will always cherish the memory of the forefathers who have made great contributions to the Chinese people and the Chinese nation. We will remain committed to our mission, and continue to forge ahead. (CRI 译文)

分析:译文1是中央电视台实时英文字幕,因为要传递原汁原味的语言,尽可能跟中文语序一致,所以免不了拘泥于中文的表达方式,采用的是异化策略。译文2是中国国际广播电台的译文,因为是面向全球广播,译者采用了归化处理方式,译文更符合英语规范。

例6:(鲁迅纪念馆)对外开放场所包括鲁迅故居、百草园、三味书屋、鲁迅祖居和鲁迅生平事迹陈列厅。

译文1:Open to visitors are: Lu Xun's Former Residence, Baicao Garden, Sanwei

Study,his Ancestral Residence and the Exhibition Hall.

译文 2:Open to visitors are:Lu Xun's Former Residence,Hundred-Plant Garden,Three-flavor Study,his Ancestral Residence and the Exhibition Hall.

译文 3:Open to visitors are:Lu Xun's Former Residence,Baicao Garden(a waste vegetable plot that made a paradise for little Lu Xun),Sanwei Study (literally three-flavor study,Shaoxing's most widely known and influential private school in those days,where young Lu Xun studied classics for about five years),his Ancestral Residence and the Exhibition Hall.

分析:译文 1 中,"百草园"和"三味书屋"采用了中国地名标准的翻译方式——音译加直译的方法,是典型的异化策略,旨在保留源语民族民间文化元素的原汁原味,然而 Baicao 和 Sanwei 这两个词在外国游客看来似乎只是地名而已,没有任何意义可言,在旅游资料中这样翻译,达不到旅游资料信息性、召唤性、劝诱性等目的。译文 2 采用了归化法,把"百草园"译作"Hundred-Plant Garden","三味书屋"译作"Three-Flavor Study"。英语读者由此很容易想到一个各种草木丛生的园子和三种风味的书屋,但是这与作者的本意有很大出入,也就是说没有忠实地传达源语的信息。鲁迅在《从百草园到三味书屋》一文中称百草园为"荒园","其中似乎确凿只有一些野草;但那时却是我的乐园"。三味书屋是"当时绍兴城最著名、最权威的私塾"。译文 3 采用异化和归化相结合的方式,将"百草园"和"三味书屋"进行异化处理,按拼音直接翻译,然后在后面进一步解释。异化和归化的有机结合不仅保留了景区的民族民间文化特色,而且将其浓郁的文化内涵传递到译文中,增强了旅游资料的趣味性,真正实现了信息性、召唤性和劝诱性的目的。

2.2 翻译方法

在异化和归化策略的指导下,我们可以采取各种翻译方法:零翻译、直译、意译、音译、音意结合、压缩或删减、增补与阐释、编译等。

2.2.1 零翻译 (zero translation)

即不进行任何翻译操作,直接把源语的某些成分引入目的语中。一些跨国公司的商标在国际市场上具有较高的认可度和知名度,且其商标名称通俗易懂,简单易记,进入中国市场时往往不用翻译,如 MSN (Microsoft Service Network)、IBM (International Business Machine)、CD (Christian Dior)、LV(Louis Vuitton)、iPad、iPhone、iPod、iWatch 等。

2.2.2 直译 (literal translation)

直译就是在转达原文意思的时候,使译文的表达形式和句法结构尽量同原文一致,能完全对等的就完全对等,不能完全对等的也要大致相等(Newmark,1988:67)。它是比较普遍的翻译方法，英文原文结构若接近汉语，译文又符合汉语语法修辞习惯，就可以选择直译。这时直译既忠实于原文内容，又符合原文表达形式。例如，汉语中的“纸老虎”直译成“paper tiger”，外国人看起来不但深明其义，而且觉得很是传神，现已成为正式的英美民族语言。很多源语商标名称通过直译在译语中产生了对等效果，如白猫（White Cat）、扇牌（Fan）、红旗（Red Flag）、新东方（New Oriental）、Facebook（脸书）、Beatles（甲壳虫）、Blackberry（黑莓）、Microsoft（微软）、Concorde（协和）等。

例 7：Good teeth，Good health.（Colgate）

译文：牙齿好，身体就好。（高露洁）

分析：这是一则高露洁牙膏的广告，译文从内容和形式上保留了原文简洁、押韵、对仗工整的特点，清楚呈现出原广告语的含义。

例 8：A copy at hand，viewing the whole world.

译文：一册在手，纵览全球。

分析：这是环球杂志的广告，用直译法进行翻译，简洁明了，特点突出。

例 9：According to the fuel energy they use，the internal combustion engines can also be classified as gasoline engines，kerosene engines，diesel engines and LP-gas engines.

译文：根据内燃机所用的燃料能源，内燃发动机也可归类分为汽油发动机、煤油发动机、柴油发动机以及液化石油气发动机。

分析：在科技英语的翻译中，一般采取直译法翻译，即根据原词的实际含义译成对应的汉语术语。

2.2.3 意译(free translation)

意译则是从意义出发，只需要将原文所要传递的意思通过目的语表达出来，不拘泥于原文的用词、句法、比喻等。意译不要求“形似”，而要求“传神”。直译不能准确将原文译出或者不能通顺表达时，就可以采用意译，进行词义、词性、句法等方面的转换，使译文符合目的语表达习惯。这时，意译就是建立在充分理解原文句子基础之上，把握其准确意思，结合译语文化传统而进行表达的。

例 10：It’s finger-licking good.

译文：吮指回味，其乐无穷。

分析：这是肯德基（KFC）的广告，采用意译法，用“吮指”这一举动，强调食品美味诱人。

例 11：NATO’s financial watchdog is a toothless organization that does not understand the role of an auditor.

译文：北大西洋公约组织的金融监督部门是个形同虚设的机构，没有发挥审计员的重要性。

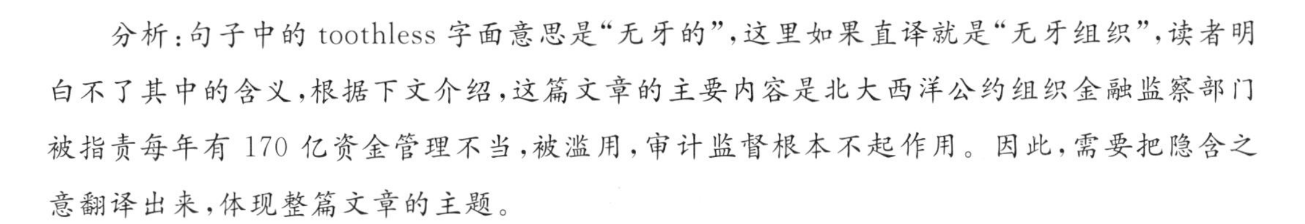

分析：句子中的 toothless 字面意思是"无牙的"，这里如果直译就是"无牙组织"，读者明白不了其中的含义，根据下文介绍，这篇文章的主要内容是北大西洋公约组织金融监察部门被指责每年有 170 亿资金管理不当，被滥用，审计监督根本不起作用。因此，需要把隐含之意翻译出来，体现整篇文章的主题。

例 12：According to a deeply unscientific but oft-quoted formula，19 January will be "blue Monday".

译文：一个被广为引用的、极不科学的公式表明，1 月 19 日将是"忧郁星期一"。

分析：这里的 blue Monday 并没有按照字面意思翻译成"蓝色星期一"，而译作"忧郁星期一"。这句所在的篇章讲的是信贷危机是给上班族带来不快乐的原因。

2.2.4 音译 (transliteration)

音译又称"转写"，是把一种语言的文字符号用另一种语言中与它发音相同或相近的文字符号表示出来的方法。当源语和目的语之间差异很大，存在语义空白的情况下，翻译不可能直接从形式或语义入手，此时音译是主要的翻译手段。音译的对象主要是人名、地名和新产生的术语、商标名等。

考虑到译名的规范化和通用性，用词要大众化，读音应以普通话的语音为标准。我国已制订并于 2008 年 11 月 25 日发布了国家标准《外语地名汉字译写导则 英语》(GB/T 17693.1—2008)。这个导则主张对地名的译写应以音译为主，并规定了详细的音译细则，还列出了详尽的英语部分字母及读音译写规定和译写示例。

目前，我国还没有相关的"术语汉字译写"专门标准。术语音译法常常应用于以下 4 种范畴：

(1) 新型材料和化学品名称，如 nylon (尼龙)、vaseline (凡士林)。

(2) 新发现的自然现象或物质、新技术，如 quark (夸克)、gene (基因)、clone(克隆)。

(3) 计量单位，此类术语有些由科学家的姓氏转化而来，如 ton (吨)、pound(磅)、calorie (卡路里，热量单位)、hertz (赫兹，频率单位)、ohm (欧姆，电阻单位)。

(4) 首字母缩略词构成的术语。这类术语的译名已在汉语中成为固定译名，普通读者对这样的译名可能非常熟悉，但不一定能说出全称，也不一定能从缩略语译名了解其真正意义，如 radar (radio detecting and ranging，雷达，利用电磁波探测目标的电子设备)，sonar (sound navigation and ranging，声呐，声音导航与测距设备)。

中文商标英译时一般采用对应的汉语拼音，如娃哈哈(Wahaha)、海尔 (Haier)、李宁 (Lining)、长虹 (Changhong)、苏宁 (Suning)、阿里巴巴 (Alibaba)等。有时也采用谐音翻译，如康佳 (Konka)、立白 (Liby)、格兰仕 (Glanz)、海信 (Hisense)、雅戈尔 (Younger)、美的 (Midea)等。英语商标汉译时一般根据谐音音译，如 Twitter(推特)、Philips(飞利浦)、Volvo (沃尔沃)、Rolls-Royce (劳斯莱斯)、Ferrari (法拉利)、Adidas(阿迪达斯)、Nike(耐克)、Dove(德芙)、Haagen-Dazs(哈根达斯)、Coach(蔻驰)、Burberry(巴宝莉)等。

2.2.5 音意结合(transliteration and free translation)

音意结合包括两种情况,一种是混译,即一半音译、一半意译混在一起,如商标名、公司名、地名的翻译。

例 13:

Starbucks(星巴克)

Unilever(联合利华)

Delta(达美航空)

东风汽车公司(Dongfeng Motor Corporation)

武汉经济技术开发区东风大道 816 号(No. 816,Dongfeng Road,Wuhan Economical and Technological Development Zone)

把原术语的部分词素音译、部分词素意译,使术语更具表意功能,如 X-ray (X 光)、decimeter (分米)、decibel (分贝)、kilovolt (千伏)、tannic-acid (丹宁酸)、Einstein equation (爱因斯坦方程)、Internet (因特网)等。

还有一种情况是将音译与意译巧妙结合进行翻译,指在译文中既保留原文的发音又能体现原文的指称意义。这种译法可谓音意兼备,常能发挥译语优势,取得意想不到的效果。商标名称中有许多采取音意结合法翻译,如 Tide(汰渍)、Dettol(滴露)、Bestbuy (百思买)、Subway(赛百味)、Pizza Hut(必胜客)、乐凯(Lucky)、纳爱斯(Nice)、双汇(Shineway)、四通(Stone)、吉奥(Gonow)、吉利(Geely)等。

2.2.6 压缩或删减(abridged translation)

压缩或删减是指在不改变原文意思的基础上,在译文中省略重复的、多余的文字,或者是在译文中用简洁、明了的语言代替原文中烦琐、累赘的语言,其目的就是让译文通顺流畅、言简意赅地表达出原文的内容。

例 14:昆明物华天宝,人杰地灵,曾孕育和涌现出塞典赤、郑和、兰茂、杨慎、徐霞客、担当、钱沣、聂耳等许多风流人物,留下了许多历史文物。

译文:As a place of excellent products and outstanding people,Kunming has numerous historical relics left with time passing by.

分析:对于这句话来说,忠实的直译会增设新的文化障碍,加重读者的阅读负担,所以在译文中删除了一些不必要的信息,以清晰、明了的文字传达原文意义。

例 15:(天津独乐寺)门内两侧是两座民间称为"哼、哈"二将的泥塑金刚力士像,紧跟着是四幅明人所绘的"四大天王",即东方持国天王、南方增长天王、西方广目天王、北方多闻天王的彩色画像。

译文：(In Dule Temple) Behind the gate stand two powerful-looking clay statues of warrior attendants,one on either side. Further behind are four colored pictures of Heavenly Kings by a Ming Dynasty painter.

分析：译文没有对原文进行直译，而是删除了细节性的、目的语读者无法看懂的信息。

2.2.7 增补与阐释(additional translation)

所谓增译，是指在译文中增加原文省略的或者原文没有但却表达了其意思的词语，增译的目的就是使译文更准确地表达原文的意思，同时要注意译文要符合其母语的表达习惯及语法规则等。

例 16：Start ahead.(“飘柔”洗发水的广告)

译文：成功之路，从头开始。

分析：这则洗发水广告如果采用直译就是：从头开始。但是该翻译没有采用直译，而是采用了增译的方式，加上了“成功之路”，使原广告的含义更丰富，更能迎合消费者的心理需求。

例 17：The hotel looks like a Bond villain's lair,all blue glass and modern sculptures, and is surrounded by famous golf courses.

译文：酒店的外层由蓝色玻璃和现代雕塑构成，看起来就像电影《007》中詹姆士·邦德的密室，周围遍布着各种著名的高尔夫球场。

分析：在译文中，如果简单地将 Bond villain's lair 直接处理成“邦德的密室”，译文读者可能莫名其妙。事实上，Bond villain's lair 这一表述的文化背景是家喻户晓的谍战动作片《007》。原文以《007》中的主角詹姆士·邦德的密室来比喻酒店的外观，因此，在翻译时，为了跨越文化障碍，将知名度更高的片名《007》增译到译文中，提高了 Bond 的凸显度，方便译文读者理解。

在介绍名胜古迹时，总会涉及历史事件或朝代名称，考虑到国外读者对我国历史朝代不太熟悉，翻译时往往需要增补该朝代或时期的起止公元年份。

例 18：清朝乾隆年间，扬州早已是一个兴旺发达的城市了。

译文：During the reign of Emperor Qianlong (1736-1795) of the Qing Dynasty (1644-1911),Yangzhou was already a prosperous city.

2.2.8 编译 (adaptation)

编译即编辑和翻译。编译在传统上是指用特别自由的方法来翻译。编译本身隐含了“改变”，即“为了适合某些读者或为了译文的目的，译者在一定程度上改变了原文的内容与形式”(张美芳，2004：95)。Newmark (2002：22)认为，编译属于交际翻译，“是一种最自由的翻译形式”，其重点是根据目的语的语言、文化和语用方式来传递信息，而不是尽量忠实地复写原文的文字。译者在交际翻译中有较大的自由度去解释原文、调整文体、排除歧义，甚至修正原作者的错误。由于译者要达到某一交际目的，有了特定的目的读者群，因此他所产生的译文必然会打破原文的局限。诺德（Nord，1991：29-30）指出，任何一个译本都含有编译的成分，而编译则是目的论的一种体现。编译可使用删减、解释、重构等方法。

1. 删减

删减主要包括删除一些重复的话语、行话、术语、诗歌、高调的话语和华丽的辞藻。当中文原文中含有中国特色的思维方式和表达手法、独特的政治生活和语用色彩的一些描写和语言时，译者需要根据英美人的思维方式和语言表达习惯采用删减法简化语句和结构；当中文原文中含有晦涩、呆板的语言时，译者也应适当删减以突出事实和重点。

例 19：第六届中国厦门对台商品交易会暨海峡两岸机械电子商品展销会

译文：The Sixth Xiamen，China Commodity Fair & Machinery and Electronics Exhibition

分析：在汉语语境下，此次展销会的主要目的是促进中国台湾地区和大陆地区的经济交流，所以原文强调“对台”“海峡两岸”字样。但是主办方也邀请了一些欧美客户参加此次展销会，如果译文不删减“对台”“海峡两岸”这些词语，则会使欧美客户望而却步，无法实现目标文本的预期功能。

例 20：张家界的山，奇峰叠翠，拔地而起，高耸入云。悬崖峭壁上，生长着茂盛的灌木；舒卷飘逸的云雾缠绕在山腰，时而升腾，时而泻落；山顶上长满了苍劲的松树，参差错落，非常壮观。张家界山的形状千姿百态；有的似猛兽，有的像剑戟，有的像窈窕淑女，有的像关西大汉。

译文：Zhangjiajie is best known for its towering peaks，cloaked in cloud and mist，and covered in different shades of green. Thick shrubs cover the cliff surface，and pine trees flourish on the mountain tops. Various shapes can be discerned in its peaks of animals，swords and humans.（《今日中国》英文版，2002 年 5 月 12 日）

分析：四字结构以其语言凝练、结构整齐对称的特点倍受汉语读者青睐，这迎合了中国人讲究对称美的思维习惯，能够营造气势、创造美感，但英语读者却偏爱简练、通俗的语言，所以，译文中没有过多使用华丽的辞藻，“奇峰叠翠，拔地而起”译为“towering peaks”，“舒卷飘逸”“时而升腾，时而泻落”及“参差错落，非常壮观”则全部省略。对于外国读者不熟悉的“窈窕淑女，关西大汉”形象则用“humans”这个比较笼统的词来翻译。

2. 解释

所谓解释性翻译，指根据两种语言间不同的语言习惯、表达方式，在翻译时增添一些短语、句子或注释，对原文加以解释，旨在译出目标语读者不甚了解，甚至感到诧异的意义。不同的民族有不同的文化传统、历史、生活环境和发展水平，在进行思想和信息交流的过程中必然会遇到障碍。外宣编译者可以用解释法克服这些障碍，该译法需要译者在译文中增加一些对中华文化背景知识的介绍和对中国独特事物如人名、地名、中国特色词语、历史事件和政治用语等的意义阐释，以增加译文的可读性和可接受性，从而使传播效果最大化。解释法在外宣翻译实践中使用得非常多，如翻译"'四个全面'战略布局"时，除了译出 Four-Pronged Comprehensive Strategy，还要对四个全面进行诠释：全面建成小康社会（comprehensively building a moderately prosperous society）、全面深化改革（comprehensively driving reform to a deeper level）、全面依法治国（comprehensively governing the country in accordance with the law）、全面从严治党（comprehensively enforcing strict party discipline）。其他还有如"三讲教育"（three emphases education，i. e. to stress theoretical study，political awareness and good conduct）、"政企分开"（to separate the government functions from enterprise management）、"科教兴国"（to develop the country by relying on science and education）、"旅游搭台，经贸唱戏"（with tourism paving the way for economic and trading activities）、"豆腐渣工程"（jelly-built project）、"菜篮子工程"（vegetable basket project for establishing production bases and increasing non-staple food supply）、"公款吃喝"（dine and wine extravagantly at public expenses）等。这种译法可以有效解决直译中所忽略的社会文化差异，使译文易于理解，交流无碍。

例 21：林边有一个洞，叫白龙洞，传说《白蛇传》的白娘子曾经在这里修炼。

译文：Near the forest is the White Dragon Cave which is said to be the very place where Lady White，the legendary heroine of the *Story of the White Snake* whose love story with a mortal has been spreading ever since ancient time，cultivated herself according to Buddhist doctrine.（杭州旅游宣传册）

分析：白娘子的故事多数中国人比较熟悉，但普通外国人却知之甚少，因此译文增加了对于白娘子的文化背景信息的介绍，否则外国读者定会一头雾水。

3. 重构法

重构法也叫改写法，即译者抓住原文的精髓，通过删减、增补、重组等方法重建原文的信息内容和结构，增强译文的可读性和可接受性，减少中式英文和翻译腔。重构包括对标题的重构和对句子顺序、语篇模式的重构。

例 22：山海关啤酒厂坐落在风景优美的避暑胜地、历史名城——山海关。素有"龙头"之称的万里长城的东部起端，由此伸向大海。该厂始建于 1982 年，后经二次扩建和技术改造，如今已具有了年产 8 万吨啤酒和 9 千吨麦芽的生产能力，是我国啤酒行业的重点骨干企业之一。

译文 1:Located in Shanhaiguan,a picturesque summer resort,and the famous historic town,where the east end of the Great Wall called "head of dragon" extends to the sea, Shanhaiguan Brewery was set in 1982 and has been technically transformed twice and expanded to the present scale with an annual capacity of 80,000 tons of beer and 9,000 tons of malt. The brewery has become one of the key enterprises producing beer in China.

译文 2:Shanhaiguan Brewery is a key enterprise brewing beer in China. It is located in Shanhaiguan,a picturesque summer resort and historical town,where the east end of the Great Wall extends to the sea. Since its founding in 1982,Shanhaiguan Brewery has been technically transformed twice and expanded to the present scale with an annual capacity of 80,000 tons of beer and 9,000 tons of malt.

分析:中国人的思维方式以直觉、具体和圆式为特征,因此汉语语篇的组成往往采用"旁敲侧击""含而不露"的归纳推理法;而西方文化注重线形的因果思维方式,因而他们偏爱开门见山、直入主题的演绎推理法。此宣传资料原文属归纳式的行文方式,最后才提到中心信息"重点骨干企业之一"。译文 1 采用以源语语言文化为取向的策略,逐字逐句进行对等翻译,显然违反了西方广告先突出重要消息,然后用实例或细节加以详尽叙述或论证的特点。译文 2 通过调整句序,将重点信息置于句首,使广告贴近英文的行文习惯,并且译文还删除了可能引起不良联想的信息"head of dragon"等,因而突出了信息功能,增强了移情功能和召唤功能。

2.3 英汉应用文本语言对比与翻译

应用文本的范围很广,内容涉及政治、经济、社会、文化、科技、生活等各个方面,包括政府文件、告示、科技论文、新闻报道、法律文书、商贸信函、产品说明书、使用手册、广告、技术文本、科普读物、旅游指南等各类文本。

汉语和英语都有应用文体,各自的文本体裁差异也不大,但是,由于语言与文化上的差异,两种文本在语篇组合和行文风格上有很大差异。本节从词汇、句法和语篇层面,运用实例比较两种文本的不同,并探讨相应的翻译技巧,使语言表达准确地道、通俗流畅。

2.3.1 英汉词义比较与翻译

词是最小的能够独立运用的语言单位,有书写形式和意义。词汇是造句的基本材料,也是语言三要素(语音、语法、词汇)中最易产生变化的部分。离开词汇,语言就失去了交流的价值。作为最基本的语言材料,词也是翻译的基本单位。语言的翻译不仅是简单的文字符号转换,更是思维方式和观念系统的转换,在这个转换过程中,词汇作为最基本的语言材料,对于准确翻译、完善表达起着举足轻重的作用。在英汉或汉英翻译中,要做到把一种语言所表达的内容忠实地用另一种语言转述出来,就不能不重视基本的语言材料。

由于英汉民族间的共性和个性,英汉词语间也存在着共同点和差异之处。要在英汉互译时更好地理解原文,并在目的语中选择合适的词语来表达原文所表达的意义,就必须对其共同和不同之处有所认识。总的来说,英汉词语在词义方面存在着以下三种对应关系:基本对应、部分对应和词义空缺。

1. 基本对应

英汉词义基本对应主要表现在专有名词,商务、科技术语,常用词汇等方面。

人名、地名:毛泽东(Mao Ze-dong)、湖北省(Hubei Province)、黄河(Huanghe)、芝加哥(Chicago)、美国(America)

数字和数学公式:1(one)、2 (two)、3 (three)、1+1=2、3 * 3=9

(注:数字和数学公式的一一对应不仅表现在概念上的对等,还表现在两种语言都可用阿拉伯数字表达数字和数学公式)

技术术语:铸件(casting)、流动性(fluidity)、通货膨胀(inflation)、发动机(engine)、软件(software)

常用词汇:我们(we)、太阳(sun)、冬天(winter)、政府(government)、吃饭(eat)

对于这一类词,基本是一词一义,无同义或近义词,它们的意义在任何上下文中都完全相等,翻译时难度较小,只要找准对应意思,采用直译的方法即可。

例 23:Acupuncture is promoted as a treatment for pain.

译文:针灸现在越来越多地被用来治疗疼痛。

2. 部分对应

部分对应指一个词语对应多个词语。由于英汉两种语言分别属于不同的语系和不同的民族,因此在一种语言里往往很难找到与另一种语言完全同义的词语。就词语而言,部分对应一般由于一词多义(词的多义性)及语言的模糊性所致,使两种语言由同一基本概念延伸、集约而形成的语义场不能实现同构,出现“叠区”,这个叠区就是两种语言的部分对应现象。

(1) 英宽汉窄

指一个英语词语对应多个汉语词语。例如:

thick—厚、稠、粗

thin—薄、稀、细

capital—首都、首府、省会、资本

cousin—表兄、表弟、表姐、表妹、堂兄、堂弟、堂姐、堂妹

在英译汉时,应根据具体语境判断英语词语的确切含义。

（2）英窄汉宽

指一个汉语词对应多个英语词。例如：

袜子—sock，stocking

车—car，truck，jeep，motorcycle，etc.

肉—flesh，meat，pork，beef，mutton，etc.

吨—ton，long ton，gross ton，metric ton

在汉译英时，应根据具体的语境判断汉语词语的含义，并用恰当的英文表达出来。

3. 词义空缺

词汇空缺现象是指由于文化和语言的差异，一种语言有的词在另一种语言中没有对应或契合的词。

（1）汉有英无

有些中国文化特有的事物，英语里没有与之对应的词汇表达。中国的阴阳、五行、农历节气、道教、八卦、中医、武术、传统食品以及一些时政词汇，在英语里找不到对应词语。例如：

阴阳—yin and yang

武术—martial arts，wushu

热干面—hot-dry noodles

共青团—the Communist Youth League

奔小康—strive to prosper

词汇空缺造成了源语不能直接译成目的语的情况，因而，在翻译过程中需要对空缺的词汇进行释义或采用音译、意译的方法，尽可能全面地传达原文的符号意义，以达到交际的目的。

（2）英有汉无

一些英语国家特有的事物和现象在汉语中也找不到相应的表达方式。例如：

cool—酷

coffee—咖啡

watt—瓦特

bandage—绷带

vitamin—维生素

credit card—信用卡

对外来词的翻译可采取零翻译、音译、意译、音意结合的翻译方法。

4. 词语搭配

英汉两种语言的词语搭配习惯、搭配范围由于受到各自语言特征和文化因素的制约或影响，亦各不相同，形成了自己特有的习惯表达方式。固定搭配具有习语性，是语言发展过程中约定俗成的，其整体意义不等于各构成成分字面意义的简单叠加，通常不能逐字直译。英语中不少形容词的搭配能力都非常强，比如和 light 有关的搭配：

light hair—淡色的头发

light shoes—轻便的鞋

a light cart—轻快的马车

a light touch—轻拍

a light eater—饭量小的人

a light sleeper—睡得不沉的人

light reading—轻松的读物

汉译英时，汉语的搭配习惯会影响到相应的英语表达，如果只是简单地把汉语翻译成英语，到英语中去找似乎对应的词，往往会犯英语汉化的毛病。例如：

我的眼睛瞎了。

My eyes are blind. ×

I am blind. √

我工作很忙。

My work is very busy. ×

I am busy with my work. √

他身体弱，但思路敏捷。

His body is weak, but his spirit is good. ×

He is physically weak, but mentally good. √

（注：英语中的 weak 是直接描述人的）

武汉的交通越来越拥挤。

The traffic in Wuhan is getting more and more crowded. ×

The traffic in Wuhan is getting more and more congested. √

动词（包括动词词组）是英语中最活跃的词类，是传递信息的主要手段，也是较难掌握的一类词。如英语动词 kill 就具有很强的搭配能力，不仅可以用于人和动物，也可用于植物，而且还可引申为“使消失/毁灭”，而汉语中的“杀”一般只用于人或动物，不具有 kill 的引申义。相比较而言，kill 比“杀”应用的范围要广。例如：

He killed the man. 他杀了那个人。

He killed the tree by spraying it too heavily. 他给树浇了太多水，把树浇死了。

To kill time is a sort of suicide. 浪费时间就等于自杀。

They killed the motion when it came from the committee. 委员会提出那个提案，他们

就把它否决了。

同样,汉语有些词语应用的范围比英语要广,如"打毛衣、打文件、打瞌睡、打枪、打针、打电话",在译成英语时,以上动词短语中的"打"需要用不同的词去替换。例如:

打毛衣—knit a sweater

打文件—type the document

打瞌睡—take a nap

打枪—shoot

打针—have an injection

打电话—make a phone call

在翻译动宾搭配时,切忌一对一地进行字面对应。例如:

学知识

learn knowledge ×
acquire knowledge√

写日记

write a diary ×
keep a diary√

拥有健康

possess health ×
promote health√

英汉两种语言在词语搭配方面虽有类似之处,但也有很多不同和差异,如果用汉语的搭配关系代替英语词汇的搭配关系,往往会导致用词不当或表达不规范。翻译过程中,对比两种语言的词汇搭配,注意一词多义现象,注重词语搭配变化的运用,是使译文规范化的一个重要前提。

5. 英汉词序对比与翻译

英汉民族在认知顺序上基本一致,这可以从许多习惯性的表达中找到答案。例如:

高低—high and low

轻重—light and heavy

远近—far and near

上下—up and down

好歹—better or worse

男女—male and female

但有时认知顺序也不同。例如:

大小—small and large

迟早—sooner and later

左右—right and left

东南—southeast

西北—northwest

东西南北—north,south,east and west

衣食住行—food,clothing,shelter and transportation

英语民族受到个人价值观的影响,叙述和说明事物时倾向于从未知到已知、从小到大、从特殊到一般、从个体到整体、从近到远。汉民族由于自古就有"天人合一"的哲学思想,形成了以集体主义价值观为主线的伦理观念,并且以整体思维为特征,在观察事物时习惯从已知到未知、从大到小、从一般到特殊、从整体到个体、从远到近。这一差异在英汉句子的词序中大量反映。例如,时间、地点(通信处)、姓名、称谓、组织系统、位置表达、人物介绍等排列顺序中,英语都是从小到大,汉语则相反。

例24:Barack Obama was born on August 4,1961 in Honolulu,Hawaii.

译文:贝拉克·奥巴马于1961年8月4日出生在火奴鲁鲁的夏威夷。

例25:中国国际贸易洽谈会(简称"贸洽会")经中华人民共和国国务院批准,于每年9月8日至11日在中国厦门举办。

译文:The China International Fair for Investment and Trade (CIFIT),approved by the State Council of the People's Republic of China,takes place in September every year in Xiamen,China.

例26:2014年3月8日,马航客机MH370失踪的消息于凌晨2点40分传到中国北京。

译文:The News of the missing of Malaysia Airlines flight MH370 reached Beijing,China,at 2:40 in the morning of March 8,2014.

2.3.2 英汉句法比较与翻译

1. 主语突出与主题突出

英语是一种主语突出的语言,组词造句都围绕着主语。就句法结构而言,英语有一个完整的主谓结构。英语的主语对全局具有统领作用,一般处于句子的主位。主语决定了动词谓语的数,在动词形式有单复数区别时,选择什么形式取决于主语是单数还是复数。在英语中,一个句子必须要有主语(祈使句除外),句子的主语位置不可空缺,所以有时还会出现虚主语it和there。这种虚主语没有明确所指,但是对构成正确的句法意义重大,必不可少。

同英语相比,汉语的主语没有那么重要,因此也不具有对于全局来说的不可或缺性。汉语是主题突出语言,主题可以是一个词、一个词组、一个分句,而且总是位于句首(主语不一定处于句首)。主题之后是对主题进行陈述或描述的述题,不同于英语中以SV为中心的句子结构。此外，汉语中还存在一种“零位主语”现象，即无主句，这与省略主语不同，也不是倒装句。从句法结构的表现形式和句法结构的层次来看，汉语主语具有十分突出的模糊性，即从语言表现形式上很难判定句法层次，主语和谓语之间也不存在形态和数的一致性。例如：

这本书我看完了。(I've finished this book.)

床上放着一本书。(A book is on the bed.)

今天风和日丽。(The wind is mild and the sun is warm today.)

这三个汉语句中，句首成分“这本书”“床上”“今天”是主题，后面是对话题的评述、陈述或描述。

(1) 汉语主题-述评/话题句的英译

很多汉语是话题性很强的句子，即句子的开头是一个话题，后面是对话题的评述、陈述或描述，而不像英语那样有一个完整的主谓结构。汉语句子的话题丰富多彩，可以是任何要谈的事物、时间、地点、事件、方式等，但是不管什么充当话题，在译成英文时，都要用主谓结构来表达。

例 27：继续做实验利大于弊。

译文：The advantages of experimenting further outweigh disadvantages.

分析：在这句中，动词或动词短语作话题，译成英语时变成名词词组。

例 28：今年要比去年销售更多的车辆。

译文：This year we will sell more cars than we did last year.

分析：“今年”是主题，销售汽车的施动者(说话人)不言自明。说话人总是以自己为主题，提出一个话题后进行评述，但句中又不出现。在译成英语时要加上主题(主语)。

例 29：2016 年，房价突然暴涨。

译文：There was a sudden soaring in housing price in 2016.

分析：用“there be ”句型来处理。

例 30：人事经理突然辞职，我们都觉得很奇怪。

译文 1：It struck us that the personnel manager abruptly resigned.

译文 2：The personnel manager's sudden resignation struck us.

分析：从句作话题，译成英语时可以考虑用从句或名词词组作主语。

(2) 英语主谓句的汉译

英译汉时，英语主谓句转译成汉语的主题句需要注意主谓关系、句子成分间的关系、词形变化等语法问题。一般来说，原句中若有形容词，译文中可将形容词放在名词后，构成汉语的话题-评述句；有些被动语态的句子，如果带有时间状语或地点状语来修饰整个句子，在翻译时可将它们放在句首成为话题。

例 31:An elephant has a long nose.

译文:大象鼻子长。

分析:译成汉语时,形容词 long 放在名词 nose 后翻译。

例 32:Her good work and obedience have pleased her teachers.

译文:她学业优良,性情温顺,深得老师喜欢。

分析:定语转换成主题语。

例 33:Metro Line 6 is being built in Wuhan.

译文:武汉正在建地铁 6 号线。

分析:地点状语放在句首成为主题。

例 34:Eleven o'clock saw the dramatic handshake of Roosevelt and Churchill at the gangway.

译文:11 点时,罗斯福和丘吉尔在过道上戏剧性地握了手。

分析:通过移位,把主语转换成状语,把宾语转换成主语。

例 35:The island (Madagascar) is divided into three north-south zones:a broad central plateau,which raises to an altitude of 1,400 m,is flanked by tropical rain forest to the east and rolling woodland to the west.

译文:马达加斯加岛为南北走向,大致可以分为 3 个区域:中部是辽阔的高原,海拔 1 400米,高原的东侧是热带雨林,西侧是延绵起伏的林地。

分析:通过移位,把主谓句"The island (Madagascar) is divided into three north-south zones"转换成主题句,其他信息作说明语,语法功能词省略。

例 36:"But we have a lot of small,very disruptive day-in-and-day-out problems on the factory floor,"one industrialist said.

译文:一位实业家说:"工厂里问题很多,虽然事情不大,但每天问题不断,破坏性很强。"

分析:地点状语移至句首作主题语,其余信息按逻辑关系重新排列。

例 37:It is right to be content with what we have,never with what we are.

译文:可以满足于所得,但不能满足于现状。

分析:把英语的主谓句转换成汉语的无主句。

综上所述,英语的主谓结构大部分情况下可以译为汉语的主谓结构,个别情况下可以转化成汉语的主题-评述结构,英语的主谓结构有时可以译成汉语的无主句;汉语的主谓结构可以直接翻译成英语的主谓结构,主题-评述结构转译为英语的主谓结构时,语态要根据原文的语气进行灵活处理。

2. 物称与人称

非人称表达法是英语常见的一种形式,多用物称主语和被动语态。凡是不必说明行为的实行者，不愿说出行为的实行者，无从说出实行者或出于强调动作的承受者，便于上下文连贯、衔接或出于礼貌等原因，一般都使用被动语态。常见于书面语，如公文、新闻、科技论文等。这种表达法往往使叙述显得客观、公正，结构趋于严密、紧凑（连淑能，1993：77）。Leech 和 Svartvik 指出："Formal written language often goes with an impersonal style; i. e. one in which the speaker does not refer directly to himself or his readers, but avoids the pronouns I, you, we. Some of the common features of impersonal language are passives, sentences beginning with introductory it, and abstract nouns."（正式的书面语常用非人称表达法；即说话者不直接指称自己或读者，避免使用我、你、我们等人称代词。非人称表达的语言特征是常用被动句，句子开头用形式主语 it 或抽象名词）英语中，最普遍的被动意义的表达方式是标志性的被动结构"subject＋be＋v-ed（＋by）"。例如：

The class will have been taught by Mr. Brown for two years by next summer.

I'm not so easily deceived.

中国人的传统思维方式注重内因和主观体验，重视"事在人为"和个人感受，表达思想时，往往要说出动作的执行者，因为任何事或物都是受人支配的。因此，在语言使用上多采用人称主语和主动语态。

相比英语较为单一的被动语态表现形式，汉语的被动标记就丰富些。汉语通用的被动标记是"被"，如赵元任（1979：339）说，汉语的被动标记有"被、给、叫、让"四种；稍多有六七种，如李珊（1994：2）说有"被、叫、让、给、为、被/让……给、为/被……所"七种。通常情况下，研究者所关注的现代汉语的被动标记都在三四种左右，即"被、叫、让、给"之类。例如，"小张被王老师批评了"，也可以说"小张叫/让/给王老师批评了"。而且在汉语口语中，有时完全就不用被动表达结构来表达被动含义，例如："作业做好了。""车洗好了。"虽然没有标志性的被动结构，同样也能表达出被动态的效果。

（1）从物称到人称的转换

英语倾向物称，汉语突出人称。正式的书面英语中，常以抽象名词和物质名词作为主语。汉语多用有生命的词语作句子的主语，并比较多地使用拟人化的说法，行为主体或句子主语常常由人或以人为本的机构来担当。在英汉互译转换中，要注意两种语言的这种差异。

例 38：My good fortune has sent you to me, and we will never part.

译文：我很幸运，能够得到你，让我们永不分离吧。

例 39：The sight of the photo always reminds me of my childhood.

译文：（我）一看到那张照片，便想起了我童年的情景。

例 40：It is our firm belief that a fair comparison of quality between our products and similar articles from other sources will convince you of the reasonableness of our prices and as a result, you will be ready to accept what we quoted in our letter of March 15th, 2008.

译文：我们可以肯定，如您能将我们的产品和其他供应者的类似品种进行公正比较，您定会相信我们的价格是合理的，并乐于接受我方 2008 年 3 月 15 日函中的报价。

例 41：Success in China will require long term commitment and the ability to research the market thoroughly and forge relationships with the Chinese themselves.

译文：(你)要想在中国生意成功，就需要提供长期承诺保证，并具有全面调查中国市场以及与中国人缔结友好关系的能力。

分析：例 38—41 中，英语原句均以“物”为句子主语，其汉译也无一例外地把句子的主语转换成了“人”。这种“物”“人”之间的英汉转换，符合汉语的语言表达习惯。

例 42：这几年，中国的经济快速而健康地发展。

译文：The recent years have witnessed a quick and healthy development in China's economy.

例 43：特别是在销售部，人们感到，经理对员工所付出的努力并不赏识。

译文：The perception that managers are unappreciative of staff efforts is particularly noticeable in the Sales Department.

例 44：如果您稍稍浏览一下英国伯明翰新展览中心举行的食品饮料展的宣传册，就会随即感到：亲临会展，一定不虚此行！因为该会展吸引了英国食品饮料行业的专家 40,000 多名，展会内容和活动新颖独特，曾被许多参展商们誉为“2004 年度英国规模最大的食品饮料展”。

译文：A glimpse of the brochure will make you feel that it is worth the efforts for the visit to Food & Drink Expo at the NEC, Birmingham, UK, which attracted well over 40,000 industry professionals from across the entire food and drink industry in Britain, with a variety of creative programs or activities and is embraced by many exhibitors as the UK's biggest events for the whole food and drink industry in 2004.

分析：例 42—44 中，原汉语句子的主语是人，而英译中的主语变成了表示行为的名词化短语，从而实现了从汉语人称到英语物称的转换，这种“人”“物”转变更合乎英语重客观、重事实的语言文化特征。

(2) 英语被动句的汉译

在主语不发生变化的前提下，要准确地表达被动意思，而动词本身又不包含有被动意思的时候，为了突出受事者，不改变受事者作为主语的结构位置，通常情况下要译成汉语的被动句式，包括汉语被动句式中最典型的“被”字句，和带有“得到……”“遭到……”“受到……”“让”等一系列形式标记的被动句式。汉语的“被”字句本身含有一种强迫的意思在里面，表达的意思对主语而言是不希望的事情，虽然由于现代汉语受到了西方语言的影响，这方面的限制已经有所减少，但是在翻译的时候，原文中的意思表达出这种对受事者而言是“不好的

事情”的时候，还是偏向于使用“被”字句。

例 45：Last year，Chinese products were accused of dumping 663 times，ranking first in this category worldwide.

译文：去年，中国产品被指控倾销的次数达到 663 次，居世界首位。

例 46：Once a company is accused of an unfair low-price export practice，the company and its legal person each will be fined each up to 30，000 yuan，and the investigated product will be suspended from exportation for 12 months.

译文：一旦公司被指控参与不公平低价竞争，该公司及其法人代表都会被处以 3 万元的罚款，查处的产品停止出口 12 个月。

英语的被动句在译成汉语时，不一定要有被动标记，也可用主动语态。

例 47：Our house was built in 1969.

译文：我们家的房子建于 1969 年。

例 48：Hundreds of people get killed every year by traffic on the roads.

译文：每年都有几百人死于道路交通事故。

例 49：Visitors are requested not to touch the exhibits.

译文：观众请勿触摸展品。

例 50：A new way of displaying time has been given by electronics.

译文：电子技术提供了一种新的显示时间的方法。

例 51：The USA is reputed to be a classless society. There is certainly not much social snobbery or job snobbery.

译文：人们普遍认为美国是个没有阶级的社会。的确，在社会地位或工作问题上，美国人没有多少势力的看法。

用抽象名词或无生命的事物名词作主语，同时又使用本来表示人的动作或行为的动词做谓语的句子，在翻译成汉语的时候可采用“受事＋动词”的格式，原文的主语不变，因为汉语动词的主动形式已经暗含了被动意义。

例 52：Chinese financial stability was confronted with 10 challenges.

译文：中国金融业的稳定面临十大挑战。

例 53：Traditionally，foreign investment in China has been concentrated in the manufacturing sector，which accounts for 70 percent of total foreign investment.

译文：传统上来说，中国的外商投资主要集中于制造业，占外商总投资额的 70％。

例 54:The thresholds for entering these sectors have been considerably lowered.

译文:进入这些产业的门槛相对降低了。

(3) 汉语被动句的英译

在汉语被动句的英译过程中,要充分考虑到英语的思维方式和语言特点,用适当的方法将被动句由汉语翻译成英语。被动句在英语中是十分普遍的,而汉语被动句远不如英语中用得那么广泛。基于两种语言的特点和思维方式的不同,对汉语被动句可采取不同的翻译方法。

由于英语的被动句比汉语被动句广泛得多,中文被动是受限制的,因而,翻译时,可将汉语的被动直接翻译为英语被动结构,这样是合乎英语表达习惯的。

例 55:他的公司偷税漏税被罚了。

译文:His company was fined for tax evasion.

例 56:含有小块药壁残渣的上清液被吸出。

译文:The supernatant containing fine debris was discarded.

对于那些无标识被动句,它们形式为主动,但意义是被动,因而,首先要细心辨认主语和谓语的关系,确定为无标识被动句后,用英语被动句加以翻译。

例 57:自从采用新技术以来,生产力大大提高了。

译文:Since new technology was employed,the productivity has been raised greatly.

例 58:中国菜肴花式之多、菜式之众,是举世闻名的。

译文:Chinese food is widely known for its variety and abundance.

例 59:在世界各地,今天比任何时候都更加感觉到中国的存在,她在世界政治形式中占有历史性的重要地位。

译文:China's presence is felt,more than ever all over the world,assuming historic dimensions in the world political situation.

例 60:雀巢公司的全球管理者和员工都受到鼓励,在自身影响范围内帮助解决环境问题。

译文:Management and personnel within the Nestle organization worldwide are encouraged to help resolve environmental problems within their own sphere of influence.

例 61:外交部发言人周五就中国海监船加强在相关海域的执法活动等回答了记者的提问。

译文:Chinese surveillance ships have been dispatched to safeguard China's rights in Chinese waters,and enforce the law,Foreign Ministry spokesman said Friday.

汉语无标识被动句可译为英语的自然被动句,此方法仅限于英语中用主动表示被动的词,如 sell、wash、write、cook、wear、open、drive、begin、adjourn,及表感官的动词,如 feel、 taste、sound、appear、look、smell 等。

例 62:这些菜闻起来很香。

译文:These dishes smell good.

例 63:这种布料很好洗。

译文:The cloth washes well.

汉语的无主句可译为英语被动句。汉语中常出现没有主语的句子,用来陈述一种客观事件或状态,有时则是表示要求、号召、命令等的祈使句,这类句子常可译为英语的被动句。

例 64:已筹集了 30 万元为山区的孩子建一所学校。

译文:Three hundred thousand yuan has been raised for the children in mountainous areas to build a school.

例 65:请参观者保持肃静。

译文:Visitors are required to keep quiet.

汉语中一些强调时间、地点等状语,且主语省略的句子往往译成英语被动结构。

例 66:我国最近研制出了一些新的肥料。

译文:Recently,some new fertilizers have been developed in China.

例 67:今年可以结束这项试验。

译文:This experiment can be finished this year.

一些以泛指人称作为主语的汉语主动句可译成英语被动句,如"有人认为、大家知道、众所周知、人们发现、人们建议、据报道、据说"等,常译成"It is + v-ed that"结构的主语从句。

例 68:有人认为,音乐对植物的生长能起到有益的作用。

译文:It is thought that music can do good to the growth of plant.

例 69:众所周知,地球围绕着太阳转动。

译文:It is well known that the earth turns around the sun.

例 70:人们建议,在河流上修建大型拦水坝。

译文:It is suggested that huge dams be built on the rivers.

3. 语序对比

不同的民族往往因其不同的思维方式,而对同一客观事实有着不同的语言表达顺序。英语与汉语在基本语序上大同小异,相同的是主语、谓语和宾语的位置,不同的是定语和状语的位置。

从句法结构来说,汉语是头重脚轻型,英语是头轻脚重型。句法结构上的重量(weight)

指的是构句部件在语言线性序列上组合排列的趋势，重量趋前的为前端重量，重量趋后的为后端重量（金积令，1998:28）。与汉语的句首呈开放性且不避头重的构建模式正好相反，英语基本句句首呈收缩式，而且在句子建构上把头轻尾重作为衡量句子结构是否得当的构造标准。为使末端重量得以实现，英语利用多种句法手段来减轻句首可能出现的重量，使重部件后移至句尾。如将修饰语后置：停在车站外的小轿车（the car standing outside the station）；使用先行词 it 替代分句式主语：现在懒人谋生越来越难了。（It's getting harder for a lazy man to make a living.）

（1）英汉定语的位置与翻译

定语是指对中心词加以说明、修饰的一个词、一组短语或者一个从句。英语定语有时位于修饰词之前，称为前置定语，此时与汉语的词序相同；有时位于修饰词之后，称为后置定语，此时与汉语的词序完全不一样。因此，翻译定语时要根据各自特点做相应调整。

例 71：Doctors have an amount of drugs available.

译文：医生都备有各种各样的药物。

例 72：Full details are in the table above.

译文：详细信息请见上文表格。

例 73：Downtown's only four-diamond convention hotel, the Omni Los Angeles Hotel features luxurious accommodations and modern conveniences that suit the needs of business and leisure travelers alike.

译文：作为市中心唯一的四钻会展酒店，欧姆尼洛杉矶酒店豪华的膳宿条件和现代化的设施，能满足商务和休闲旅客的需求。

例 74：我们要用一切可能的方法来提高销售量。

译文：We must increase sales in every way possible.

例 75：欧洲去年的销售量出现有史以来最大的降幅。

译文：Europe witnessed the biggest ever drop in exports last year.

例 76：英国是第一个承认中华人民共和国的西方大国。

译文：Britain was the first western power to recognize the People's Republic of China.

（2）英汉状语的位置及翻译

修饰动词、形容词、副词以及全句的句子成分，叫作状语。英语的修饰性状语大多位于句末，但也有少数状语居句首或句中。汉语中状语的常位（即通常位置）一般在谓语之前、主语之后。汉语也有状语后置的情形，这些状语多表达时间和地点，而且多出现在简单句中。英语中状语排序是：方式状语—地点状语—时间状语；而汉语状语的排序通常是：时间状语—地点状语—方式状语。英汉互译时有时需要对状语的位置做相应的调整。

例 77：He speaks the language badly，but reads it well.

译文：这种语言，他讲得不好，但阅读力很强。

例 78：Two events took place at the airport last night.

译文：昨晚飞机场发生了两件事。

例 79：They reached home at five o'clock in the evening.

译文：他们于傍晚 5 时到家。

例 80：He asked me a lot of questions after taking my name and address.

译文：他把我的姓名和住址记下后，还问了我很多问题。

例 81：我在南京上学时认识了他。

译文 1：I made his acquaintance when I was studying in Nanjing.

译文 2：When I studied in Nanjing，I made his acquaintance.

例 82：她每天在室外高声朗读。

译文：She reads aloud in the open in the morning.

例 83：我苦干了好几个月。

译文：I worked hard for months.

4. 树形结构与竹形结构

复句是由两个或更多的单句结构复合而成的，充当复句成分的单句结构叫分句，分句与分句之间一般有明显的句内停顿，书面上用逗号或分号。汉英语都有复杂句，但他们在结构关系上呈现出显著的差异。

西方人强调形式分析和规则制约，强调由一到多的思想，其思维方式呈焦点视式，因此英语句子像参天大树，枝叶横生。英语的句子有一个基本的主干，即主谓一致。所有的枝丫都是主干上分出来的，句子的扩展或复杂化都不改变句子的基本主干，而是通过把单词替换为短语、从句或在从句内再套从句等方式来实现。为了体现句子结构严密的逻辑性，使其严谨完备，英语要运用合适的连接词将句子中各成分、意群连接起来，是谓“形合”。形合注重的是语言形式上的接应(cohesion)，体现了西方民族按照原子哲学观念和形式逻辑思维法则对其语言发展趋向做出的自然选择。简言之，英语是通过使用大量的关系词、连接词和引导词等连接起来的结构清楚、层次分明、逻辑严密的“形态语”。

中国人注重整体和谐，强调从多归一的思想，其思维方式呈散点视式，其句子的构造方式像竹子一样一节一节拔起来。竹节可多可少，是开放式的，以意义的完整为目的，将一个个语言板块按逻辑事理的流动、铺排的句式来完成内容表达的要求。相比而言，各成分之间很少使用连接词，表达句子含义主要通过语境或语义的联系，很大程度上依赖上下文来体现内涵逻辑，此谓“意合”(parataxis)。与英语相比，汉语中意合复句占一半之多，突出地表现

了汉语意合的本质特征，但英语的复句只能是形合复句。

英语句子大多冗长繁杂，句子里面有从句，从句中套从句的现象随处可见。在翻译英语长句的过程中，关键是要找出句子主干，然后根据汉语的表达方式进行相应调整。

例 84：One path actively being explored is the parallel processing computer, which uses many chips to perform several different tasks at the same time.

译文：科学家们正在积极探索的一个路径为平行处理计算机，这种计算机利用多个芯片同时执行几个不同的任务。

分析：此句翻译时按顺序翻译，将定语从句译成一个独立的句子，置于主句后，保持原文的顺序。

例 85：Behaviorists suggest that the child who is raised in an environment where there are many stimuli which develop his or her capacity for appropriate responses will experience greater intellectual development.

译文：行为主义者认为，如果儿童的成长环境里有许多刺激因素，这些因素又有利于其适当反应能力的发展，那么，儿童的智力就会发展到较高水平。

分析：在翻译时，先找出句子中的主语和谓语，再找出句子的宾语。进一步识别修饰语和被修饰语，进而判断各成分间的内在联系，理清各层次间的相互逻辑关系。句子的主谓是 Behaviorists suggest，宾语是 that 从句，因为宾语太长，一口气说不完，所以就在谓语后停顿。宾语从句里的主干是"the child will experience greater intellectual development"，the child 后面又带了修饰语，这些修饰语要另起句子翻译。

汉语主张简约，句子常精炼短小，句子之间往往不用连词而用逗号连接。在英译时，要将分句间的逻辑关系由隐化显，用连词连接起来。

例 86：我们积极推进全面深化改革，供给侧结构性改革迈出重要步伐，国防和军队改革取得重大突破，各领域具有四梁八柱性质的改革主体框架已经基本确立。(习近平 2017 年新年贺词)

译文：We vigorously pushed forward the comprehensive deepening of reform, made important steps in terms of supply-side structural reform, achieved remarkable breakthroughs in the reform of national defense and the military, and the main frame of reform in all fields with "multiple pillars" has been established.

分析：汉语原文是几个主谓宾结构的句子，句与句之间用逗号连接。译成英文时，把他们分成两个并列分句，用连词 and 连接。前一个并列分句由一个主语，三个并列谓语构成，后一个分句是只有一个主语和谓语。

例 87：面对严峻的国际经济环境，我们积极应对，趋利避害，变挑战为机遇，开创对外开放的新局面。

译文:In the face of a grim economic environment worldwide, we rose to the challenge by promoting the favorable and avoiding the unfavorable and jumping at every opportunity, which has resulted in a new situation in opening-up our country to the rest of the world.

分析:在翻译时,把意合的汉语长句转化成了形合的英语长句。首先确定句子的主语和谓语,把"我们积极应对"作为语义中心,把"趋利避害""变挑战为机遇"看作是动作的方式,把"开创对外开放的新局面"作为积极应对的结果用定语从句来表达。

例 88:光彩夺目的上球体直径为 45 厘米,其观光层高达 263 米,是鸟瞰全市景色的最佳处所。当风和日丽时,举目远望,佘山、金山、崇明岛隐隐可见,真有"登泰山而小天下"之感。

译文:As high as 263 meters above the city and located in the 45-meter diameter radiant upper sphere, the observation deck makes it the best place to get a bird's eye view of the whole city. On a day of gentle breeze and bright sun, standing on it, one can see the hazy outlines of Mt. Sheshan, Mt. Jinshan and Chongming Island in the distance, with the feeling that the world is belittled.

分析:汉语原文是流水句,句与句之间靠逻辑关系组合在一起。译成英语时,要化零为整,把汉语长句分成两个部分,第一部分的主干成分是"观光层……是最佳处所",第二部分的主干成分是"佘山、金山、崇明岛隐隐可见"。其他成分附加在句中,以定语、状语或补语等形式出现。

2.3.3 英汉语篇比较与翻译

由于历史和文化方面的原因,中西方有各自不同的思维方式,反映在英汉两种语言上,表现为谋篇布局、层次安排、遣词造句以及脉络贯通上明显的差异(董晓波,2013:54)。中西方思维差异造成了汉语和英语在语篇结构方面的差异,主要表现在衔接与连贯、段落结构和篇章结构的组织、开头和结尾等三个方面。

1. 英汉语篇衔接手段对比与翻译

英语是一种形合的语言,要通过照应、替代、省略、连接词语及词汇衔接等语法和词汇手段来保持衔接与连贯;而汉语是一种意合的语言,主要靠语义来取得语篇的衔接与连贯,很少使用连接词。一般说来,汉语意合语言的特点使得表示逻辑关系的关联词经常被省略,从而使句子显得简短。在汉语中经常有以散句、松句、流水句等小句构成的并列复句(相当于英语中的并列句)和偏正复句(相当于英语中含状语从句的复句)。但严格来说,没有像英语那样的主语从句、定语从句、同位语从句、表语从句、非限定动词等语法概念。

"衔接存在于篇章内部,使之成为语篇的意义关系。"(Halliday and Hasan,1976)Halliday 和 Hasan 认为衔接之所以能使一段话成为语篇,就在于通过语法和词汇等手段,把结构上彼此毫无联系的句子黏在一起。衔接手段可分为五大类:照应(reference)、替代(substi-

tution)、省略(ellipsis)、连接词语(conjunction)及词汇衔接(lexical cohesion)。以下分述前三类。

(1) 照应

照应指用代词等语法手段来表示语义关系,通过照应别的词项来说明信息。Halliday 和 Hasan 将英语中的照应分为人称照应(personal reference)、指示照应(demonstrative reference)和比较照应(comparative reference)。

人称照应是通过人称代词(personal pronoun)(如 I、she、them 等)、所属限定词(possessive determiner)(如 your、his 等)和所属代词(possessive pronoun)(如 mine、theirs 等)来实现的。

例 89:Thank you for your letter of May 2016. We are disappointed to hear that our price for Flame cigarette lighters is too high for you to work on. You mention that Japanese goods are being offered to you at a price approximately 10% lower than that quoted by us.

译文:2016 年 5 月来函收到,不胜感激。得知贵公司认为火焰牌打火机价格过高,无利可图,本公司极感遗憾。来函又提及日本同类货品报价较其低近百分之十。

分析:这是一个商务信函的开头,在译成汉语时,第一句话没有机械地直译人称代词 you 和 your,而是按照汉语公函的习惯略掉了人称。第二句没有把 you 译成"你",把 we 译成"我们",而是"贵公司""本公司"。第三句根据需要省略了人称代词。

例 90:湖北武汉永远是我的故乡,虽然我不在那里生长,但它是我的父母之乡!

译文:Wuhan of Hubei Province will always be my old home. Though I was brought up elsewhere, Wuhan is nonetheless the land of my ancestors!

指示照应指说话人通过指明事物在时间和空间上的远近来确定所指对象。在英语中主要由 this 和 that、these 和 those 等选择性名词性指示词,定冠词 the,以及指示性副词 here 和 there、now 和 then 来体现。在指示照应中,选择性名词性指示词和指示性副词所实现的照应,汉英用法差异不大,但英语可用定冠词实现照应,汉语无定冠词 the 或相当于定冠词 the 的指示词。the 本身没有词义,但当它与其他词语连用时,便有了指定作用,可以对应汉语的"这"或"那"。在指称功能上,指称别人说的话或提到的事情时,英语一般用 that,而汉语倾向于使用"这"。

例 91:This is our chance to answer that call. This is our moment.(2012 年奥巴马胜选演说)

译文:这是我们给出答案的机会,这是我们的时刻。

例 92:To be or not to be:that is a question. (Shakespeare, *Hamlet*)

译文：生存还是死亡，这是个问题。

例 93：回忆中的情景很多，在此就不一一描写了。总之，我很喜欢我的父母之乡。那边是南国风光，山是青的，水是绿的，小溪流更是清澈见底。

译文：My experience of this trip, however, are too numerous to be recounted one by one here. Anyway, I deeply love my ancestor's home. Over there, we have the typical southern scenery with blue mountains, green waters, limpid brooks.

例 94：杰克跟我说，他把那个合同寄给东风公司了。

译文：Jack told me that he had sent the contract to Dongfeng Motor Corporation.

比较照应指通过形容词或副词的比较级形式，以及其他一些有比较意义的词语(same、so、as、equal、such、similarly、differently、other、otherwise、likewise 等)来表示照应关系。

例 95：America, we have come so far. We have seen so much. But there is so much more to do. (2012 年奥巴马胜选演说)

译文：美国，我们风雨兼程，一路走来。我们经历太多，但前方仍有许多梦想等待着我们去实现。

分析：这段文字里有三个 so，但译成汉语时却用了不同的词，语言极具感染力。

例 96：The Hawaiian Islands are one of the most beautiful places on earth. The weather is friendly. The temperature ranges from nearly 60—90 degrees all year long. It's a little warmer in summer, and a little cooler in winter, but every day is a beach day for somebody.

译文：夏威夷是世界上最美丽的地方之一。这里气候宜人，全年气温在 60—90 华氏度之间变化。夏天稍暖，冬天稍凉，但对于某些人来说每天都是晒太阳的好日子。

(2) 替代

替代是用一个词语代替另外的词语。替代词只是一种替代形式，它的语义要从所替代的成分去索引。英语中替代分为三类，即名词性替代(one、ones)、代词性替代(same、some、other)、动词性(do)替代和分句性替代(so、not)。

名词性替代指用替代词取代名词短语或名词短语中心词的现象，常用的替代词是 one 及其复数形式 ones，此外还有 the same 等。汉语通过"的"字结构或采用重复有关词语或省略的方式来表示替代。

例 97：She prefers the big apple to the small one.

译文：她喜欢大苹果而不是那个小的。

例 98：如果错过了这趟高铁，我就乘下一趟。

译文：If I miss this high-speed rail, I'll catch the next one.

动词性替代指用替代成分取代动词短语，常用替代词有 do、does、did。汉语里往往采取重复有关词语或省略的方式建立衔接关系。

例 99：我以为校长昨天不会出席会议，但他来了。

译文：I thought the president wouldn't attend yesterday's meeting, but he did.

小句性替代指的是用替代词指称上文出现的名词性小句表达的意义，常用的替代词是 so 和 not，分别替代肯定性陈述和否定性陈述。相应地，汉语用"这样/么""那样/么""不然"等来替代小句；有时也用词汇重复、省略等方式。

例 100：—Do you think it's going to rain tomorrow?

—Yes, I think so.

译文：—你认为明天会下雨吗？

—我想会的。

例 101：—今晚的电影还会放映吗？

—恐怕不会吧。

译文：—Is there going to be a movie tonight?

—I'm afraid not.

(3) 省略

省略是指把语篇中某个或某些成分省略不提，被省略的成分能从上下文找到。运用省略可避免重复，使语篇更加紧凑。省略也可分为名词性省略、动词性省略和分句性省略。

例 102：There was a special sort of rightness about Father's things, in our eyes, and we had a special respect for them because they are Father's. (Clarence Day: *Life with Father*)

译文：在我们的心目中，父亲的东西有一股特殊的正气，我们对它们怀有特殊的敬意，因为它们是父亲的。

例 103：Reading makes a full man; conference a ready man; and writing an exact man. (Francis Bacon: *Of Studies*)

译文：读书使人充实，讨论使人机智，写作使人严谨。

例 104：—How did you travel?

—In considerable discomfort.

译文：—你旅行怎么样？

—相当不舒服。

衔接是构成英汉语篇的重要条件，而翻译是跨文化、跨语言的语篇交际。不同的语言有不同的衔接手段，这意味着在英汉互译时须进行相应的策略转化，才能使译文尽量符合译入语读者的思维方式和行文习惯。

2. 英汉语篇翻译

语篇(text)是指实际使用的语言单位，是一次交际过程中的一系列连续的话段或句子所构成的语言整体。它可以是对话，也可以是独白，它包括书面语，也包括口语。语篇无论以何种形式出现，都必须合乎语法，并且语义连贯，包括与外界在语义上和语用上的连贯，也包括语篇内部在语言上的连贯(黄国文，1987:7)。换言之，语篇不是互不相关的句子的简单组合，而是一个语义上的统一体，通过各种衔接手段将一些意义相联系的句子有机地结合起来。语篇既指篇章，也指话语。

Kaplan(1966:1-20)指出，“英语篇章的组织和发展是直线型”，即直截了当地陈述主题，进行论述；汉语文章呈“螺旋形”，即不直接切入主题，而是在主题外围“兜圈子”或“旁敲侧击”，最后进入主题。这一观点在一定程度上反映出汉语语篇在谋篇布局上喜好“婉曲”，而英语喜好“直抒胸臆”的特点。

在表达多层逻辑思维时，英语往往是判断或结论等在前，事实或描写在后，所以在阅读时可以忽略后面的文字。汉语则是由因到果、由假设到推论、由事实到结论，即重心在后，阅读时需通读全文。

英汉语篇章互译时既要考虑到两者在布局谋篇上的特点，也要考虑到两者在句法上的差异。

例 105:Los Glaciares or Glaciers National Park is home to some of the world's most awe-inspiring natural wonders. Located in the Santa Cruz Province of the vast Patagonia region, the glaciers are in the southern section of the park, while the northern section features majestic mountains such as Mount FitzRoy, offering hiking and mountain climbing.

译文:冰川国家公园位于广阔的巴塔哥尼亚地区圣克鲁兹省。其中冰山主要集中在公园南部，而许多高山如菲茨罗伊峰位于公园北部地区，供游客远足与攀登。它是世界上最神奇的自然景观之一。

分析:原文开门见山，对冰山国家公园先进行总述，然后分述。译文则先分述冰山国家公园的情况，再进行总结，调整了原文结构，这符合我国读者的阅读理解习惯。

例 106:明长陵是十三陵之首，是永乐皇帝和皇后的合葬墓，始建于永乐皇帝营造北京故宫的第三年(公元 1409 年)。长陵至今历经了六百年沧桑仍完好无损，依旧金碧辉煌。由于工程浩繁，长陵的营建动用了全国的人力、物力和财力，仅营造地下宫殿就用了四年的时间。

译文:Being built as the first of the thirteen Ming Tombs, this tomb was the joint burial mausoleum of Emperor Yongle and the Empress. It is also the largest, the most beautiful

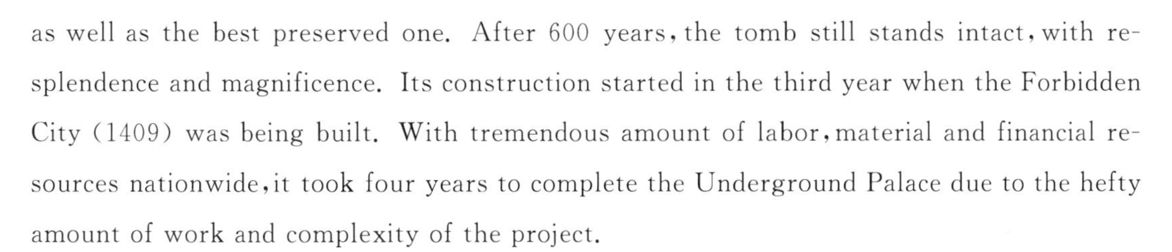

as well as the best preserved one. After 600 years, the tomb still stands intact, with resplendence and magnificence. Its construction started in the third year when the Forbidden City (1409) was being built. With tremendous amount of labor, material and financial resources nationwide, it took four years to complete the Underground Palace due to the hefty amount of work and complexity of the project.

分析:译文并没有照搬中文的写作顺序,而是对逻辑顺序稍加调整,先对明长陵进行简单描述,然后再简要叙述建筑过程,这样读起来更符合英语的叙事习惯。

例 107:China's economic policy is aimed at adjusting the pace of modernization to China's resource capabilities and its goal of major increase in employment, providing incentives for agricultural and industrial productivity; strengthening light, labor intensive industries, using technology to modernize and promote the technological transformation of existing industries; and removing bottlenecks imposed by energy and transportation constraints.

译文:中国经济政策的目的在于调整现代化的步伐,合理利用资源潜力,大力增加就业机会,刺激工农业生产的发展,加强轻工业及劳动密集型产业,利用技术促进现有工业的技术改造并使之现代化,排除由于能源及交通运输紧张所造成的障碍。

分析:英语句子中的多个非谓语结构在汉译时可能译成多个谓语结构,甚至是多个句子,因为汉语中谓语的使用非常活跃,不受限制,且主谓结构就可以构成句子的语法单位。

例 108:Here in New Hampshire there are many opportunities to find a peaceful spot hidden among the lush forests of tall evergreens and harewoods or nest to a rambling brook or pictorial lake.

译文:新罕布尔什州森林茂密,绿树长青,小溪蜿蜒曲折,湖边风景如画,到处都是宁静的好去处。

分析:英语旅游文本信息量大,句式结构严谨复杂,在翻译过程中,根据汉语意合的原则,化繁为简、化整为零,译成多个分句,确保了译文准确流畅。

例 109:双方同意,各国不论社会制度如何,都应根据尊重各国主权和领土完整、不侵犯别国、不干涉别国内政、平等互利、和平共处的原则来处理国与国之间的关系。

译文:The two sides agreed that countries, regardless of their social systems, should conduct their relations on the principles of respect for the sovereignty and territorial integrity of all states, non-aggression against other states, non-interference in the internal affairs of other states, equality and mutual benefit, and peaceful coexistence.

分析:原文的主干是"双方同意,各国……处理国与国之间的关系"。在译文中,具体的五项原则通过形容词 regardless 引导的短语和介词 on 引导的短语作为状语穿插到句子中,这样的结构调整符合英语的"树形"结构特征。

总之，在语篇层面，西方人倾向于开门见山，而中国人多采用归纳推理的方法。展开一个话题时，汉语往往先分述再总结，英语则是先总结再分述。因此，在翻译过程中，译者可以在不偏离原文交际目的的前提下，适当地调整译文结构，对译文进行改写，使其符合目的语读者的语言、文化习惯。同时，还要根据英语的“树形”结构特征和汉语的“竹形”结构特征在句子结构上进行恰当转换。

练　　习

一、词语翻译（英汉互译）

1. CPU
2. UNESCO
3. Brexit
4. Jaguar
5. Salt Lake City
6. InterContinental Hotels Group
7. transgender people
8. economic slowdown
9. secondhand opinion
10. snowflake generation
11. 联想
12. 端午节
13. 黄鹤楼
14. 宣传部
15. 董事会
16. 安居工程
17. 婚姻状况
18. 人口红利
19. 3栋1单元502室
20. 中国人民政治协商会议

二、句子翻译(英汉互译)

1. Give a Timex to all, to all a good time.
2. Please make an offer indicating the packing.
3. They will change their tune when they find out the seriousness of the problem.
4. I want to ponder my chances of success before I take any action.

5. Smoking is not allowed in the warehouse.

6. It is impossible, in our society, not to be sometimes a snob.

7. He hated failure; he had conquered it all his life, risen above it, despised it in others.

8. China's WTO accession represents an opportunity to address a broad range of unfair trade practices, trade barriers, discriminatory regulatory processes, lack of transparency, and other policies which limit American participation in the Chinese market or unfairly affect American trade.

9. The growth of intercultural communication as a field of study is based on a view of history that clearly demonstrates people and cultures have been troubled by a persistent inability to understand and get along with groups and societies by space, ideology, appearance, and behavior from their own.

10. 车床应安装在坚实的底座上。

11. 他的眼睛迅速地在名单上扫了一下。

12. 我这辈子从来没听过这么离奇的事情!

13. 他 2011 年 9 月至 2012 年 8 月在牛津大学学习计算机语言。

14. 学校表示,老师们希望在期末考试来临之际通过这种方法帮助学生减压。

15. 为方便本地顾客,特在本区设立分店,出售最新款式衣服,质量可靠,价格合理。

16. 北京通过车牌限制来限定汽车数量,并在空气特别糟糕的时候制定计划限制最古老和污染最严重的车辆上路。

17. 目前还没有找到住得离繁忙路段远近和患帕金森症或多发性硬化症概率之间的联系,然而人们住得离主干道越远,患老年痴呆的概率就会越下降。

18. 不幸的是,中国似乎是在学西方,如为了事业不结婚的人越来越多,不要小孩的越来越多,离婚的越来越多,年老的父母单独生活的越来越多。

三、语篇翻译(英汉互译)

1. Wal-Mart Stores, Inc. was founded by American retail legend Sam Walton in Arkansas in 1962. Forty-four years later, Wal-Mart serves more than 176 million customers per week. It is the world's largest private employer and retailer with over 1.9 million associates worldwide and more than 7,000 stores in 14 countries.

2. Amazon has revealed plans for a grocery shop without a checkout process, where customers will instead pay for the goods they have selected via an app. The Just-Walk-Out shopping experience uses the same types of technologies found in self-driving cars. The system detects when items are taken or returned to shelves and tracks them in a virtual shopping trolley. Once the shopper leaves the store, their Amazon account will be charged and receipt sent to them. The first shop is expected to open to the public in Seattle in the US in early 2017.

3. 少林功夫是中国武术文化的象征。中国武术是中国古代人民在历代战争活动中以生命为代价积累起来的,以攻防格斗的人体动作为核心、以套路为基本单位,并在中国特定的文化环境中逐步形成的文化表现形式。因而,中国武术已经成为中国传统文化的重要组成部分,其中包含极其丰富的中国古代思想(哲学、道德、兵法、医学、宗教等)。

4. 武当山又名太和山,位于湖北省十堰市丹江口境内,是中国著名的道教圣地。武当山面临碧波万顷的丹江水库,背倚苍莽的神农架原始森林,整个景区面积约400平方公里。武当山主峰为海拔1 612米的天柱峰,周围邻里的众多风景名胜,尤其是二峰、二十四涧、十一洞、三潭、九泉、十池、九井、九台等的景色非常美丽壮观。

参考文献

[1] Nord C. Text Analysis in Translation: Theory, Methodology and Didactic Application of a Model for Translation-Oriented Text Analysis [M]. Amsterdam: Rodopi, 1988 /1991.

[2] Schleiermacher F. On the Different Methods of Translating[C]//Robinson D. Western Translation Theory: From Herodotus to Nietzsche. Beijing: Foreign Language Teaching and Research Press, 2006.

[3] Kaplan R. Cultural Thought Patterns in Inter-Cultural Education [J]. Language Learning, 1966 (1-2): 1-20.

[4] Venuti L. The Translator's Invisibility: A History of Translation[M]. London and New York: Routledge, 1995.

[5] Halliday M A K, Hasan R. Cohesion in English [M]. London: Longman Group Ltd., 1976.

[6] Newmark P. A Textbook of Translation[M]. Hertfordshire: Prentice Hall, 1988.

[7] Newmark P. Approaches to Translation [M]. Shanghai: Shanghai Foreign Language Education Press, 2001.

[8] 董晓波. 英汉比较与翻译[M]. 北京:对外经济贸易大学出版社,2013.

[9] 黄国文. 语篇分析概要 [M]. 长沙:湖南教育出版社,1988.

[10] 金积令. 汉英词序对比研究——句法结构中的前端重量原则和末端重量原则[J]. 外国语(上海外国语大学学报),1998(1): 29-36.

[11] 李珊. 现代汉语被字句研究 [M]. 北京:北京大学出版社,1994.

[12] 连淑能. 英汉对比研究 [M]. 北京:高等教育出版社,1993.

[13] 张美芳. 编译的理论与实践——用功能翻译理论分析编译实例[J]. 四川外语学院学报,2004(2):95-98.

[14] 赵元任. 汉语口语语法 [M]. 吕叔湘,译. 北京:商务印书馆,1979.

第3章　外贸信函翻译

随着改革开放进一步深化，中国成功加入世贸组织，以及经济全球化影响日趋明显，外贸信函在国际贸易中起的作用越来越重要。外贸信函指的是国际商务往来中的信件，作为国际贸易活动的一种重要沟通工具，其种类繁多，功能多样，有的信函旨在劝说潜在买方建立业务往来关系，有的信函则用于传递商贸活动过程中的信息，如货物品质、数量、包装方式、交货条件、支付方式、船期、保险等。

为了保证商务活动顺利进行，外贸信函的翻译重点在于如何使目的语读者准确无误地理解商务信函译文所传递的商业信息，并实现文本预期功能的目标。本章拟以彼特·纽马克的文本功能观和翻译方法为理论基础，从文本功能角度对商务信函的翻译策略进行归纳示例。

彼特·纽马克根据文本语言功能的不同将文本分为三种类型：表达性功能文本、信息性功能文本和召唤性功能文本（Newmark，1988）。针对这三种类型的文本，他提出了两种翻译方法：语义翻译和交际翻译。纽马克认为语义翻译方法适用于表达性功能文本，而交际翻译方法适用于信息性功能文本和召唤性功能文本。纽马克认为商务信函属于信息性功能文本，应该运用交际翻译方法。他还提出，文本的语言功能不是单一的，往往是以上三种功能兼而有之，以其中一种功能为主导。因此，外贸信函的翻译应该遵循目的语的文体规约和行业规范等原则，根据函件不同的功能性特征，使用相应的翻译方法策略，以保证外贸信函的预期功能在目的语文化中得到最大化体现。

外贸信函一般分为三个部分，即开头、正文和结尾。开头部分包括称呼及称呼之前的部分；正文是信函的中心内容，是外贸信函的核心所在，这一部分表明所写信函目的，如报盘、询盘、订购、装运等；结尾就是正文之后所有内容，包括结尾套语、落款等。

中英文外贸信函的基本组成部分大致相同，但要注意日期的格式有所不同，英文信函的日期需放在开头，而中文信函中的日期需放在结尾。

英文外贸信函的组成部分一般如下：

①信头（Letterhead），包括寄信人的地址和联系方式，一般放在信件顶部中间或右上角；

②日期（Date），写信的日期，需放在右上角；

③文档号（Reference），如 Our ref：WFX/SQ，Your ref：JS201/SD707；

④信内名字和地址（Inside Name and Address），即收信人名字和地址，需放在左上角；

⑤指定收信人(Attention Line),收信方经办人或主要负责人,如 Attention:Mr. Li, Sales Dept.;

⑥称呼 (Salutation),如 Dear Sir;

⑦事由 (Subject/Caption/Reference);

⑧正文 (Body);

⑨信尾客套语 (Complimentary Close),放在左下角或右下角都可以,随后的内容位置须跟随结束语;

⑩发信人签名(Signature);

⑪发信人职务(Position);

⑫发信人姓名缩写,如 ST/MS;

⑬附件(Enclosure);

⑭发送副本/抄送 (Carbon Copy,即 C. C.);

⑮附言 (Postscript,即 P. S.)。

其中,信头、日期、信内名字和地址、称呼、正文、结束语和发信人签名是必不可少的,其他部分可根据实际情况添加;信函正文现多用全齐头式书写,即全部向左对齐。

中文外贸信函的组成部分一般如下:

①标题,放在信件顶部中间;

②发函字号,放在信件顶部中间;

③收函单位或收件人姓名,放在左上角;

④正文;

⑤信尾客套语,放在左下角;

⑥发函单位或发函人姓名,放在右下角;

⑦发函时间,放在右下角;

⑧附件。

其中,称呼、正文、发函单位或发函人姓名、日期是必不可少的,其他部分可根据实际情况添加;信函正文按照中文写作习惯,每段缩进两个汉字。

下面将着重从文本类型与语言特征和文本功能与翻译目的两方面来阐述外贸信函的文本特点、翻译策略及翻译标准,并给出文本翻译示例。

3.1 文本类型与语言特征

3.1.1 文本类型

由于外贸信函在信息交流和传递上具有特殊性,其功能与目的不仅有别于文学活动及日常生活,还和其他商务文本有区别,如产品说明书、企业宣传材料、经贸广告等;外贸信函属于公文文体，使用书面语，特点是严肃正式，客观稳妥，不流露个人喜好和倾向。因此，需要用语严密准确，措辞得当。一封好的外贸信函，要求长短适中、礼貌得体、周到清晰；遵守外贸信函的统一格式，使用信函套语，讲求规范；使用书面语，用词力求准确、简洁、庄重，语法正确，所涉及的数字精确无误。同时，语气方面，需做到礼貌大方，且不失自尊。主要特征可以概括为：正式专业、清晰简洁、礼貌客气。

由于公函往来多属磋商、咨询公务，往往涉及愿望、允诺、赞许、建议、催促、询问、拒绝、辩解或申述、质问、谴责等，情态比较丰富，但在表达上一般都比较婉转、含蓄，保持公事公办的特点；另外，外贸信函也会涉及商务活动的方方面面，所以会大量使用专业术语（段云礼，2013）。总而言之，外贸信函的语言要做到清楚简洁、正确具体、礼貌体谅、全面完整，翻译时，也应根据这些文体特点，正确传达原文的内容和语气。下面具体分析一下英汉外贸信函的语言特征及翻译策略。

3.1.2 语言特征

1. 词汇特征

(1)正式规范

随着互联网的发展，人们生活节奏加快，外贸信函多用电子邮件的形式收发，有口语化和非正式化的趋势，但是，外贸信函是公对公的正式信函，有明确的公关目的和经济目的，事关双方公司、组织或公众利益，因此，无论是英文外贸信函，还是中文外贸信函，使用的词汇多为正式的书面语、谦辞、敬语等，基本词汇或口语词汇较少，注重规范，不同于私事和私人活动的邮件，体现了外贸信函正式规范、公事公办的特点。翻译时，应尽可能使用目的语正式庄重的词汇，从而忠实地传达原文书面语的特点及交流语气。

例 1：In accordance with your letter of yesterday, I am sending tonight 10 cases of vodka.

译文：依据你方昨日来函，今晚发出伏特加 10 箱。

例 2：本商品将于 5 月最后一班轮船付运，货到请惠予告知。

译文：Kindly acknowledge receipt, and have the goods sent by the last steamer in May.

(2)客气礼貌

外贸信函体现了企业的形象、发函者的素质，沟通的结果直接关系到生意、业务的成败，因此，措辞客气礼貌不仅体现了发函者自身的素质，还有利于树立良好的企业形象，为交易双方营造友好的气氛，能促进双方建立良好的业务合作关系。

在收到对方的询盘（inquiry）、报盘（offer）、还盘（counter-offer）或订货（order）等请求时，不管是否接受，首先都要礼貌地表示谢意；在传递对交易满意的信息时，措辞要客气；在提供可能令对方不快的信息、拒绝或向对方表示不满时，更要注意措辞委婉；向对方提出要求时，同样要多使用客气的礼貌用语。翻译时，需注意译文和原文的功能对等。中文外贸信函中经常使用"贵、尊、高、雅、惠、大"等敬辞称呼对方公司，如"贵公司""贵方""贵函"；提出请求时经常使用的敬语有"恭、拜、垂、请、惠、敬、盼"等，如"恭请""垂询""敬请""为盼"等；使用"承蒙""惠告"提及对方的示知，使用"谨告""奉告""敬告"等引出自己的示知；多用"不胜感谢""谨致谢意"等来表示谢意；在信件结尾，多使用"此致敬礼""特此谨复""谨祝""敬启"等套语作结束语。

例 3：Kindly excuse our not replying to your favor of the 2nd August until today.

译文：至今未回复 8 月 2 日贵函，敬请谅解。

例 4：贵函收悉，谨此告知，我方已将样品提交本公司买方。

译文：In reply to your letter, we are pleased to inform you that we have shown the sample to our buyer.

(3)专业准确

外贸信函涉及商务合作的各个环节，包含交易过程中的各种单据、协议、合同等，因此外贸信函会大量使用交易、保险、索赔等方面的专业术语、缩略语，涉及数据时，要求准确无误，表达清楚简洁。据对部分外贸往来信函的专业术语和行话的统计，发现相关术语的数量占总字数的 9.1%。其中，专业术语的翻译，要求在中文里找到对应的商务专业词汇；缩略语的翻译，需准确找到其完整词汇，并在此基础上，找到汉语中对应的词汇，如 CIF (Cost Insurance and Freight，到岸价)、FPA (free from particular average，平安险)、T/T (Telegraphic Transfer，电汇)、L/C (Letter of Credit，信用证)、forex (Foreign Exchange，外汇)等。

例 5：We are going to draw the L/C within this week.

译文：我们将在本周内开出信用证。

例 6：按照贵方要求，我方破例接受承兑交单的支付方式，但下不为例。

译文：In compliance with your request, we exceptionally accept D/A, but this should not be regarded as a precedent.

(4)英汉差异

在英文外贸信函中，有些普通单词由于在商务语境中使用，词义与平时大相径庭，需译成经贸的专业词汇，不可望文生义，例如 collection (托收)、quotation (报价)、drawer (汇票发票人) 等。

此外，由于外贸信函的往来目的多为磋商、答询公务，往往涉及询问、允诺、赞同、拒绝、期望、建议、催促、谴责、索赔、辩解、申述等，所以在英文外贸信函中，情态动词使用较多，汉译英时，可注意选择合适的情态动词，使译文更加地道。

例 7：由于生意相当萧条，故要求贵方改变付款条件。

译文：As business has been rather slack, we would ask you to alter your terms.

例8：如下周五前未能结清本款项，我方将不得不委托我公司顾问律师来处理。

译文：We wish to state that if the account be not paid by next Friday, we shall be forced to place the matter in the hands of our solicitors.

2. 句法特征

(1) 英文多用复合句，汉语多用短句

外贸信函属于正式文体，主要为书面语形式，所以句式较长。在英文外贸信函中，表现为多使用复合句，利用状语从句、分词短语、插入语、同位语、独立主格结构等，以体现一系列相互关联、互为因果的关系，使行文更加庄重、严谨，逻辑条理清晰，特别在表达商贸交易进行的各种条件、方式或结果时，能够使条款、协议或业务意义更加完整，不存在任何漏洞，避免因歧义引发争端，维护了双方利益；而汉语虽然也使用正规的书面语，但是注重断句，习惯用简洁明了的短句。翻译时，一定要注意句式转换，层次分明。

例9：We shall greatly appreciate your kindness in giving priority to the consideration of our request and giving us an early favorable reply.

译文：如蒙贵方能优先考虑我方的要求并尽早回复，我方将不胜感激。

例10：贵方虽多次答应付款结账，但迄今尚未结清；如在本月底以前尚未能结清，只好委托我公司顾问律师来处理。

译文：In spite of your repeated promises to let us have a cheque, we are still without a settlement of your outstanding account, and therefore, unless same is settled by the end of this month, we shall be compelled to hand over the matter to our solicitor.

(2) 英文多用陈述句，汉语多用祈使句

外贸信函来往的双方多为贸易双方，处于同等地位，因此，当一方希望另一方做某事或采取某种行动时，英文信函一般不会使用带有命令语气的祈使句，因为祈使句不仅过于直接，还会使人觉得不正式，不够委婉礼貌；经常使用的是陈述句，既能委婉地表达自己的期望，又树立了良好的企业形象，体现了个人素养，利于促成愿望达成；而中文信函较少使用陈述句表达期望，多使用带有敬辞和谦辞的祈使句，希望对方完成某一行动，如“请”“敬请”“为盼”等。

翻译时，一定要注意陈述句和祈使句在相应译文中的使用。一般说来，此种情况下，英文的陈述句须译为汉语的祈使句，并加上合适的敬辞或谦辞；汉语的祈使句须译为英文的陈述句。

例11：As your purchases are regular and numerous, it would be advisable for you to open a revolving L/C in our favor.

译文：由于贵方多次大量购货，烦请给我方开出循环信用证。

例 12：请确信，一有新货到来，我方定会立即与贵方联系。

译文：You may be assured that we will contact you as soon as our fresh supply comes in.

(3) 英文偏好被动语态，汉语少用被动语态

为了使语气更加客气、委婉，避免强硬的态度，英文外贸信函偏好使用被动语态，常常使用带主语从句的陈述句替代祈使句——被动语态不强调动作的发出者，表示所说出的话不是强加给对方的。将祈使句表达的意思转换为含被动语态的陈述句，显得更加委婉、礼貌。

例 13：When no settlement can be reached through negotiations，the disputes shall be submitted for arbitration.

译文：如果协商未能解决，将把争议提交仲裁。

相比而言，汉语中被动语态的使用较少。汉语被动语态常常表达对主语而言多为不好或不希望发生的事，如被骗、被耍、受祸、受伤，引起的都是不利后果，外贸信函的语境与之不符，因此较少出现被动句。另外，由于汉语属于意合语言，重内在的逻辑关系，而不具备屈折变化，在语态上表现为受事格施事化倾向，施事格比较自然、直接，而不必拘泥于形式(陈宏薇，李亚丹，2013)。大多数情况下，汉语靠主动句的语义逻辑来体现被动意义。中国人的思维方式习惯强调人的行为必须由人来完成，导致汉语中主动句较多，常常采用主动句式来表达被动的意义，即使受动者做主语，也不用被动句式。

例 14：我们约定以分期付款的方式将该机械租给贵公司使用，希望贵公司能严格履行该协议。

译文：As the machine was hired to you on the understanding that regular payments would be made，we must ask that in future the terms of the agreement should be strictly adhered to.

翻译时，一定要注意对两种语态进行适当转换，使译文更加地道、通顺，实现功能对等，达到预期的效果。

(4) 英文偏好倒装句，汉语少用倒装句

英文外贸信函中，主要有两种情况使用倒装句，一是将强调的部分放在句首，比如提醒对方随函寄出某样材料时；二是表示不确定的可能性时。相比之下，汉语极少使用倒装句式。翻译时，一般将英文倒装句译成正常语序。

例 15：Enclosed we hand you a draft，USD 500，000，drawn on you by our New York house.

译文：我公司纽约分公司开出面额 50 万美元汇票一张，兹同函奉上。

3. 语体特征

外贸信函作为书面交往的渠道，非常注重信函礼节，语体特征委婉、客气，常用礼貌用语，使人心情舒畅，便于建立合作关系，利于表现来函方的专业素养，树立所在企业的良好形象，能较好地促进贸易的达成。在拒绝对方时，使用委婉的语气，一方面不会伤害对方情面，另一方面有利于继续保持友好的贸易关系。因此，在外贸信函中，多用委婉的语气指出对方不如人意之处，而且委婉语气也可用来表达满意、快乐、感谢、道歉等情绪。

英文外贸信函中多采用情态动词、虚拟语气、被动语态、疑问句以及单词 please 和 kind 来表达各种委婉的语气；汉语多用敬辞和谦辞来表达客气礼貌。翻译时，一定要注意尽量传达原文的庄重、礼貌、委婉的语气。

例 16：We would like you to inform us of what you decide to do regarding our loss.

译文：对于我方的损失，请贵公司告知贵方的处理办法。

例 17：今天我们冒昧送去小麦样品。

译文：We take the liberty today of sending you samples of wheat.

在进行外贸信函的英汉互译时，要注意上文提及的词汇、句式及语用等特点，在措辞和语体风格上尽量保持译文和原文之间的一致。

3.2 文本功能与翻译目的

根据文本功能分类，外贸信函可分为应酬函和业务函，前者在商务交往中使用较多，用以联络感情、增进友谊、促进贸易等，可细分为与商务往来有关的祝贺函、感谢函、邀请函、慰问函等；后者用于建立合作关系、进行业务联系、洽谈生意、解决经济问题等，可细分为业务关系建立函、产品推销函、资信调查函、询盘函、报盘函、还盘函、订购函、装运通知函、支付结算函、索赔函、保险函等，这些信函涉及商务贸易活动的全过程。从正式程度看，应酬函也可称为便函，处理一般性或礼节性事务，篇幅较短，包括前文所述的基本组成部分即可，内容简洁明了；后者也可称为正式函，处理具有实质内容的商业事务，篇幅较长，组成部分较多，结构完整，内容清晰。下面对上述各类业务函及其文本功能做一个具体介绍。

①建立业务关系函(Cooperation Intention)：该类信函目的在于和对方公司建立初步的业务关系，主要内容为介绍己方如何获得对方公司的信息(譬如对方的联系方式、经营范围等)，并表达与对方建立业务关系的愿望，介绍己方的业务性质、业务范围，亦可主动提出寄送己方产品目录等详细信息。为了给对方公司留下较好的第一印象，业务关系建立函的特点是简扼明了、礼貌大方、真挚坦诚，为今后可能的合作打下基础。

②产品推销函(Sales Promotion)：建立业务关系后，会寄出产品推销函，引起对方公司的兴趣，激发对方购买产品或服务的欲望，并促使其订货。该类信函主要内容包括产品介

绍、各种优惠条件等，一般会在结尾处提及价格或许会上调、存货有限、大额定购折扣、免费试用等信息。产品推销函的特点是文字简练，通俗易懂，以促成交易为目的。

③资信调查函(Status Enquiry)：初次进行贸易合作前，卖方会发出资信调查函，向第三方查询买方的资信状况和业务能力。由于双方互不了解，该类信函应明确表明资信调查的要求，并对提供的资信情况表示感谢，保证对调查内容进行保密。此类信函的目的是求人帮助，获取信息，所以资信调查函的特点是清楚明晰、客气礼貌、充满感谢。

④询盘函 (Inquiry)：询盘即向对方公司询价，该类信函旨在让对方公司提供产品、服务的有关信息，例如详细的产品目录、产品的价格单、样品、具体报价等。询盘函语言简单明了，但对于某类产品的询价意图要表达得具体详细，这样，才能得到对方有针对性的答复。

⑤报盘与还盘函(Offer and Counter-Offer)：交易前，卖方会向对方公司报价，并随函附上报价单 (quotation) ，包括货物名称、可供数量、商品规格、包装条件、单位价格、付款方式、交货日期及有效期限等。买方如果同意卖方的报价，就做出同意的回应(acceptance)；如果不同意，可针对报盘函，提出建议，进行修改，这就称为还盘。如果卖方不同意买方的修改意见，再提出新的条件，就称为反还盘。在交易磋商中，一笔交易从开始询价到最后成功，有时要经历多次报盘、还盘和反还盘的过程。报盘和还盘函一定要准确无误，因为一经确定，就等于双方达成交易，依据最后确定的数量和价格订购及付款，这些信函在交易发生的过程中具有法律效应。因此，该类信函一定要明确、清楚、完整，提出修改意见或拒绝时，要措辞委婉，言之有理，无论是否达成交易，都要向对方表示感谢。

⑥订购函(Purchase)：订购函是购买商品或服务的常用信函，即买方收到报盘函后，如果认为卖方的商品及价格合适，确定购买该商品，就写一份正式的订单寄给卖方，这就是订购函。订购函可以是叙述的形式，也可以是表格的形式。不论哪种形式，都要避免出现差错，要写清所订商品的名称、编号、规格、数量、价格、装运方式、交货日期、付款条件及方式、包装、保险等事宜。所以，订购函最基本的特征就是准确、清楚。

⑦保险函(Insurance)：保险是外贸业务中不可或缺的一环，为消除买方对运输风险的后顾之忧，保证进出口货品在遭受损失后能及时索赔，得到补偿，卖方会在货物装运前，按照运输办法、商品性质和合同规定为货物购买保险。投保人可根据保险内容和条款申请相应的险种、办理保险手续、支付保险费并领取保险单证；保险公司在承保后会履行其职责，在投保人遭受损失后及时根据有关约定给予赔偿。在书写或回复保险函时，应做到简洁、清晰、明了、及时、有礼，还可提出合理性建议。

⑧装运通知函(Shipment)：双方公司确认达成交易后，卖方需按照合同在规定期限内将货品运交对方。货物有多种装运方式，一经装船、车或飞机，卖方应通过装运通知函的方式告知买方，说明该批货品的合同(或订单)号码、货品名称、数量、货值、装运方式及启程日期等，并随函附上提单、发票、检验证明、重量单、保险单等，以便买方办理提货、付款等事宜；如

果需要更改装运方式或在运货途中出现问题，卖方也需用装运通知函告知买方相关事宜，这均属于装运通知函的范畴。装运通知函须简明清晰，专业准确。

⑨支付结函(Payment)：支付结函旨在通知卖方付款的方式及进程，一般在买方收到货物后发出，敦促其办理付款事宜，付款方式基本包括汇款、托收和信用证三种，无论对方采用哪种付款方式，买方应该以信函的形式向对方介绍付款方式，要求更有利于己方的付款方式或变更付款方式等。支付结函一般语气礼貌，委婉诚挚。

⑩索赔与理赔函(Claim and Settlement)：索赔函指签约双方在买卖过程中遭遇损失的一方根据合同规定向另一方提出赔偿或采取补救措施的信函，包括注明原合同条款，说明违反合同之处，提出损失赔偿办法等三个部分；责任方就受损方提出的要求进行处理，回复的信函称为理赔函。该类信函必须迅速及时(合同规定了索赔期限)，详细明确，语气婉转。

以上10种外贸信函基本涵盖了商品交易过程中的各个环节，翻译时，一定要注意各自特点，做到正式规范、专业准确，又不失外贸信函的语气，使译文和原文功能对等。

①规范统一：外贸信函有其自身的文体特点，在翻译时应当注重把握信函格式及行文习惯的转换，做到准确严谨、规范统一。

中英外贸信函在格式上具有一定的差异，特别是开头和结尾。例如，英文信函包括信内名称和地址，而中文信函内并没有信内地址；英文信函的日期放在称呼的前面，右上角，而中文信函的日期放在最后，右下角，即写信人姓名的下方；英文信函正文会直入正题，而中文开头一般要写问候语“您好”；英文信函的结尾落款一般是 Sincerely/Truly/Faithfully yours，而汉语信函的结尾套语是“此致敬礼”“谨此”“祝好”等。翻译过程中一定要注意中英文书信格式和套语的不同，适当进行格式和内容的转换，使之符合目的语商务信函的行文格式和表达习惯。

②用词专业：外贸信函经常使用礼貌、严谨、专业的词汇和行业术语，在翻译时，尽量使用目的语中对应的表示客气、礼貌、正规、严谨的词语，同时专业词汇和行业术语的翻译也要做到准确、恰当。

由于出售货品或服务的类别不同，翻译时，应针对某一专门行业，运用相关的专业知识和适当的翻译策略，注意正确使用商务专业术语、缩略语及不同领域中出现的新兴词语，使译文不会误译，带给读者等值的原文信息。

③正式准确：外贸信函作为一种正式书面语，英文的句式特点如前文所述，多使用长句、分词短语、不定式短语、独立主格、插入语等。中文商务信函译成英文时，应该注意这一点，让译文的句子合乎英文商务信函的句式规范。外贸信函的语篇不但完整规范，而且措辞委婉得体，客气礼貌，在翻译中，要注意译文与原文语气上的对等。

外贸信函的另一大特点是注重细节、实事求是，其中有很多地方涉及交易往来的货品名称、数量、日期、价格、金额、规格、代号、装运、保险方式等，数字或编码的翻译不可马虎，应特别注意其准确性，不可夸大或缩小，造成贸易双方的纠纷和损失。

总而言之，在外贸信函翻译中，如果能够根据不同类型信函的文本功能，使译文规范统一、用词专业、正式准确，就会取得良好的翻译效果，达到翻译上真正的“功能对等”，做到“等效”翻译。

3.3 文本翻译示例

3.3.1 建立业务关系函

例 18：

March 20,2016

Dear Sirs,

Having had your name and address from the Commercial Counselor's office of the Embassy of the People's Republic of China in the United States, we now avail ourselves of this opportunity to write to you in the hope of establishing business relations with you.

We have been both importers and exporters of Arts and Crafts for many years. In order to acquaint you with our business lines, we enclose a copy of our Export List in regard to the main items available at present.

If any of the items be of interest to you, please let us know. We shall be very pleased to give you our lowest quotation upon receipt of your detailed requirements.

We expect to receive your enquiries soon.

Yours faithfully,

Zhang Wen
Manager of Import & Export Dept.

Encl. As stated

参考译文

敬启者:

我方从中华人民共和国驻美国大使馆商务参赞处获悉贵公司名称和地址,现借此机会致函,希望与你方建立业务联系。

我公司从事工艺品进出口业务已多年。为方便你方熟悉我方的经营范围,随函附上我公司目前主要出口产品一览表一份。

倘若贵公司对我方产品感兴趣,请来函告之。待得知你方的详细需求量,我方即提供最低报价。

盼早日回复。

此致

敬礼!

进出口部经理

张 文

2016年3月20日

附件:如文

这是一封建立业务关系的外贸信函,发函人开门见山,表达了与对方建立业务关系的愿望。先做了自我介绍,随后表明在附件里会提供出口产品一览表、报价等对方可能感兴趣的相关信息,语言简洁得体,遣词造句正式;翻译时,主要采用了直译策略,保持了信函内容完整,并且在格式和套语上进行了适当转换,达到了原文预期的效果。

3.3.2 询盘信函

例19:

March 22,2016

Dear Sirs,

Thank you for your promotional letter and brochure dated March 20,2016.

We are very much interested in your new products and believe that there is a promising market here in U. S. A. Kindly send us further details of your prices and terms of sale and also samples of different qualities of material used. We ask you to make every effort to quote at competitive prices in order to secure our business.

Your early reply will be highly appreciated.

Yours faithfully,

Steven Brown
Manager of Import & Export Dept.

参考译文

敬启者：

感谢贵方2016年3月20日的促销函和手册。

我方对贵公司新产品很感兴趣，相信会在美国畅销。请向我方提供商品价格、销售条件的详细情况，以及用不同材质制成的样品。我方希望你方提供有竞争力的报价，以做成这笔业务。

如即赐复，不胜感激。

进出口部经理
史蒂芬·布朗谨上
2016年3月22日

这是一封询盘函，询问产品价格、销售条件等情况。信中首先感谢对方的致函，随后表达了对其产品的兴趣，并礼貌地提出请求，篇幅不长，但语言清晰、简洁、礼貌，译文也兼顾了这些特点，并根据中文特点，进行了改写，充分体现了两者的功能对等。

3.3.3 报盘与还盘信函

例20：报盘信函

敬启者：

事由：白砂糖

贵方2016年7月15日来函收到。信中要求我方报白砂糖10 000公吨发货伦敦的盘。对你方有意购买我方产品，我方表示非常感谢。

现按照贵方要求报价如下：

商品：优质白砂糖

包装：新麻袋包装，每包100公斤

价格：每公吨390美元，伦敦到岸价

支付条件:凭即期汇票支付的不可撤销的保兑信用证付款,信用证开在我方名下

船期:收到信用证后一个月发货

请注意,我方现有存货不多。为尽快装船,你方如同意我方所开价格,务请及时开具信用证。

盼望早日答复。

此致

敬礼!

销售部经理

王　强

2016年7月16日

参考译文

July 16,2016

Dear Sirs,

Subject:SWC Sugar

We are in receipt of your letter of July 15,2016,enquiring for 10,000 metric tons of the subject sugar for shipment to London and appreciate very much your interest in our product.

To comply with your request,we are quoting you as follows.

Commodity:Superior White Crystal Sugar

Packing:To be packed in new gunny bags of 100 kilograms each

Quantity:Ten thousand (10,000) metric tons

Price:U. S. Dollars Three hundred and ninety (USD 390.00) per metric ton,CIF London

Payment:100% by irrevocable and confirmed letter of credit to be opened in our favor and to be drawn at sight

Shipment:1 month after receipt of letter of credit

Your attention is drawn to the fact that we have not much ready stock on hand. Therefore, it is imperative that, in order to enable us to effect early shipment, your letter of credit should be opened in time if our price meets with your approval.

We are awaiting your immediate reply.

Faithfully yours,

Wang Qiang
Sales Manager

这是一封报盘函,应买方请求,详细说明了货物名称、规格、数量、价格、包装、装船期和支付条件等,分条目列出,显得非常清晰、明确,结尾处还客气地向对方讲明了注意事项。译文采用了英文信函的习惯格式,注重细节,没有错漏,且语气委婉客气。

例21:还盘信函

尊敬的王先生:

您好!

感谢你公司2016年7月16日来函,报给我方10 000公吨标题货物,每公吨伦敦到岸价390美元。

我方非常遗憾地说明,我方认为你公司报价过高,与现行行市不符。有消息表明,韩国产的几批货已按每公吨360美元出售。

由于同等质量的砂糖能以较低价格购进,在此情况下,我方很难接受你方价格。若你公司有意降价,如降低10%,双方便有望成交。

鉴于双方之间的长期业务关系,特发此盘。因目前行市不断下跌,故希望你公司考虑我方还盘,如接受请尽快来电告知。

期待早日答复。

此致

敬礼!

公司落款

2016年7月17日

参考译文

July 17,2016

Dear Mr. Wang,

We wish to thank you for your letter of July 15,2006,offering us 10,000 metric tons of the subject goods at USD 390.00 per metric ton,CIF London.

In reply,we very much regret to state that we find your price too high and out of line with the prevailing market level. Information indicates that some bags of Korean make have sold at the level of USD 360.00 per metric ton.

Such being the case,it is impossible for us to accept your price,as sugar of similar quality is easily obtainable at a much lower figure. Should you be prepared to reduce your limit by, say,10%,we might come to terms.

It is in view of our long-standing business relationship that we make you such a counter-offer. As the market is declining,we hope you will consider our counter-offer most favorably and cable us acceptance at your earliest convenience.

We anticipate your early reply.

Yours Faithfully,

Company Name

这是一封还盘议价函。首先以当地市场价格作为依据，指出报价过高，请求对方降低价格，语气礼貌委婉，态度明确，具有说服力；随后向对方提出了己方认可的价格范围，表明与对方达成交易的意愿。译文保留了这些特点。

练　　习

一、句子翻译(英译汉)

1. We are very much interested in the Model T20,and it would be appreciated if you

would send us a sample and your quotation together with the earliest possible date you can make shipment.

2. We regret to inform you that we cannot accept your offer as your price is too high.

3. You will remember that we stressed the importance of punctual shipment and you will understand that your delay in the circumstances gives us a right to claim for the damage caused.

4. We would like to know whether you would allow us to extend the time of shipment for ten days and if you would be so kind as to allow us to do so, we would appreciate your reply by fax without delay.

5. We consider it advisable to make it clear that for future transactions D/P will only be accepted if the amount involved for each transaction does not exceed USD 10,000, or its equivalent in RMB at the exchange rate then prevailing. If the amount is in excess of that figure, payment by letter of credit will be required.

二、句子翻译(汉译英)

1. 我方荣幸地致函贵公司,希望此函成为双方贸易关系的开始。

2. 随函寄上五月份(包括5月31日在内)的结算单,其中上月未付金额为35万元人民币。

3. 很抱歉,我方不能同意你方客户提出的观点。因为证据不足,我方拒绝索赔。

4. 恳请告知贵公司信用状况,对任何有关情报,我方将严守机密,敬请放心。

5. 由于来自工厂方面不可预见的困难,非常遗憾,我方无法按贵方信用证规定的日期发运。如果贵方能将信用证延至8月15日,装运期延至8月31日,我方将不胜感激。

三、语篇翻译(英译汉)

August 20, 2016

Dear Sirs,

Subject: Claim for Poor Packing

We regret to inform you that the Cotton Piece Goods covered by our Order No. 6016 and shipped per S. S. Angel arrived in such an unsatisfactory condition that we cannot but lodge a claim against you.

It was found upon examination that nearly 80% of the packages had been broken, obviously attributed to improper packing. Our only recourse, in consequence, was to have them repacked before delivering to our customers, which inevitably resulted in extra expenses amounting to USD 1,500.00. We expect compensation from you for this, and should like to take this opportunity to suggest that special care be taken in your future deliveries as prospective customers are apt to misjudge the quality of your goods by the faulty packing.

Yours faithfully,

Company Name

参考文献

[1] Newmark P. A Textbook of Translation[M]. Hertfordshire:Prentice Hall,1988.
[2] 陈宏薇,李亚丹. 新编汉英翻译教程[M].2版. 上海:上海外语教育出版社,2013.
[3] 董晓波. 实用经贸文体翻译[M]. 北京:对外经济贸易大学出版社,2013.
[4] 段云礼. 实用商务英语翻译[M].2版. 北京:对外经济贸易大学出版社,2013.
[5] 刘宓庆. 文体与翻译[M]. 北京:中国对外翻译出版公司,1998.
[6] 彭萍. 实用商务翻译(英汉双向)[M]. 北京:中国宇航出版社,2015.
[7] 苑春鸣,姜丽. 商务英语翻译[M]. 北京:外语教学与研究出版社,2013.
[8] 赵银德. 外贸函电[M]. 2版.北京:机械工业出版社,2010.

第4章　商务合同翻译

随着社会和经济的发展,我国对外贸易也发展得越来越快。在贸易交往中,合同规定着双方的权利和义务,在合作过程中起着非常重要的作用,因此,对合同的翻译显得尤为重要。商务合同根据不同的书面形式和功能,可划分为正式合同(Contract)、协议书(Agreement)、确认书(Confirmation)、备忘录(Memorandum)或订单(Order)等。本章对商务合同的翻译背景、客户要求及翻译目标进行了分析,以德国功能主义目的论为理论指导,阐述了商务合同翻译的原则、规范以及翻译策略。

《中华人民共和国合同法》第二条规定:"合同是平等主体的自然人、法人、其他组织之间设立、变更、终止民事权利义务关系的协议。"合同是一种法律行为,指双方或多方当事人为实现一定的目的,相互明确某种权利、义务关系而达成的协议,任何一方不履行或不完全履行合同,都要承担法律责任。

《大不列颠百科全书》对contract(合同)的定义如下:"A contract is a promise enforceable at law. The promise may be to do something or to refrain from doing something."(合同是具有法律约束力的承诺,该承诺可以是保证做某事或保证不做某事。)而商务合同是合同中最常见的一种,是实现一定的经济目的、明确相互权利和义务的一种文体。商务合同是经济发展的产物,受到国家法律的承认和保护,特别是1981年12月13日颁布的《中华人民共和国合同法》是拟订和签订商务合同的法律依据。商务合同一经签订,各方当事人应严格遵守,凡违约者均应对违约所造成的损失承担法律责任和经济责任。一旦发生合同纠纷,可经友好协商解决或通过仲裁解决;如果一方触犯法律,应受到法律制裁。

具体而言,商务合同应该是双方或多方之间为了实现某项特定的目标——产品销售或购买、技术合作或转让、合资或合营、补偿贸易、工程承包、涉外劳务、涉外信贷、国际投资、国际租赁、国际运输、聘用、保险等,用文字的形式明确订立具体的权利和义务条款,确定债权、债务关系。国际商务合同是商务合同的一种,也叫涉外合同,从一般意义上讲,是指涉及两国或两国以上业务的合同。

不管是何种商务合同,就结构而言,都主要由以下三个部分构成:前言 (Preamble)、正文 (Habendum)、结尾 (Final Clauses) 。

①前言。商务合同的前言部分即合同效力条款(Validity Clauses of Contracts),是合同生效的基本条件,具有重要的法律意义。其主要内容有:合同的准确名称、具有法人资格的合同各方名称(全名)、国籍、业务范围、法定住址、订约日期和地点、合同各方法律关系、签约

背景、愿意达成协议的原则及授权范围、同意订约的词句等。

②正文。作为合同的主干部分，合同正文是合同的实质性条款，包括除了前言和结尾的所有条款部分，是合同的中心内容，以此明确签约各方的权利、义务、责任和风险等，通常由以下几个部分构成：

a. 合同的种类与范围(Types of Contract and Scope of the Object in the Contract)；

b. 合同价格、支付金额、支付方式和其他附带费用(The Contract Price，Amount，Method of Payment，Other Various Incidental Charges)；

c. 双方的责任和义务 (Responsibilities and Obligations) ；

d. 合同的转让条件(The Conditions for the Assignment of Contract)；

e. 违反合同的赔偿及其他责任(Liability to Pay Compensation and Other Liabilities for Breach of Contract)；

f. 合同发生争议时的解决方法(The Ways for Settling Contract Disputes)，如和解(conciliation)、调解 (mediation)、仲裁 (arbitration)和诉讼 (litigation/ lawsuit) ；

g. 保险条款(Insurance Clause)；

h. 不可抗力条款(Force Majeure)；

i. 合同的有效期限，以及可以延长合同期限和提前终止合同的条件(Validity，Renewal and Termination of the Contract)。

③结尾。合同的结尾，指写在合同结尾部分的最后条款，包括证明部分 (Attestation)、签字部分(Signature)和附件部分(Appendix)。一般包括合同使用的文字及其效力、约尾条款、签订合同各方单位全称和法人代表姓名、委托代理人签字并盖章、签约日期；附件部分作为对正文条款的补充，如图纸、表格、样品、担保书、相关协议等，并非所有合同都有。

上述商务合同的三个组成部分以及三个部分的各个细节，是所有商务合同一般都会涵盖的内容，是其重要的组成部分，所以，翻译一份完整的商务合同时，一定不得有所遗漏。

下面将着重从文本类型与语言特征、文本功能与翻译目的两方面来阐述商务合同的翻译策略、文本特点及翻译标准，并给出文本翻译示例。

4.1 文本类型与语言特征

4.1.1 文本类型

商务合同是经济活动中的重要文件，是一种契约文体。关于契约文体的特点，刘宓庆教授认为，主要有条理性、纪实性、规范性等特点(刘宓庆，1998)。

1. 条理性

指逻辑上和语言体例上，都要有条理。契约文体完全不同于论述文，不求铺叙，但求明晰；也不同于描述文，不求修饰，但求达意。

2. 纪实性

签订合同旨在提出、筹划、限定、应策某种事务，一定要言而有实；契约中的程式一般表述某种事务的工作程序、常规，或“标准信息”，一般是言之有实的，同业见之，照此办理。

3. 规范性

契约文体作为法律文体，要求用词规范，符合约定俗成的含义，一般不能改动，除非经双方（或多方）商定才可变动，因为合同是约定的书面依据，不容许随意改动文字。

商务合同属于契约文体，以规范准确、庄重严谨为首要特点。无论是在词汇、句法结构和行文程式上都有严格的要求。在这些文体特点方面，中英商务合同既有相同之处，又有不同之处，翻译时，一定要注意适当转换，做到功能对等。

4.1.2 语言特征

1. 词汇特征

(1) 正式庄重

商务合同是具有法律性质的公文，习惯采用正式的书面词语，以表现出法律条文的庄重和权威，所以，合同用词严格，语体非常正式。在英文商务合同中，一般用含名词的动词短语代替单个动词，比使用单个动词更具强调性和正式性；但中文合同更多地使用动词，所以汉语译文中一般只能译成动词。例如，give approval of (代替 approve)，批准；take delivery of (代替 deliver)，交货；make preparations to (代替 prepare)，准备。

此外，英文合同中会使用一些古体词语，特别是一些古体副词，在句子中作状语或定语，使行文更加书面、正式，并且可避免重复，承接合同条款上下文。其中，here + prep. 和 there + prep. 结构的词汇较多，表示时间、地点、方式或条件等，而 where+prep. 结构的词汇多用作连接副词或关系副词，用来连接句子，表示时间、地点或方式等。

例 1：古体副词及其翻译

古体副词	现代用语	汉语译文
hereby	by this, by reason of this	特此，在此
herein	in this	此中，于此
hereinafter	later in this contract	在下文，以下
hereinbefore	in a preceding part of this contract	在上文中
hereto	to this	本协议的
hereof	of this contract	在本合同中的
hereunder	under this	在此中
thereafter	afterwards, after that	此后，今后

续表

古体副词	现代用语	汉语译文
thereby	by that means, in that connection	因此，从而
therefor	for that	因此，为此，由于这样
therefrom	from that	由此
thereof	of that, from that source	其，关于那
therein	in that	其中，在那里
thereon	on that	在其中
thereto	to that	向那里
whereby	by which	凭此协议，凭此条款

(2) 专业规范

商务合同是依法订立的具有法律约束力的公文，因此，会大量使用法律词语、合同术语、行业术语等词汇，专业规范地表明条款意思，避免意思模糊，引起争议。其中，行业术语范围非常广泛，如销售合同中关于销售及销售产品的术语，技术转让合同中关于专业技术方面的术语，涉外信贷合同中关于金融和信贷的术语；此外，不同的销售产品、不同的专业技术领域及不同的信贷方式，对应的术语又有不同。

例 2：In case one party desires to sell or assign all or part of his investment subscribed, the other party shall have the preemptive right.

译文：如一方欲出售或转让其所投资的部分或全部，另一方应有优先购买权。

例 3：中国国家化学品进出口公司特此指定劲科公司为其在美利坚合众国地区的独家代理，销售锌钡白、铝硫酸盐、中国原产无水钠硫酸盐及其他劲科公司与中化联系时双方同意的每一种化学品，以下统一称作“产品”。

译文：SINOCHEM hereby appoints GENCO as its SOLE AGENT in the territory of the United States of America for the sales of Lithopone, Aluminium Sulphate, Sodium Sulphate Anhydrous of Chinese origin and other chemicals agreed upon by both parties each case individually in time as and when GENCO will contact SINOCHEM herein after referred to collectively as the “PRODUCTS”.

(3) 严密准确

商务合同要将签约双方的意愿清晰地表达出来，需做到用词严密准确、具体明确，不能模棱两可，产生歧义，这是合同语言的另一重要特点。严密，指用词要无懈可击，无疏漏；准确，指合同中涉及的名称、数额、地址、日期等信息不得模糊。这样才能促使签约合同的各方明确规定的义务和权利，按时履行合同，避免在履行过程中发生争议，引起不必要的纠纷。

为保证合同语言周密严谨，加强语气和精确性，减少语言的歧义和漏洞，英文合同多成对使用“or”连接的近义词和“and”连接的同义词，翻译前者时，一定要注意这些近义词意义间的微妙差别，一般需要全部翻译出来；而后者翻译成汉语时，由于汉语很少成对使用同义词，所以一般译成单个词语即可。

例 4：近义词连用及其翻译

近义词连用	汉语译文
defaced or altered	磨损或更换
repair or replacement	维修或更换
altered or amended	变更或修改的
compensation or damages	赔偿或赔偿金
arrest or restraint	拘捕或拘留
any part or parts of it	其任何部分或所有部分
claim or allegation	声明或声称
agent or representative	代理或代表
insufficiency or inadequacy	不充分或不充足
loss,injury or damage	损失、伤害或损害
alteration,modification or substitution	变更、修改或替代
use,misuse or abuse	使用、误用或滥用

例 5：同义词连用及其翻译

同义词连用	汉语译文
approve and accept	接受
perform and fulfill	履行
furnish and provide	提供
sign and issue	签发
rights and interests	权益
rules and regulations	规章
terms and conditions	条款
use and wont	惯例
claims and debt	债务
custom fees and duties	关税
loss of and damage to	损失

续表

同义词连用	汉语译文
null and void	无效
free and clear	无
fixed and settled	商定的
by and between	由……双方
as and when	当……的时候

中文商务合同为使表述严谨明确，不产生歧义，经常会重复关键性名词，即使在同一句中，也会进行重复强调。重复是汉语的一个重要修辞手段，能够平衡句子结构，加强语气，增加韵调；因此，汉语句子中，一些词或词组重复使用的现象和结构类似、含义相同的几个词组连用的现象，是相当普遍的。尤其是关键名词，汉语商务合同往往会在一句话中不惜多次重复，其目的在于把事情说得更明白，更清楚。

英语民族的语言心理习惯使得英文中单词的重复现象比汉语要少得多；英语在能明确表达意思的前提下，习惯采用替代、省略或变换单词等方法来避免单调的重复，让行文更加生动、简洁。因此，翻译时，汉语合同中重复的名词，在不影响其意义精准传达的情况下，一般会使用替代的翻译策略。

例6：买方应在货到目的港30天内向卖方提交索赔通知，在此期间如卖方未接到买方索赔通知及公证行开立的公证报告，则认为买方无索赔要求。

译文：The Buyer shall give the Seller notice of any claim within 30 days after arrival of goods at the port of destination. Unless such notice, accompanied by proof certified by an authorized surveyor, arrives at the Seller's office during such 30 days, the Buyer shall be deemed to have no claim.

当然，如果使用替代有损原文意义，或无法准确传达原文意义时，为保证原文达到预期的语用效果，在翻译时，可采取直译的翻译策略，即重复翻译原文中出现的重复名词。

例7：如收货方不能按提单提取全部或部分货物，依据本提单，承运人可不经通知把全部或部分货物卸载或存储在岸上或水面，加以遮盖或露天存放。

译文：If the Merchant fails to take delivery of the goods or part of it, then in accordance with the Bill of Lading, the Carrier may without notice unstow the goods or that part thereof and/or store the goods or that part thereof off shore, or afloat in the open or under cover.

(4) 英汉差异

合同中，很多条款会涉及签约各方的权利、义务、规定、禁止，即可以做什么、应该做什么、必须做什么以及不能做什么。

英文商务合同中，此类条款经常用到情态动词 shall、shall not、may、may not，其中 shall 是使用频率最高的词汇之一，用来表示合同中各项具体的规定和法律上应当履行的义务、债务及应承担的法律责任，可根据上下文语境灵活翻译成“应”“应该”“必须”“可以”等，有时也可以不译；否定意义为“不必”“不应该”。may 表示义务，可译为“可”“可以”“允许”；may not 表示禁止，可译为“不可”。

例 8：The employer shall make a prepayment of 30% of the Contract value to the Contractor within 7 days after signing the Contract.

译文：雇主应于签约后 7 天内向承包人支付相当于承包合同 30%的预付款。

例 9：The Parties hereto shall, first of all, settle any disputes arising in the execution of or in connection with the contract through amicable negotiations. If no settlement can be reached, such dispute may then be submitted for arbitration.

译文：双方首先应友好协商解决在执行合同中或与合同有关的争议。如不能达成协议，争议可提交仲裁。

汉语没有情态动词，经常用到的是能愿动词，功能与英语情态动词类似，有的表示必要，如“应、应该、应当、该、当、须”等；有的表示可能，如“能、能够、会、可、可能、可以、得以”等；有的表示意愿，如“肯、要、想要、愿、愿意、敢、敢于”等。可根据原文具体内容，翻译成合适的情态动词。

例 10：租客须支付所有公用事业和/或服务设施的收费。

译文：Tenant shall pay for all utilities and/ or services supplied to the premises.

2. 句法特征

(1) 多用长句，结构完整

商务合同是具有法律效力的公文，因此在对某些法律条款进行阐述时，限定条件很多，相应的中心词也会有较多限制，才能保证传达的信息严密完整、具体准确，所以，句法结构上，商务合同中的句子一般都比较复杂，句子结构完整，通常不使用省略句。中英文商务合同中，长句较多，短句较少。

为确保签约各方的权利和义务能够完整无误地表现出来，同时做到逻辑严密，合同的语句一般较长，从句和插入语较多，特别是英文合同。英语作为一种形合语言（hypotactic language），逻辑性强，所以在英文合同中经常见到复合句和复杂句，结构复杂，附加成分多，甚至有时一段就是一句话。陈建平曾对一份工程承包合同的文字作过粗略统计，该合同的正文共有 17 条条款，共计 53 句，1 749 个词，平均每个句子长达 33 个词，远远超过英文句子的平均单词数(15—17 个单词)(陈建平，2005：83)。英文合同以复合句和复杂句居多，结构复杂，组织严密，句型多样化，常用的是条件状语从句和定语从句。

商务合同在规定签约各方的权利和义务时，必须考虑到可能出现的种种问题和情况，尤其是意外，这样才能做到“面面俱到，有备无患”，保证合作能够顺利进行；因此，合同中的某些条款会假设可能出现的问题和情况，并说出相应的结果或对此提出解决办法。在英文合同中，该类句式表现为 if、in case、in the event that 等引导的条件从句；在中文合同中，为假设复句。鉴于中英文合同都具备这一共同特点，翻译时，可以采取直译的策略，将英文的假设条件从句译成“如果……”“如……”“倘若……”“若……”等假设句；将中文的假设句译成英文的条件句，或译成 should 位于句首的条件倒装句。

例 11：In case of any divergence of interpretation, the Chinese text shall prevail.

译文：若对解释产生异议，以中文文本为准。

例 12：如不可抗力事件持续 120 天以上时，双方应通过友好协商的方式尽快解决继续履行合同的问题。

译文：Should the effect of Force Majeure continue more than one hundred and twenty (120) consecutive days, both parties shall settle the further execution of the Contract through friendly negotiations as soon as possible.

定语从句包括限定性定语从句和非限定性定语从句两类，翻译时，一定要理清逻辑关系，适当调整句序。限定性定语从句与先行词的关系非常密切，主要采用合译法，译成“……的”句式，置于被修饰语的前面；有时采用分译法，重复先行词；亦可用“该”“其”等代词重复关系词所代表的意义。

例 13：Party B guarantees that the technical documents to be supplied by Party B are the latest technical information which has been put into practical use by Party B.

译文：乙方保证所提供的技术资料是乙方经过实际使用的最新技术资料。

例 14：The Seller ensures that all the equipment listed in Appendix One to the Contract are brand-new products whose performance shall be in conformity with the Contract and which are manufactured according to current Chinese National Standards or Manufacturer's Standard.

译文：卖方保证本合同附件一所列全部设备都是新产品，是根据现行的中国国家标准或生产厂的标准制造的，其性能符合合同规定。

非限定性定语从句与先行词关系并不太紧密，主要起补充说明的作用，一般采用分译法，先行词可以重复或省略。

例 15：If within thirty days of the giving of such notice no successor Agent shall have been so appointed and accepted such appointment, the retiring Agent may appoint a successor Agent, which shall be a bank having a combined capital and surplus of at least USD 50,000,000, or the equivalent thereof in another currency, or an affiliate of such a bank.

译文：如果在做出上述通知的30天内，接替的代理行没有被制定或没有接受这种制定，则已卸任的代理行可指定一个接替的代理行，这个接替代理行的联合资本和盈余至少有5 000万美元或与其值相当的其他外币，或者是这家银行的附属机构。

(2) 固定套语，权威统一

商务合同作为法律文书的一种，具有权威性和统一性，因此，一些表达法已成为约定俗成的套语，平时可多加积累，在翻译时直接套用，会使译文更加专业、地道。

例16：In witness whereof, the parties have executed this contract in duplicate upon the signature by the authorized representatives on the date first above written.

译文：作为协议事项之证据，双方授权代表于上面首次写明的日期正式签署本协议，一式两份。

例17：本协议自签字之日起生效。

译文：This agreement shall come into force on and from the day of signature.

(3) 英文多使用被动语态；汉语多使用主动语态

商务合同的法律性质决定了其客观公正的文字风格。英文商务合同中的被动语态句式常用it作形式主语，比如"It is agreed that..." "It is understood that..."，还常常以事或物作主语，这就避免了主观性，给人不偏不倚的感觉；而汉语较少使用被动语态，很多包含被动意义的句子，也总是用主动句的形式来表达。翻译时，要注意语态的转换。英译汉时，将被动语态转换为主动语态；汉译英时，也要适当地将主动语态转换为被动语态。这样才能既做到内容上忠实，又保证了语言地道、通顺。

例18：If any terms and conditions to this Contract are breached and the breach is not corrected by any party within 15 days after a written notice thereof is given by the other party, then the non-breaching party shall have the option to terminate this Contract by giving a written notice thereof to the breaching party.

译文：如果一方违背本合同的任何条款，并且在另一方发出书面通知后15日内不予补救，未违约方有权选择向违约方书面通知终止本合同。

例19：如果买方违反本条所规定的条件，卖方有权终止此合同。

译文：The Seller shall be entitled to terminate this Contract in the event of failure by the Buyer to comply with any terms or conditions stated in this Article.

(4) 汉语偏好"……的"句式

商务合同中,汉语以"的"结尾的句子结构经常出现。"……的"句式在法律文体中,表示假设或者省略了真正的名词,是一种客观公正的表现手法。翻译时,要根据上下文语境进行分析。表示假设时,要译成英文的假设条件句;省略了名词的,要进行补充——保证译文的正确性,保持原文严肃客观的语气。

例20:有下列情形之一的,不得就损失索赔。

译文:Where one of the following happens, no claim shall be requested.

例21:没有采取措施致使损失扩大的,应该承担对损失的赔偿责任。

译文:The party that fails to take any measure to prevent the loss from expanding shall compensate for the loss therefrom.

3. 语体特征

从上述词汇和语法特点分析可以看出,中英商务合同最明显的语体特征就是客观公正、严肃严密,语气非常正式,符合其法律文体的特点。翻译时,应注重词汇的选择和句法的处理,做到译文和原文功能对等,语用等效。

4.2 文本功能与翻译目的

商务合同属于法律文书,主要规定合同各方的权利和义务,一方面对当事人进行保护,一方面又对当事人进行约束,明文规定当事人应该做什么,禁止做什么。由此可见,商务合同文本的主要功能为提供信息;同时,合同明确了当事人应该履行的义务,所以商务合同文本的另一大功能为祈使功能。

商务合同根据合同内容,可划分为不同类型,具有不同功能。由于涉及的贸易方式或贸易内容不同,根据当事人之间权利和义务关系的不同,主要可分为以下几种:

• 售货或购货合同 (Sales/Purchase Contract)

• 独家代理协议 (Sole Agency Agreement)、独家经销协议(Sole Distributorship Agreement)、包销协议(Exclusive Sales Agreement)和货运代理合同(Forwarding Agency Agreement)

• 技术转让合同 (Contract for Technology Transfer)

• 来料加工合同 (Contract for Processing Trade)、来件装配合同(Contract for Assembling)和补偿贸易合同(Contract for Compensation Trade)

• 国际工程承包合同 (Contract for International Engineering Projects)

• 合资或合作经营企业合同 (A Joint Venture/ A Cooperative Joint Venture Contract)

- 三方合作协议(Tripartite Cooperation)
- 多种贸易方式相结合的合同 (Contract for Different Trade Forms)
- 涉外信贷合同 (Contract for Credits Loans)
- 国际 BOT 投资合同(Contract for International Build-Operate-Transfer)
- 风险投资管理合同(Venture Capital Management Agreement)
- 股权转让协议(Share Transfer Agreement)
- 融资租赁合同(Finance Lease Agreement)、经营租赁合同(Contract of Operating Lease)和国际租赁合同(Contract for International Leasing Affairs)
- 劳务合同 (Labor Service Contract)
- 外包合同(Outsourcing Agreement)
- 服务合同(Service Agreement)
- 第三方支付协议/第三方监管账户协议(Escrow Agreement)
- 保险合同 (Insurance Contract)
- 保密协议(Nondisclosure Agreement)

要完成一份质量较高的合同翻译,根据功能对等理论,在内容方面,要做到严谨、准确、专业,实现意义对等;格式方面,应注意中英商务合同文本的差异性,进行适当转换,实现形式对等;语言风格方面,要尽可能再现原文法律公文文体权威、正式的特点,实现风格对等,做到严谨正式、规范细致、准确通顺。

①严谨正式:由于涉外商务合同属于法律公文,具有法律效力,所以要求译者在翻译合同时,遣词造句一定要做到"严谨、正式"。对于合同中法律术语和关键词语的翻译,不仅要做到忠实,更要做到专业、正式。比如,普通单词 accept 在一般情况下,意义为"接受、认可",但在商务合同中,该单词须译成"承诺";相应地,acceptor 和acceptee须分别译成"承诺人"和"接受承诺人"。句法方面主要是长句的翻译,以及主动和被动语态的转换,不仅要求能够传达原文信息,还要符合译文的语法和逻辑。

②规范细致:在翻译时,商务合同的格式一定要遵从两种语言的不同习惯,保持译文的规范性和完整性。此外,要注意细节,特别是一些重要的条款、术语、时间或数据等细节,不能有丝毫马虎,以避免巨大的经济损失和纠纷。

③明确通顺:商务合同作为具有法律约束力的正式文本,包含的条款往往比较繁复,句式比较复杂,翻译时应弄清全文的条理,梳理各条款间的制约关系,尽量使译文明确清楚,通顺易懂。

商务合同的翻译应该做到以上三点,并采取相应的翻译方法和策略,保证商务合同的预期功能在目的语文化中得到最大化体现。合同的译者除了具备扎实的文字功底外,还应该熟悉本行业的业务,掌握广博的国际商务知识和合同知识,如涉外法律法规、WTO 规则、国际贸易惯例，以及市场、金融、保险、仲裁、技术服务、知识产权、航运、商检等相关商务领域的知识。另外，译者还要有虚心学习的态度、严谨的工作作风和高度负责的精神，通过大量实践，获取充分的翻译实践经验。由于合同的翻译直接涉及合同各方的经济利益，所以，译者要严格要求自己，在业务水平、翻译水平、工作作风上精益求精，熟悉合同的套语、套路和规范，准确无误地传达原文内容，使译文不仅符合法律语言的要求和规律，而且符合合同文体的规范和标准，做到两者功能对等，实现预期的语用效果。

4.3 文本翻译示例

4.3.1 正式合同

例22：

SALES CONTRACT

Contract No.：MMNA-2016-0007

Date：April 6，2016

The Buyer：AB Company

The Seller：CD Company

The Seller agrees to sell and the Buyer agrees to buy the under-mentioned commodity on the terms and conditions stated below：

1. Article No.

2. Name of Commodity and Specification

3. Quantity

4. Unit Price

5. Total Price

6. Port of Loading and Destination

From Shanghai to Boston with partial shipments allowed.

7. Shipping Marks：N/M

8. Terms of Payment：T/T AT SIGHT

9. Insurance：To be effected by the Buyer

10. Terms of Payment

Cash on delivery (COD)：The Buyer shall pay to the Seller total amount within 30 days after the receipt of the goods.

11. Quality Guarantee

The Seller shall guarantee that upon Delivery all goods to be delivered by the Seller shall be completely new and shall comply in all material respects with Contract.

12. Claim

The Buyer shall make a claim against the Seller by the further inspection certificate and all the expenses incurred therefore shall be borne by the Seller. The claims mentioned above shall be regarded as being accepted if the Seller fails to reply within 10 days after the Seller received the Buyer's claim.

13. Effectiveness

The contract shall come into effect immediately when it is signed by duly authorized representatives of both parties.

14. Amendment

This contract shall not be changed verbally, but only by a written instrument signed by parties.

Buyer:
Authorized representative:(Signature)

Seller:
Authorized representative:(Signature)

这是一份正式的销售合同，由标题、前言、正文和结尾组成。标题全部大写，前言由合同编号、日期和当事人部分组成，正文包括了各条款，结尾没有证明部分，只有签名部分。合同结构规范简洁，注重细节，翻译时可主要采取直译法，以忠实于原文。

参考译文

销售合同

合同编号：MMNA-2016-0007
日期：2016-4-6
买方：AB Company
卖方：CD Company

买卖双方同意按下列条款由卖方出售、卖方购进下列货品：

1. 货号

2. 商品名称及规格

3. 数量

4. 单价

5. 总值

6. 装运口岸及目的口岸

从上海到波士顿,允许分批装运。

7. 装船标记:N/M

8. 付款条件:即期 T/T

9. 保险:由客户自理

10. 货到付款

买方在收到货物后30天内将全部货款支付给卖方。

11. 质量保证

卖方保证其所交付的货物在交货时是全新的,并且在所有材料方面符合本合同规定。

12. 索赔

买方凭其委托的检验机构出具的检验证明书向卖方提出索赔,由此引起的全部费用由卖方负担。若卖方收到上述索赔后10天内未给予回复,则认为卖方已接受买方索赔。

13. 生效

本合同自双方授权代表签字之日起生效。

14. 修改

本合同不得以口头方式修改,而须经双方签署书面文件后方可修改。

买方:____________________

代表(签字)

卖方:____________________

代表(签字)

4.3.2 协议书总则

例23:

General Agency Agreement

General Principles

The Agreement dated the ________________ (date) of ________________ (Month and Year) is made between:

________________ a company incorporated under the laws of ________________, and having its registered address at ________________ (hereinafter called the "Principal") and ________________, a company incorporated under the laws of ________________, and having its registered office at ________________(hereinafter called the "General Agent").

WHEREAS:

The Principal and the General Agent have agreed that the General Agent shall be appointed as the Principal's sole exclusive Agent to negotiate, on behalf of the Principal, with the seller the price and other terms and conditions for, and all other matters and upon the conditions hereinafter set forth.

这是一份总代理协议书的总则部分，英文合同的总则（General Principles）采用同位语、介词短语等将要表述的信息放在一句话内；whereas 后也是一句话，采用介词和连词等连接。翻译时，采用相应合同术语即可。

参考译文

总代理协议书

总则

本协议书于________年________月________日由下列双方共同签订：

根据________法律登记注册的________公司，其地址为________（以下称“委托人”），与根据________法律登记注册的________公司，其地址为________（以下称“总代理人”）。

鉴于：

委托人和总代理人双方同意，由委托人指定的总代理人系独家全权代表，委托人授权其代表可根据本协议所列的条款和条件，与卖方洽谈引进技术的价格及其他有关事项。双方兹同意下列条款。

4.3.3 确认书

例 24：

Sales Confirmation

Confirmation No.:

Date:

Signed at:

Seller:____________________

Address:____________________

Tel:____________________

Fax:____________________

Buyer:____________________

Address:____________________

Tel:____________________

Fax:____________________

The undersigned Sellers and Buyers have agreed to close the following transactions according to the terms and conditions stipulated below:

1. Article No.

2. Name of Commodity and Specification

3. Quantity

4. Unit Price

5. Amount

6. Total Value

7. Packing

8. Shipping Mark

9. Time of Shipment

10. Shipping Advice

The Sellers shall immediately, upon the completion of the loading of the goods, advise the Buyers of the Contract No., names of commodity, loaded quantity, invoice values, gross weight, names of vessel and shipment date by TEL/FAX.

11. Port of Loading

12. Port of Destination

13. Terms of Payment

By confirmed, irrevocable, transferable and divisible L/C to be available by draft at sight, to reach the Sellers before ____________________ Day, ____________________ Month, ____________________ Year and to remain valid for negotiation in China until 15 days after the aforesaid time of shipment. The L/C must specify that transshipment and partial shipments are allowed.

14. Force Majeure

The Sellers shall not be held liable for failure or delay in delivery of the entire lot or a portion of the goods under this Sales Confirmation on consequence of any Force Majeure incidents, such as food, fire, draught, earthquake, seaquake, war and so on.

15. Insurance

To be covered by the Seller for 110% of total invoice value against all risks and war risk as per the ocean marine cargo clauses of the People's Insurance Company of China, dated Jan. 1st 1981.

16. Arbitration

Any dispute arising out of, in connection with this contract shall be referred to China International Economic and Trade Arbitration Commission for arbitration in accordance with its existing rules of arbitration. The place of arbitration shall be Beijing. The arbitral award is final and binding upon the two parties.

17. Versions

This contract is made out in both Chinese and English. Both versions are equally effective. Conflicts between these two languages arising therefrom, if any, shall be subject to the Chinese version.

The Seller:
By:

The Buyer:
By:

这是一份确认书，前言部分包括合同编号、合同签订日期、地点和当事人部分；当事人部分还并列列明双方当事人的地址和联系方式，采用了陆法系的合同格式。翻译时需重点注意条款的法律术语和句式转换。

参 考 译 文

销售确认书

确认书编号：
日期：
签约地点：

卖方：________________

地址：________________

电话：________________

传真：________________

买方：________________

地址：________________

电话：________________

传真：________________

兹经买卖双方同意成交下列商品，订立条款如下：

1. 货号

2. 货物名称及规格

3. 数量

4. 单价

5. 金额

6. 总值

7. 包装

8. 装运唛头

9. 装运期

10. 装运通知

一旦装运完毕，卖方应即电告买方合同号、商品名称、已装载数量、发票总金额、毛重、运输工具名称及启运日期等。

11. 装运口岸

12. 目的口岸

13. 付款条件

买方须于________年________月________日将保兑的、不可撤销的、可转让分割的即期信用证开到卖方。信用证议付有效期延至上列装运期后15天在中国到期，该信用证中必须注明允许分运及转运。

14. 不可抗力

本确认书所述全部或部分商品，如因水灾、火灾、干旱、地震、海啸、战争等不可抗力，以致不能履约或延迟交货，售方概不负责。

15. 保险：由卖方按发票金额的110%，按照中国人民保险公司海洋运输货物保险条款（1981年1月1日）投保一切险和战争险。

16. 仲裁

凡因本合同引起的或与本合同有关的争议，均应提交中国国际经济贸易仲裁委员会，按照申请仲裁时现行有效的仲裁规则进行仲裁，仲裁地点在北京，仲裁裁决是终局，对双方均有约束力。

17. 文字

本合同中、英两种文字具有同等法律效力，在文字解释上若有异议，以中文解释为准。

卖方：

签字人：

买方：

签字人：

练　　习

一、请将下列句子或段落翻译成中文

1. The parties, in consideration of the mutual agreements herein contained, do hereby agree as follows.

2. On failure to comply with such demand, this obligation shall be deemed to be due and payable immediately.

3. It is mutually agreed that if, prior to the transfer of the property, any part of it shall be destroyed or injured by fire or other casualty, then the purchase price specified above shall be abated to the extent and amount of such loss.

4. Payment for the goods specified herein shall not mean a full acceptance thereof by the Buyer with regard to its quality. All goods shall be accepted only after the Buyer's close inspection.

5. In case the quality, quantity or weight of the goods be found not in conformity with those stipulated in this Contract after re-inspection by the China Commodity Inspection Bureau within 60 days after arrival of the goods at the port of destination, the Buyers shall return the goods to or lodge claims against the Sellers for compensation of losses upon the strength of Inspection Certificate issued by the said Bureau, with the exception of those claims for which the insurers or owners of the carrying vessel are liable.

二、请将下列句子或段落翻译成英文

1. 假如你准备接受它，就请在这里附上的证件空白处注明。

2. 如果双方不能达成协议,该争议案件就得提交仲裁。

3. 承包商必须同业主执行一份保密协定,条款和条件由双方共同商定。

4. 买方认为,如果纸板箱包装的效果使买方用户满意,则卖方在今后的业务中可继续使用这种包装。

5. 双方本着平等互利原则,通过友好协商,愿尽全力相互合作,共同投资,在中华人民共和国武汉市建立合资经营企业,在互惠互利的基础上,扩展国际经济合作和技术交流。

三、请将下面这份销售合同的前言部分翻译成英文

卖方中国××进出口总公司和买方美国××土产品公司,经友好协商,本着平等互利的原则,就双方买卖中国土特产一事特签订以下合同:

合同号码:

签约日期:

签约地点:中国北京

卖方:××进出口总公司

地址:中国北京××街××号

公司属国:中华人民共和国

电传:

传真:

邮编:

电子信箱:

买方:美国××土产品公司

地址:美国加州洛杉矶

公司属国:美利坚合众国

电传:

传真:

邮编:

电子信箱:

参考文献

[1] Newmark P. A Textbook of Translation[M]. Hertfordshire:Prentice Hall,1988.

[2] 陈宏薇,李亚丹. 新编汉英翻译教程[M]. 2版. 上海:上海外语教育出版社,2013.

[3] 创想外语研发团队. 世界500强企业都在用的国际英文合同大全集[M]. 北京:

中国纺织出版社,2014.

[4] 董晓波. 实用经贸文体翻译[M]. 北京:对外经济贸易大学出版社,2013.

[5] 段云礼. 实用商务英语翻译[M]. 2版. 北京:对外经济贸易大学出版社,2013.

[6] 刘宓庆. 文体与翻译[M]. 北京:中国对外翻译出版公司,1998.

[7] 兰天,屈晓鹏. 国际商务合同翻译教程[M]. 3版. 大连:东北财经大学出版社,2014.

[8] 彭萍. 实用商务翻译(英汉双向)[M]. 北京:中国宇航出版社,2015.

[9] 苑春鸣,姜丽. 商务英语翻译[M]. 北京:外语教学与研究出版社,2013.

第5章　外事文本翻译

在当今全球化的背景下，国与国交流的外事活动日趋频繁，为了增进国家间的互利合作，通过学习借鉴其他国家的先进经验推进我国的经济社会文化建设，有必要与不同语言、不同文化背景下的人开展交流活动。外事翻译是外事活动中非常重要的交流手段，也可以说外事翻译本身就是一种跨文化交际活动。

外事翻译的历史十分悠久，自国与国之间开始交往，外事翻译就应运而生。改革开放以来，我国外事翻译事业蓬勃发展。步入21世纪，我国发生了许多重大且具有深远历史和现实意义的大事，如G20峰会在杭州召开、举办亚太经合组织(APEC)会议、举办奥运会、加入世贸组织、载人航天飞机发射成功等。中国迎来了改革开放的新纪元，政治、经济、文化、社会等各方面对外开放的深度和广度都史无前例地扩大与发展了。与此同时，我国的外事翻译事业面临着新的机遇和挑战，大量翻译实践使人们开始对外事翻译的经验进行总结，对翻译过程中的得失进行分析研究，并开始从理论层面上对外事翻译中反映出的一系列问题进行思考，对这些问题进行深入探讨和研究，有助于我们加深对外事翻译本质的认识，提高外事翻译的质量。

5.1　文本类型与语言特征

外事翻译是把一种语言在某一外事话语中表达的意义用另一种语言中符合外事话语规范的语言表达出来，使译文能够在听者和读者中产生与源语外事话语在源语听者或读者中所产生的相同效果(姜秋霞，2009:5)。

5.1.1　文本类型

外事翻译就其本质而言是一种应用(文体)翻译。应用翻译亦称实用翻译(practical translation)，是某一种专业知识在实际应用中的语言转换活动。外事翻译即为外事工作中的语言转换活动。根据功能翻译理论，外事文本可按不同功能划分为“表达型文本”(expressive text)、“信息型文本”(informative text)和“召唤型文本”(vocative text)三大类。“表达型文本”的核心是说话者或作者，即原文的“思想”，说话者或作者在文本中的地位是神圣的，其个性成分构成了“表达型文本”的“表达”要素，所谓“文如其人”，因而“表达型文本”的内容与形式均成为翻译的着力点。“信息型文本”的核心是信息传达的真实性，即以客观信息为翻译转换的重心，作者则处于一种隐身的地位。相应地，翻译中应注重信息和客观事实的真实传递。报告、文件、公务信函等基本上属“信息型文本”。“召唤型文本”的核心是读者，作者的身份并不重要，重要的是信息传递的效果和读者的情感呼应，即读者效应。这类文本的着力点在于号召读者“去行动、去思考、去感受”。通知、广告、宣传材料等属于此类文本。本章中所讲解的涉外邀请函、高校合作协议、外事法律文书以“表达型文本”为主。

5.1.2 语言特征

外事翻译有其自身特有的语言特色和翻译目标，所以，要得体地进行外事翻译，必须首先了解外事翻译的语言特点。因为一般外事翻译的译文接受者都是外籍人士，他们的语言、历史、文化背景、民族心理、生活习惯等都与我们有所不同，甚至于相差甚远，这就要求外事翻译者在语言特色上遵循准确严谨、朴实简洁的原则。

1. 外事翻译的政治性

与文学翻译及其他翻译不同，外事翻译具有较强的政治倾向性，译者在翻译时要牢记本国政府的立场和观点，了解并熟悉所译材料涉及的政治与文化背景，仔细揣摩字里行间的真实含义和政治倾向。

例 1：中国政府一贯反对和谴责一切形式的恐怖主义，反对以恐怖主义手段进行政治斗争。同时，我们也反对借口打击恐怖主义对一个主权国家的领土进行侵犯。（我外交部发言人的讲话）

译文：The Chinese Government has always opposed and condemned all forms of terrorism and opposed the use of terrorist means in carrying out political struggle. At the same time, we are against the encroachment upon the territory of a sovereign state under the pretext of striking terrorism.

在这个译文中，美国方面认为 pretext 一词含有污蔑美国的意思，其意为美国的理由是虚构的，因此美方建议我方改为 on the excuse of。

例 2：中华民族伟大复兴

译文 1：the great revitalization of the Chinese nation

译文 2：the great renaissance of the Chinese nation

翻译的重点在于“复兴”一词，如使用 revitalization，则表示“使回复元气，使复兴，振兴”，常表示国家和民族层面的高格局发展。这一褒义词所蕴含的和平性质，让受众产生积极的联想，有利于打消“中国威胁论”，能最大限度地实现译文的政治等效。而译文 2 中使用的 renaissance，极易让人想起欧洲 14、15 世纪的文艺复兴运动，不仅蕴含意义有所局限，还有趋附西方逻辑的嫌疑。

2. 外事翻译的时代性

涂和平(2005) 指出，“外事词汇反映着人们日新月异变化着的现实生活、科学技术的迅

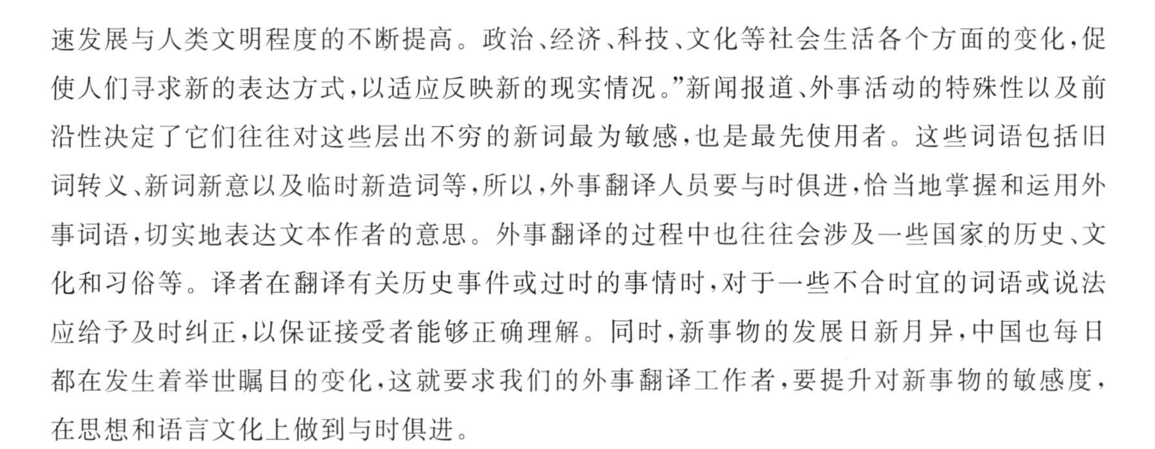
速发展与人类文明程度的不断提高。政治、经济、科技、文化等社会生活各个方面的变化，促使人们寻求新的表达方式，以适应反映新的现实情况。”新闻报道、外事活动的特殊性以及前沿性决定了它们往往对这些层出不穷的新词最为敏感，也是最先使用者。这些词语包括旧词转义、新词新意以及临时新造词等，所以，外事翻译人员要与时俱进，恰当地掌握和运用外事词语，切实地表达文本作者的意思。外事翻译的过程中也往往会涉及一些国家的历史、文化和习俗等。译者在翻译有关历史事件或过时的事情时，对于一些不合时宜的词语或说法应给予及时纠正，以保证接受者能够正确理解。同时，新事物的发展日新月异，中国也每日都在发生着举世瞩目的变化，这就要求我们的外事翻译工作者，要提升对新事物的敏感度，在思想和语言文化上做到与时俱进。

例 3：工匠精神（2016 年《政府工作报告》）

译文：spirit of the craftsman

“工匠精神”本指手艺工人对产品精雕细琢、追求极致的理念，即对生产的每道工序，对产品的每个细节都精益求精，力求完美。2016 年的《政府工作报告》提出，鼓励企业开展个性化定制、柔性化生产，培育精益求精的“工匠精神”。“工匠精神”一词迅速流行开来，成为制造行业的热词，后来使用范围扩展，任何行业、任何人“精益求精、力求完美”的精神，都可称“工匠精神”。合成词 craftsman 中的 craft 凸显出娴熟的手工技艺，选词精准。

例 4：我真诚希望，国际社会携起手来，秉持人类命运共同体的理念，把我们这个星球建设得更加和平、更加繁荣。（习近平主席 2017 年新年贺词）

译文 1：I sincerely hope that the international community can join hands and uphold the concept of a community of shared future for mankind in a bid to make our planet more peaceful and more prosperous.

译文 2：I sincerely hope that the international community can join hands and uphold the concept of a community of common destiny for all mankind in a bid to make our planet more peaceful and more prosperous.

习近平主席在 2017 年新年贺词中再次强调“人类命运共同体”这一概念，表达了我国愿意积极参与全球治理的态度，这是国家站在人类进步的高度，把握世界发展格局的变化趋势，高屋建瓴地提出来的一份超越民族、国家和意识形态的中国方略。译文 1 中的 shared 较译文 2 中的 common 更准确地涵盖了“和睦相处、和谐共生、和平发展”的意义，和 future 搭配，令人憧憬各国友好合作的无限可能，而 destiny 尽管表示“命运”，但是不免让人联想到“宿命”，从而限制了主观能动性的发挥。

3. 外事翻译的准确性

语言与文化密不可分。文化是一个很广泛的概念，包括社会生活的各个方面。任何一个民族的语言都与该国的政治制度、文化体系紧密相连。一种语言中的历史、思想观念、习语及名人名言等也经常在言语或文本中被引用。译者在翻译这类语篇时，不仅要洞悉我国的政治经济制度、宗教信仰、历史事件、教育体系以及民风民俗，还要了解英美语言中所包含的文化内容的方方面面。否则，就不能够恰当地翻译出文本的真正内容。例如，对于2002年外交部新成立的一个名为“外交部处理日本遗弃在华化学武器问题办公室”的翻译。日本方面将其翻译为 Japanese abandoned chemical weapons 和 abandoned chemical weapons of Japan。这两种翻译都反映出日方希望强调“日本化学武器”，而不愿意强调是谁遗弃的。显而易见，日本人希望弱化此事件的性质。为了能够准确地表达原意，此名称应翻译为 Office of the Ministry of Foreign Affairs for Chemical Weapons Abandoned by Japan in China 或简称 JACW Office of the Foreign Ministry。

5.2 文本功能与翻译目的

外事翻译注重“信息的忠实传递”“文体形式”“接受效果”等，在文本转换过程中可依据有关理论、原理对转换方式及转换效果进行相应的衡量与判断。在译论研究中，功能翻译理论、语言学翻译理论、文化翻译理论、翻译信息论、文学翻译理论等均具有一定的指导意义。以下仅从功能翻译理论、文化翻译理论及文学翻译理论三方面作简要论述。

第一，外事文本翻译都有现实的目的，要求译文达到预期的功能。目的和功能是外事翻译的依据。功能翻译理论的“目的论”(skopos theory) 认为，原文和译文是两种独立的、具有不同价值的文本，可能具有不同的目的和功能，作者通过源语文本提供信息，译者则将源语的语言和文化信息有条件地传递给目的语接受者。至于译者对源语文本信息的选择、翻译策略的运用以及译文的表现形式，则取决于翻译委托人和译本接受者的需要与愿望。功能目的论的理论核心在于翻译的目的和译文的功能。外事翻译是对外交流的重要载体，交流的目的与功能决定着其实现方式。

外事文本的功能往往不是单一的，大多具有“表达型文本”“信息型文本”和“召唤型文本”中两种以上的功能，或以一种功能为主，兼有其他文本功能。如“官方文告”(authoritative statement) 既具有“表达型文本”的特征，也体现“信息型文本”的功能。外事翻译往往根据文本的综合功能，进行多样化的语言转换。

第二，外事翻译是文化之间的交流，其实现效果在很大程度上取决于文化信息的传递方式。故此，在外事文本转换过程中，渗透着深刻的文化翻译原理。韦努蒂(Venuti) 等人提出的“归化”“异化”策略是文化信息转换的常用选择，可作为外事翻译文化信息处理的重要参考。“归化”指为了迎合目的语读者而力求使译文符合译入语的表达习惯与方式，用译入语的文化符号取代源语的文化意象；“异化”则指在翻译活动中保留源语的文化内涵，在语言形式与内容的转换上侧重原文本的表达方式。

鉴于外事文本多以“信息型”“表达型”为其主要功能，外事翻译的文化交流形式侧重于“异化”为主的策略，即以传递源语文化信息(包括语言内容与形式)为主要目标。同时，外事翻译还具有其独特的文本外文化功能，即外事活动的“平等互利、和平共处”原则，外事翻译所涵盖的文化交流便不仅仅是“非此即彼”的二元对立选择，而是具有了外事活动互通、互融的特征。因而，在外事翻译中，还应体现文化信息转换的“同化”(assimilation)策略，即文化信息与语言形式的“趋同化”转换策略。这种“同化”策略是指在源语与译语宏观结构共性基础上的求同趋向，采用“部分异化”加“部分归化”的方法，从而寻求一种既符合译文表达习惯，又在一定程度上体现原文本结构形态的“结合型文本”，如在语篇结构近似的框架下，进行句式和词语的形式化对应与变通的综合处理。这种“同化”策略包含两个方面的含义：一是狭义层面的文化信息转换策略，如文化负载词的转换方式；二是广义层面上的文化信息转换策略，即应用类文本在文体特征、语言结构等方面所体现的文化形式的转换策略。

第三，外事翻译还因其特有的“措辞”要求，体现出一定的文学翻译特征。外事翻译在文本内容与文体形式上，有别于传达较强情感意义的文学翻译，但其措辞的严谨性、用词的分寸感及词语的语气色彩等，都要求外事翻译具有文学翻译方法中对语言艺术追求的相应策略，如“雅”的实现方式、情感的“移情”体验等。故此，文学翻译的审美理论、艺术再创造理论以及美学要素再现原理等，也具有一定的指导作用。

5.3 文本翻译示例

5.3.1 涉外邀请函

高校涉外邀请函是为了增进校际间友谊，发展交流与合作，邀请客人和外事人员来校访问、考察、讲学、培训、教学、科研和管理，参加国际会议，做学术报告等涉外活动的专门书信。与普通邀请函相比，涉外邀请函具有格式更加规范、文体更加正式、文本话语更加权威等特点。高校涉外邀请函一般是由校长、校长办公室负责人、国际交流处处长、科研处处长、学院院长和相关部门负责人代表学校(处室、部门、学院)或以个人名义向外方发出邀请的正式函件，在一定程度上代表着国家、学校和相关职能部门的意志。高校涉外邀请函代表着一种礼仪，有时也是办理护照和签证手续的凭证之一。

邀请国外专家、学者来校访问、考察、讲学或进行其他合作交流活动的涉外书信同其他类型的邀请函一样，首先向对方表达诚挚的邀请，同时在信中要告知对方具体要求、日程安排，甚至费用来源等内容。高校涉外邀请函应简明、真诚、热情，主要包括以下内容：

①诚挚邀请对方参加某一活动，说明目的或原因；

②简要介绍活动的内容和安排；

③费用来源(如签证要求，就需要说明)；

④再次表示诚意。

在汉译英时，可以将汉语中有动态倾向的句子翻译成英语中有静态倾向的句子；反之，在英译汉时，也要注意静态向动态的转换。

例5：我荣幸地代表武汉商学院，并以我个人的名义诚挚地邀请您于2016年11月对我校进行友好访问。

译文：On behalf of Wuhan Business University and in my own name, I have great honor in extending our warm invitation to you for a friendly visit in November, 2016.

汉语原文中用了“荣幸地代表”“进行友好访问”等动态表达，在译文中用了 on behalf of、for a friendly visit 等表达，这些表达都是介词短语，译文符合英语静态化的表达习惯，达到了较好的交际效果。

例6：我相信，您此次的访问不仅将对促进我们两校的友好关系做出新的贡献，并且将有助于推动两校更深层次的交流与合作。

译文：It is in my belief that your visit will not only make fresh contributions to the furtherance of the friendship between our two universities, but also push forward the in-depth development of the exchange and cooperation between two universities.

汉语原文中用了“相信”“促进我们两校的友好关系”等动态表达；在英译时将这些动态表达转换成对应的静态表达，将汉语原文中的动词换成了（be）in my belief 、the furtherance of the friendship between our two universities 等名词短语，译文符合英语以静态为主的表意逻辑。

例7：如果您接受这一邀请，我将感到十分荣幸。

译文：I shall be greatly honored if you accept this invitation.

汉语原文中用了“感到十分荣幸”这一动态表达，英语译文采用了 shall be greatly honored 这一静态表达，符合英文表达习惯。

英汉邀请函具有的共性是措辞礼貌得体，情感真挚热情。在翻译过程中，应根据英汉语言各自的表达习惯，兼顾措辞和情感意义的传递，忠实地传达原文意图。

例8：我殷切期望与您会面。

译文：I much look forward to meeting you.

该译例出现在邀请函的结尾部分，邀请人再次表达与被邀请人会面的意愿，情感真挚。译文中用 look forward to 表达了同样的情感态度。

例9：致以亲切的问候！

译文：With personal regards!

在邀请函末尾，一般会使用敬语，如“致以亲切的问候”等来表达特定的情感意义。在译文中，也使用了英语中敬语的表达方式，再现了原文的情感意义。

5.3.2 外事校际合作协议

近年来，高校国际化进程逐渐加快，国内外高校开展了大量富有成效的国际合作，签署的各种校际合作协议的数量也急剧增多，随之而来的是大量的协议翻译工作。严谨规范的文本翻译对于明确双方的权利义务，促进双方的良好沟通具有重大意义。

首先，协议翻译最重要的目的是帮助译文接受者准确无误地获取原文的信息。换句话说，译文要准确再现原文的信息，不能有任何信息上的删减或改动。协议的主要功能是在法律上明确双方当事人各自的权利和义务，对译文接受者来说，通过译文来准确了解自己的权利和义务是至关重要的。其次，让译文接受者可以在规定的时间、地点使用译文。再次，协议翻译的目的还在于减少译文接受者在理解上的障碍。对于校际合作协议来说，潜在的译文接受者中有相当一部分是普通读者，因此，一个负责任的译者应充分考虑译文接受者的理解能力，在不影响意义传达准确性的前提下，尽量化繁为简，选词力求清楚简洁，以方便读者接受译文。最后，协议翻译要维护和保持协议的规范性和庄重性。中英文协议均有庄重性和规范性的文体特点，这种特点有利于双方明确彼此的权利和义务，也有利于保障协议顺利执行。同样，为了使译文实现这个功能，翻译时必须维护和保持协议的这种文体特点。

通过以上分析，我们从宏观层面了解了校际合作协议的翻译目的，以及为实现这个目的需要满足的要求。以下将从词汇、句法、篇章等微观层面，探究在目的论指导下校际合作协议的翻译，以期能够更好地解决翻译中遇到的具体问题。

1. 词汇层面

1)专业术语的翻译

校际合作协议中出现的核心专业术语主要涉及教学和教学管理方面的专业词汇。这些词汇在教学专业领域中往往意义单一，且相当数量的词汇在目的语中都有约定俗成的对应表达，这些约定俗成的对应表达是在长期的行业实践中形成的，能够准确反映原文的含义。协议翻译的目的之一就是要让译文准确反映原文的信息，所以这些专业词汇的翻译策略，就是在准确理解词汇意义的基础上，尽量按照这些词汇在译入语中约定俗成的表达方式进行翻译。

例 10：Courses successfully completed at the Host Institution may be accepted for credit towards the degree at the Home Institution.

译文 1：在主办机构成功修完的课程可以在原属机构转换为所修学位的学分。

译文 2：在接收学校成功修完的课程可以在派出学校转换为所修学位的学分。

这个例子中，原文出现了在交换生协议中最常见到的两个教学专业术语 Host

Institution和 Home Institution，这两个术语在长期的教育合作中已经形成了约定俗成的翻译，前者是指接收对方机构学生的学校，一般称"接收学校"，而后者是指派出学生到对方学校学习的学校，一般称"派出学校"。译文 1 中专业术语的翻译虽然表面上读起来也忠实地再现了原文的信息，但却不是行业中普遍使用的词汇表达，不同的译文接受者可能会有不同的理解，无法达到准确再现原文信息的目的，而译文 2 给出了行业中约定俗成的翻译，符合上文所述的翻译策略的要求，因此译文 2 是可取的。

例 11：Prior to acceptance to Phase Ⅱ of the Program，participants must demonstrate language proficiency meeting the graduate admission requirements，which consist of a TOEFL score of at least 83 (iBT) or IELTS score of 6.5，or equivalent scores in other English language tests.

译文：在获准进入该项目第二阶段学习之前，参与者的语言能力必须达到研究生入学要求，也就是托福网考成绩须达到 83 分以上或雅思成绩须达到 6.5 分以上，抑或者达到同等其他英语语言测试的分数。

该句中出现了四个常见的教学专业词汇，分别是 language proficiency、graduate admission requirement、TOEFL(iBT)和 IELTS，它们分别被译为"语言能力""研究生入学要求""托福网考"和"雅思"。这四个词都是在长期的教育教学实践中形成，在中文中有固定的翻译，不宜按照字面意思将其翻译为"语言熟练程度""研究生招生要求""检定非英语为母语者的英语能力考试"和"国际英语语言测试系统"。

对于此类专业词汇的翻译，建议一方面译者在平时要注意积累这类词汇的翻译，另一方面译者在翻译时要多查专业词典，必要时也要请教有经验的老师。

2)古体词的翻译

这里的古体词是指在那些在几百乃至上千年前的古英语中就已出现，并一直沿用至今且意义并未发生明显变化的词汇。古体词的使用在法律英语中是一个普遍现象，校际合作协议也不例外，通常古体词在此类英文协议中使用的频率和范围要远小于其他法律文本。另外，它们一般出现在此类协议的开头和结尾处，用法也相对简单。翻译时根据目的原则和连贯原则，准确翻译其意义并使之符合译文接受者的语言习惯即可。

例 12：San Francisco State University (hereinafter referred to as "SF State")，as requested by × University，has prepared an educational training program for × University，China.

译文：按照某大学的要求，旧金山州立大学(以下简称"旧金山州立")将为某大学提供一个教育培训项目。

例 13：IN WITHNESS WHEREOF，this Memorandum of Agreement is agreed to and accepted by duly authorized officers of the representative institutions.

译文:该备忘录要经过双方学校正式授权人员的同意和认可,以资证明。

例12是比较典型的协议文本开头用语,其中出现了一个古体词 hereinafter,这个词在协议中是比较常见的,它可以翻译成"下文中""以下"等意思。例13则是比较典型的协议文本的结束语,其中的古体词 whereof 的意思是"关于什么"或"关于……的",而 IN WITNESS WHEREOF 是一个固定用法,相当于汉语中的"特此证明"或"以资证明"。

3)情态动词的翻译

在校际合作协议中,最常见到的情态动词有几个,分别是 shall、will 和 may。在这三个情态动词中,shall 常用于表示必须履行的义务,语气最为强烈。而 will 和 may 则语气较弱,前者的意思为"将、将要",表示一种意愿或意向,后者的意思为"可以、可能",表示一种可能性。在翻译时需要考虑如何使译文的功能和原文的功能实现对等,因此,需要在汉语中挑选跟它们在英语中的功能相一致的词语进行翻译。

例14:The Host Institution shall notify the Home Institution in writing of acceptance or rejection of applicants.

译文:接收学校应当以书面形式告知派出学校其申请者是被接受还是被拒绝。

例15:To ensure success of the Partnership, the Program will be formally announced and promoted both at University of Ottawa and × University.

译文:为了确保合作的成功,渥大和某大将在其各自院校正式发布和推广该项目。

例16:Either Party may terminate their involvement with six months advance written notice to the other Party.

译文:任意一方均可以终止合作,但需提前六个月书面通知对方。

在例14中,shall 被译为"应当",汉语的"应当"用于法律文件中时,含有必须的意思,这个词具有较为强烈的语气和表示强制性的功能,能够实现协议所具有的"祈使功能",因此译成"应当"是妥当的。在例15中,will 表示的是有意向履行某种义务,但不带有任何强制性,因此被翻译为"将"是妥当的,因为汉语的"将"带有一种积极去实现某事的意义,与 will 在交际功能上基本对等。例16中,may 被翻译成"可以",汉语的"可以"表示一种可能性,不带有任何法律上的责任或义务,这正好与此句中 may 的功能相对应,因此这个翻译也是正确的。

4)正式词汇的翻译

校际合作协议是一种正式的法律文件,跟其他类型的法律合同一样,它经常使用正式程度很高的书面语言,以显示合同正规、庄重的语言特色,体现合同的严肃性(张法连,2009:188)。通过对校际合作协议的目的分析,我们得知,此类翻译的目的之一就是让译文体现出协议的规范性和庄重性,所以,我们在处理此类词汇时,也要注意使用汉语中相对正式的词汇进行翻译，尽可能让译文体现出严肃和庄重的效果。

例 17：This Agreement may be renewed for further periods of five years by mutual agreement or may be terminated by either side at one year's notice.

译文：经双方协商后，此协议可延长五年的期限。此协议可应其中一方的要求终止，但必须提前一年通知另一方。

例 18：In the event of an emergency, the Host Institution shall notify the Home Institution as reasonably possible after it becomes aware of the situation.

译文：如有紧急事件发生，在了解情况后，接收学校应尽可能告知派出学校。

例 17 和例 18 的原文中出现了两个正式程度较高的书面用语 terminate 和 notify，译文则分别处理成了"终止"和"告知"，这两个词同样也是汉语中的书面词汇，可以体现出译文庄重和严肃的效果，因此这两个词的翻译符合目的原则，是恰当的翻译。

2. 句法层面

1）被动句的翻译

和其他类型的英文协议一样，被动句式在校际合作的英文协议中也大量出现，它的主要作用在于规定行为人的权利、义务以及相关的法律后果（张法连，2009：23）。在实践中，对于英文的被动句式无外乎两种处理方法，一是依照原句的结构译成被动句，二是转换成主动句。不过值得注意的是在汉语中被动句式相对较少，有些英语的被动句如果直译成汉语的被动句可能会不符合汉语的表达习惯，不利于目的语读者接受，也就达不到减少译文接受者阅读障碍的目的，违反了目的原则。因此，对于协议中出现的部分被动句可以把它们适当地转化成汉语中的主动句，如上文中已经出现过的例 15：

例 15：To ensure Success of the Partnership, the Program will be formally announced and promoted both at University of Ottawa and × University.

译文 1：为了确保合作的成功，该项目将被渥大和某大在其各自院校正式分布和推广。

译文 2：为了确保合作的成功，渥大和某大将在其各自院校正式发布和推广该项目。

例 15 的原文是一个典型的被动句，译文 1 保留了原文的被动结构，虽然句子在意义上是正确的，但并不符合汉语通常的表述习惯，读起来较为拗口。而译文 2 将原文的被动句译成了主动句，这样处理很明显使译文更加符合汉语的表达习惯，读起来非常通顺。但在一些情况下，原文中的被动句式也可以直接译成汉语的被动句，如下面的 2 个例子。

例 19：The student exchange component of this Agreement will be administered by the International Student Services Office at Carleton.

译文：此协议中的学生交换部分由卡尔顿大学国际学生服务办公室负责管理。

例 20：Additional places may be negotiated on a fee-paying basis unless both institutions require extra places.

译文：附加名额可以在付费基础上加以协商，除非双方都要求增加更多名额。

需要注意的是，汉语中被动语态不仅仅用“被”字表达，也可以用“由”“加以”或“受”来表达，在上面两个例子中，原文分别被翻译成了用“由”和“加以”连接的被动句，符合汉语读者的表达习惯。因此，对于校际合作协议中被动句的翻译，不管是译成主动句还是被动句，只要能达到有利于目的语读者理解的翻译目的，都是可以接受的好译文。

2)长难句的翻译

协议文本最显著的句法特点是，句子长且内部结构十分复杂，校际合作协议也不例外，有的英文协议中，甚至会出现上百个词组成一句话的情况。在翻译这类句子时，在理解和表达上都可能会遇到很多困难。根据目的论，翻译的目的决定翻译的方法和策略，考虑到校际合作协议的翻译目的，对于长难句可以采取以下翻译策略。首先，要对长难句做语法分析，理清句子的成分以及句内各个从句之间的关系，并划分好句子的意群。前文提到，准确传达原文信息是协议翻译最重要的目的，而语法分析可以帮助我们准确地理解原文，为准确传达原文信息打下坚实的基础。其次，按照汉语的语言习惯进行表述，把英语长句的藤蔓式结构，化为汉语的竹节式结构。具体来说，就是以意群为单位，按照时间和逻辑顺序，把英语的长句翻译为数个汉语的小短句，必要时可以调整语序，使之符合汉语的语言习惯。根据目的原则和连贯原则，这样做是为了符合译文接受者的阅读习惯，并让译文在交际环境中有意义，而这也是协议翻译的重要目的。

例 21：Each party to this Agreement is liable for and irrevocably and unconditionally indemnifies the other against all liability, loss, penalties, payments, costs(including legal costs on a full indemnity basis), charges and expenses arising directly from or incurred in connection with(excluding liability for indirect and consequential damages) any claim, action, costs(including legal fees and disbursements) damage to or loss of any property or the death of or injury to any person caused or contributed to by the unlawful or negligent act or omission or default of a party to this Agreement, its employees, agents or representatives or persons to whom the party is responsible for at law, except to the extent that it is caused or contributed to by the unlawful or negligent act or default of the other party, its employees, agents or representatives or persons to whom the party is responsible for at law.

译文：因一方工作人员、代理人或法人、法律责任人的违法行为、不良举动、疏忽或违约引起的财产损失，或人员伤亡所造成的或相关联(不包含间接和后续伤害)的索赔及诉讼成本(包含法律费用和支出)，此协议中的一方应不可撤销并无条件地免除另一方所承受的责任、损失、罚款、费用(包含因为赔偿所产生的法律费用)，除非所造成的财产损失或人员伤亡源于此合同中另一方的工作人员、代理人或法人、法律责任人自身的违法行为、不良举动、疏忽或违约。

例21是一个典型的长难句,全句共有148个单词,主句内有两层后置定语,后面还跟一个条件状语从句。首先做语法分析,该句的主句为"Each party to this Agreement is liable for... ",它内部有两层表原因的后置定语,分别是"arising directly from... or injury to any person"以及"caused or contributed to... to whom the party is responsible for at law"。另外,主句后面有一个经由"except to the extent that"引导的条件状语从句"it is caused or contributed to by... is responsible for at law"。通过这样的分析,就可以对句子结构有一个清晰的认识。接下来就可以着手进行意义的表述了。根据汉语的表达习惯,我们更习惯于前因后果,先提条件或假设,再阐述相应的责任或结果(李克兴,2007:182)。翻译时,需要对语序进行调整,把后面表原因的定语放到前面来表述。

3. 语篇层面

1)程式化

高度程式化是协议、合同文体的主要语篇特征(王道庚,2006)。这一特征表现在两个方面:一是文本结构的程式化,二是文本内容的程式化。前者是指协议文本的篇章结构一般都遵循固定的格式,无论是中文协议还是英文协议,结构上都可以大致分为标题、序言、正文及结尾四个部分。而文本内容的程式化是指协议各个部分的条款也相对固定,大多有其规范的表达模式(也就是通常所说的套语),条理清晰、层次分明(陈建平,2010:73)。协议文本的程式化有利于保持协议的完整性和严密性,这也是协议规范性的一种体现。

根据校际合作协议翻译的目的,应该在译文中充分体现出协议的这种特点。首先,对于文本结构的程式化,为了使译文保持像原文一样的完整性和严密性,应该严格按照原文的格式进行翻译,除非原文的格式违反了我国合同法的相关规定(这一情况极其少见)。其次,对于文本内容的程式化,可以多多学习中文协议中规范的表达模式,在翻译时按照中文协议中的固定套语进行表述,这样可以使译文在语言上显得更加规范。

例22:This agreement is written both in English and in Chinese. Both versions are equally official.

译文1:此协议由中英文两种语言书写,两个版本同样有效。

译文2:本协议以中英文书就。两种文本具有同等效力。

例22是在校际合作协议的结尾处经常见到的条款。译文1采用直译的方法,虽然意思表述正确,但并不是规范的协议用语。译文2套用了中文协议中的表达方式,语言上比译文1就显得更加规范、严密。因此,要重视协议程式化的语篇特征,采用规范的用词,遵循其约定俗成的表达方式,体现出协议的规范性、庄重性和严肃性,进而达到协议翻译的目的。

2)同一性及一致性

关键词的同一性及一致性也是协议文本在篇章层面的特点。所谓同一性,指在整篇协议中使用同一词汇表达同一法律概念或思想;所谓一致性,指在整篇协议中关键用词自始至终保持一致,并且与有关管辖法律中对该关键字的释义(如果有的话)保持一致(李克兴,2007:51)。简单来说,一篇规范的协议中出现的关键用词,其形式和意义是统一的,不容许出现同一意义由不同词汇表达的情况。协议的这个特点主要是为了使协议更加严密、规范,以免一些别有用心的人利用文字在意义上的差别钻空子。因此,保持关键词或关键术语的统一性和一致性非常重要。为达到协议翻译的目的,也应该在译文中充分体现协议的这种要求,保持关键词的同一性及一致性。

5.3.3　外事法律条例

随着世界各国政治经济文化日益融合,尤其是在中国加入世界贸易组织以后,翻译变得越发重要,翻译触及的领域也越来越广,甚至延伸到了外事法律领域,中国外事法律条例的英译已经成为中国对外交流的重要环节。外事法律翻译的质量至关重要,它影响着外国人的切身利益、对中国政策的理解和在华手续的办理。因此,在翻译外事法律条例时,应本着认真负责的严谨态度,翻译出高质量的译作。

由于汉语和英语遣词造句的习惯有所不同,在翻译过程中,有时候根据句意或语法的要求,需要在译文中增补必要的词,以使译文的意思明白无误。

例23:申请人所持护照或者其他国际旅行证件因办理证件被收存期间,可以凭受理回执在中国境内合法停留。

译文:If his/her passport or other international travel documents are turned over to the relevant authorities due to applying for other certificates, an alien may stay legally in China with the said acceptance notice.

分析:原句中未说明证件被谁收存,但原文读者根据常识可以知道是被相关部门收存的,翻译时若不增加"相关部门",不熟悉中国国情的外国读者有可能未必能准确句子的意思。因此在翻译时增加了 the relevant authorities,利于读者理解。

例24:第七条　外国人申请办理签证,应当填写申请表,提交本人的护照或者其他国际旅行证件以及符合规定的照片和申请事由的相关材料。

译文:Article 7　In applying for visas, aliens shall fill in application forms and present their valid passports/other international travel documents, prescribed photos and materials supporting the application for entry into or transit through China. The supporting materials refer to the following.

分析:在原文中,此处的下文列举了申请各种签证应提交的材料。在翻译时可以从下文内容考虑，在译文中增加"The supporting materials refer to the following"，引出下文，使上下文衔接紧密，使译文行文不突兀，也符合英语的表达习惯。当然，有时适当省略，也能使译文不啰嗦，彰显译文的庄严和正式。

从意义上讲，以动作执行者为主语，实施动作的句子，是主动句；以动作对象为主语，承受动作的句子，是被动句。从形式上看，大多数汉语被动句没有出现任何有被动意义的助词，而英语被动句的形式一定是系动词加过去分词。因此有必要在语态上稍作处理，使译文更符合译入语的表达习惯。

例25：第四条　在签证签发管理和外国人在中国境内停留居留管理工作中，外交部、公安部等国务院部门应当在部门门户网站，受理出境入境证件申请的地点等场所，提供外国人入境出境管理法律法规和其他需要外国人知悉的信息。

译文：Article 4　In controlling the issuance of visas and the stay and residence in China of aliens，some relevant departments of the State Council，such as the Ministry of Foreign Affairs，the Ministry of Public Security and so on，shall provide laws regulations of the entry and exit of aliens and other information that should be well-known by aliens at departments' portals and websites of handling aliens' applications for entry and exit，etc.

例26：对入境后需要办理居留证件的，签证机关应当在签证上注明入境后办理居留证件的时限。

译文：When an alien needs to apply for a residence certificate after entering China，his/her visa shall be indicated with the time limit of applying for the said certificate by the visa-granting office.

英语和汉语的语序排列大体一致，主要差异在于定语和状语的位置。汉语的定语总是在所修饰的名词前，而英语的定语则有前置和后置两种不同的位置。汉语的状语通常放在主语之后、谓语之前，而英语状语的位置灵活多变，可出现在句首、句末，也可以放在被修饰语的前面或后面。为了使译文符合译入语的表达习惯，在语序上要稍作调整。

例27：第一条　为了规范签证的签发和外国人在中国境内停留居留的服务和管理，根据《中华人民共和国出境入境管理法》（以下简称《出境入境管理法》）制定本条例。

译文：In accordance with the Exit and Entry Administration Law of the People's Republic of China（hereinafter referred to as the Exit and Entry Administration Law），these Regulations are formulated and enacted with a view to standardizing the issuance of visas and the services for and administration of affairs of the stay and residence in China of aliens.

分析：此句的原文中因主语是众所周知的，所以省略了主语，直接在谓语动词前插入两个状语，在翻译的过程中，为了不让句子冗长累赘，将两个状语一个放在句首(即 In accordance with the Exit and Entry Administration Law of the People's Republic of China(hereinafter referred to as the Exit and Entry Administration Law))放在句首，一个放在句末(即 with a view to standardizing the issuance of visas and the services for and administration of affairs of the stay and residence in China of aliens 放在句末)，使译文更精炼简洁。

在英语里，句子结构相对完整，因此，在翻译含有多个逗号的较长的汉语句子时，首先要根据句子所表达的意思，按照英语的句子概念，进行适当拆分或"断句"，然后再根据英语语法，译成一个或一个以上的英语句子。

例 28：第十六条　外国人申请办理外国人居留证件，应当提交本人护照或者其他国际旅行证件以及符合规定的照片和申请事由的相关材料，本人到居留地县级以上地方人民政府公安机关出入境管理机构办理相关手续，并留存指纹等人体生物识别信息。

译文：Article 16　In application for a residence certificate，an alien shall submit his/her own passport/ international travel documents，prescribed photos and materials supporting the application for entry into or transit through China. He/She also needs to complete relevant procedures and store his/her biometric information，such as fingerprints in the exit-entry administrative authorities in public security organs of local people's governments at or above the county level at the place of his/her stay.

分析：此句原文虽然只有一个句号，但是根据意思，可以知道句子交代的是两件事情，可以将其分为两句，在翻译时，利用断句法，翻译成两个完整的英语句子。

练　　习

一、短语翻译

1. 众创、众包、众扶、众筹平台
2. 互联网＋中国制造 2025
3. 互联网＋政务服务
4. 双随机，一公开
5. 光网城市
6. 大众旅游时代
7. 养老金并轨
8. 一带一路
9. 21 世纪海上丝绸之路
10. 工匠精神

二、请将以下高校外事材料翻译成英文

武汉商学院是2013年经教育部批准在武汉商业服务学院基础上建立的普通本科院校，由湖北省人民政府主管、武汉市人民政府主办。学校坐落于武汉经济技术开发区后官湖畔，校园占地面积1 026亩，建筑面积32万平方米，全日制办学规模一万余人，重点培养服务区域经济社会发展所需要的应用型人才。

学校设有工商管理学院、商贸物流学院、旅游与酒店管理学院、体育与马术学院、烹饪与食品工程学院、机电工程与汽车服务学院、信息工程系、应用艺术系、应用外语系、思想政治理论课部、继续教育学院等11个教学院系部。

学校物流管理、电子商务、酒店管理、体育经济与管理、烹饪与营养教育、汽车服务工程等6个既有较好专业基础又与区域产业发展相配套的专业为首批设置本科专业。另设有53个专科专业及专业方向，其中，制冷与空调技术、动漫设计与制作、摄影摄像技术等专业在同类院校和社会中具有一定影响，率先在全国开办了赛马专业。拥有国家级教改试点专业、国家级精品课程、中央财政支持的实训基地、中央财政支持的“提升专业服务产业发展能力项目”“湖北省普通高等学校战略性新兴(支柱)产业人才培养计划项目”、省级重点和教改试点专业、省级精品课程、省级实训基地等教学质量工程项目42项。近年来，有5项成果分获湖北省教学成果奖一、二、三等奖。

学校现有专任教师600余人，其中，研究生学历教师占47%，副高以上专业技术职务教师占39%。教师中有享受国务院和省市政府津贴专家6人、“武汉市有突出贡献中青年专家”2人、“武汉市学科带头人”15人、国家级行业大师名师25人、省级教学团队3个、楚天技能名师8名及一批省市优秀教师。

学校设有商业文化、现代物流、旅游经济、赛马经济、素食研究、职业人文素质等6个研究所。先后主持了国家和省市级科研项目200余项；主办有公开出版发行的学报；近五年来，出版学术专著40部，在核心期刊发表论文近500篇。

学校坚持“与服务经济共进、与行业企业共赢”，高度重视与政府、行业、企业的合作，先后与武汉经济技术开发区、神农架林区政府、武汉市商务局、武汉市旅游局等政府部门以及索迪斯、沃尔玛、东方航空武汉公司、江通动画等百余家国内外企业建立战略合作关系。广泛开展各类职业技能培训，是武汉市高技能人才培训基地、武汉市首个服务外包人才培养基地。武汉鄂菜博物馆经湖北省文物局批准在校建立，填补了湖北饮食文化博物馆的空白；成功举办湖北省首届“鄂菜传承与发展论坛”，受到业界好评。

学校组织师生成建制地参与北京奥运会、上海世博会、广州亚运会、深圳世界大运会、中国南极科考、全国“两会”等志愿服务工作，受到广泛好评，获得共青团中央颁发的中国青年志愿服务最高奖——中国青年志愿者优秀组织奖。

学校与英国、美国、德国、法国、澳大利亚、新西兰、日本、韩国、挪威、芬兰等国的15所高校建立友好合作关系，开展学术交流，合作培养人才。

学校先后培养出国家和省市技术状元、知名企业家、人民大会堂国宴主厨和武汉形象大使等大批优秀人才。近几年，学生在国际国内专业比赛中获得60多项团体与个人冠军。学校招生就业进出两旺，近年招生第一志愿有效生源达到1：2.7，多年来毕业生一次性就业率保持在94%左右，赢得了"学校有特点、专业有特色、学生有特长"的赞誉。学校先后获得"湖北省文明单位""武汉五一劳动奖状"等荣誉，连续五年被评为"湖北省平安校园"。

三、请将以下校际交流协议翻译成中文

Faculty and Students Exchanges Agreement
between
Wuhan Business University, Wuhan, China
and
X University

Wuhan Business University and X University establish the following agreement based on MOU between two parties, with the objective of scholarly cooperation, mutual understanding and the creation of friendly relationships:

1. Both parties will explore exchanges of faculty members and administrative staff, for mutual benefits and further understanding.

2. During the period of exchange, the Host Institution will offer training courses for the visiting staff, assist in seeking means of transportation and accommodation, and ensure their safety as far as possible. In the end, the Host Institution will also be responsible for issuing training certificates to the visiting staff.

3. Both parties will explore exchanges of students for studying(internship), which will last 6 or 12 months. And none tuition fee will be charged. The Host Institution will assist in seeking means of transportation and accommodation, and ensure their safety as far as possible.

4. Other expenses shall be the direct responsibility of the students during the period of exchanges, including travel expenses, passport and visa fees, accommodation expenses, personal expenses, and insurance. Upon the completion of study, certificates will be issued to the students by the Host Institution.

5. The agreement is made in four original copies(each party holding two for both Chinese and English versions), all of which have the same legal effect.

6. This agreement, subject to the general provisions of MOU, will become effective when signed by the authorized representatives of both parties and will be valid for three years from the final date of signing. It may be extended for any further period.

7. Any amendments to this agreement shall be made by mutual consent between both institutions.

8. This agreement may be terminated by either party upon six months advance written notice. Prior to the termination, both parties should continue to perform respective obligations, ensuring the smooth operation of exchange programs. Should there be any breaches of the agreement on either party, the other party is entitled to terminate it, and may assume any legal liability and responsibility.

参考文献

[1] 姜秋霞. 实用外事英语翻译[M]. 北京：商务印书馆，2009.
[2] 姜秋霞. 外事笔译[M]. 北京：外语教学与研究出版社，2009.
[3] 涂和平. 外事翻译的政治性和时代性[J]. 上海翻译，2005(3)：37-39.
[4] 涂和平. 外事翻译理论与实践[M]. 北京：国防工业出版社，2008.
[5] 陈建平. 中外合作办学协议翻译的规范化探讨——兼论协议、合同文本翻译的基本原则[J]. 山东外语教学，2010(6)：68-75.
[6] 李克兴. 法律翻译理论与实践[M]. 北京：北京大学出版社，2007.
[7] 刘耀连. 目的论视角下的英语新闻翻译[D]. 长沙：湖南师范大学，2012.
[8] 王道庚. 新编英汉法律翻译教程[M]. 杭州：浙江大学出版社，2006.
[9] 张法连. 法律英语翻译[M]. 济南：山东大学出版社，2009.
[10] 仲伟合，钟钰. 德国的功能派翻译理论[J]. 中国翻译，1999(3)：47-49.
[11] Nida E A. Language and Culture：Contexts in Translating[M]. Shanghai：Shanghai Foreign Language Education Press，2001.
[12] Newmark P. A Textbook of Translation[M]. Hertfordshire：Prentice Hall，1988.
[13] 王宁. 文化研究语境下的翻译研究 [C]//郭建中. 文化与翻译. 北京：中国对外翻译出版公司，2000.

第6章　体育文本翻译

体育翻译至少可以追溯到1896年第一届雅典奥林匹克运动会。近年来，随着国际体育交流的深入发展，特别是2008年北京奥运会成功举办以来，体育翻译这个长期以来多少被遮蔽的领域开始受到学界的关注。2002年，成都体育学院率先在国内开办英语专业（体育英语方向）本科教育。截至2011年，全国有上海体育学院、北京体育大学、郑州大学等近20家院校相继开设了体育英语专业，并将"体育翻译"写入教学计划，作为体育英语专业的必修课。不过相对于商务翻译等其他专题翻译而言，体育翻译在理论研究和翻译培训方面无疑尚显稚嫩。什么是体育翻译？如何翻译体育文本？这些都是课程开设之前必须首先解答的问题。本章拟以德国翻译功能学派为代表的文本类型理论为框架，分析体育文本的文本功能和文体特征，并在此基础上探讨体育文本的翻译策略。

6.1　文本类型与语言特征

6.1.1　文本类型

德国功能学派和纽马克都指出，大部分文本都是以一种功能为主兼具其他功能，体育文本也不例外。参照德国功能学派和纽马克的文本类型理论，可以将体育文本的功能粗略地分为四类。①体育新闻报道在所有的体育文本中总量最大，也是普通读者接触最多的体育文本。它可以是文字文本或视听文本。根据文本功能又可以细分为两类：报纸、杂志、网络、广播、电视等体育新闻报道倾向于信息功能；而广播、电视以及在线体育赛事直播中解说员声情并茂的解说词除信息功能外，兼具表情功能。②体育教学中的教材也可以是文字文本或视听文本。根据文本功能可以细分为两类：大中院校、体育培训机构等使用的体育教材以及体育科研论文倾向于教学功能，如足球教程、有关国民身体素质的研究等；体育项目培训/速成手册、体育器材使用说明等除教学功能外，兼具指示功能，如太极拳入门、瑜伽入门、摇摆铃的使用说明等。③体育营销可以是文字文本或视听文本，倾向于移情/召唤功能，如健身俱乐部、足球俱乐部、武术散打培训班的宣传手册以及奥运会等的宣传片。④体育表演主要以视听文本的形式呈现，倾向于审美功能，如武术表演、灌篮表演、花样跳绳、体育舞蹈等。

6.1.2　语言特征

体育语言是一种自成体系、相对独立的行业语言。虽然各种体育文本的功能各异，但在用词、句法、修辞等方面还是有一些共性可循的。只有把握好英汉体育文本的文体特征才能使译文符合译入语习惯和行业规范。

1. 用词特征

①大量使用专业术语。体育文本的术语主要涉及项目名称、技术要领、比赛规则、国际赛事、国际组织、著名运动员等，如下例中就出现了8个术语，频率之高可见一斑。

Yao's turnaround jumper was unstoppable. His post-passes were usually on the money. Yao, who played in just eight seasons, finished his career averaging 19.0 points, and 9.2 rebounds, per game. His Rockets never advanced further than the second round of the playoffs.

姚明的转身跳投无法阻挡，他的高位传球总是及时、到位。姚明只打了8个赛季，职业生涯场均19.0分，9.2个篮板。他的火箭队从来没有跨过季后赛第二轮。

②大量使用缩略语，如IOC(International Olympic Committee)，国际奥委会(国际奥林匹克委员会)；IAAF(International Association of Athletics Federations)，国际田联(国际田径联合会)，FIFA(Federation Internationale de Football Association)，国际足联(国际足球联合会)。

③英语体育文本大量使用合成词，如play-off，季后赛；butterfly stroke，蝶泳；all-stars game，全明星赛。此外，英语体育文本还常常使用普通词表示特殊意义，如breast，以胸触线；draw，抽签；drive，平抽球。

④汉语体育文本同一术语在不同的比赛中使用不同的英语表达方式，如"运动员"一词：铁饼运动员，discus thrower；铅球运动员，shot putter；举重运动员，weight lifter；击剑运动员，fencer；跳水运动员，diver；摔跤运动员，wrestler；体操运动员，gymnast。再如"裁判"一词：田径裁判，judge；足球裁判，referee；乒乓球/羽毛球裁判，umpire。

2. 句法特征

体育运动动感十足，生动有趣，所以体育文本中描述体育运动的句子一般结构紧凑，简短而富有表现力。表现在句法上，英语体育文本多使用简单句或拓展简单句，较少使用复合句；汉语体育文本则多使用单句或小句，较少使用复句(体育教材，特别是体育科研论文除外，这类文本同一般的科技类文本一样，会经常使用长句来表述缜密的思维)。下面这则电讯的句型就简明扼要。通过使用同位语、动词不定式等，只用一个简单句子，就把一场球赛描绘得淋漓尽致。对应的汉语译文则使用了七个小句，同样简短而富有表现力，充分体现了汉语意合语言的特征。

例1：Johns accomplished a spectacular debut for his NHL career tonight, the first score launching a four-point first period outburst, to lead the Johnson City High Hats to a 6∶4 victory over the Montreal Teals and their eighth consecutive game without a loss.

译文：在全国手球联赛中，克拉克约翰斯今晚初试锋芒，引起轰动。上半场领先四分，首开纪录。克拉克发挥中坚作用,约翰逊市高帽队终以 6∶4 击败蒙特利尔市小鸭队,创造了连胜八场未负一场的战绩。

3. 修辞特征

英汉体育文本都会经常用暗喻、夸张、双关和拟人等多种修饰手法,使文字更加生动、震撼(体育教材,特别是体育科研论文除外。这类文本通常语言平实,较少使用修辞格)。由于英汉体育文本叙事传统的差异,原文中的修辞格在译文中不一定得以再现,常常通过释义的方法舍弃喻体,保留喻义。

例 2:Rocket roars to the 17th victory consecutive victory.(双关)

译文:火箭队豪气冲天,取得 17 连胜的惊人成绩。

例 3:日本凭川澄奈穗美个人梅开二度,最终以 3∶1 淘汰瑞典,跻身决赛。包括一记漂亮的 35 米远距离吊射(暗喻)。

译文:Japan beats Sweden 3-1 thanks to a double from Nahomi Kawasumi,including a spectacular 35-metre lob.

6.2 文本功能与翻译目的

译学创始人霍姆斯(James S. Holmes)在《翻译研究的名与实》(1972)一文中拟定了翻译研究的性质和范围,认为翻译是与认知科学密切相关的经验科学。他把翻译研究分为描写翻译研究、理论翻译研究和应用翻译研究三种类型。其中理论翻译研究包括普遍理论研究和局部理论研究。局部理论研究至少包括六个方面:翻译手段、翻译范围、翻译等级、文本类型、不同时期的翻译、特殊问题的翻译(Toury,1995:10)。其中文本类型(话语类型)研究的是不同类型的文本翻译中的特殊问题。如文学作品与科技文献就属于不同文本,翻译策略也不同。德国翻译功能派学者赖斯(Reiss)在其著作《翻译批评:前景与局限》(1971)中将文本分为 3 大类:内容为主文本、形式为主文本、感染为主文本。内容为主的文本以传递信息为主,也被称为“信息文本”;形式为主的文本主要指文学文本;感染为主的文本是指以感染为主要目的的文本,如广告、布告、宣传、营销等文本。赖斯认为,信息文本翻译的首要目的是保证信息的正确性,文学文本关心修辞结构的相应美学效果,而感染文本则要达到原文的目的。德国功能学派的另一位学者诺德(Nord)在此基础上提出四种文本交际功能:指代功能、表达功能、移情功能、交感功能。根据文本的不同功能分别可采用工具性翻译策略和文献性翻译策略(Nord,1997:40-51)。英国翻译理论家纽马克的理论与赖斯的文本类型分类理论有异曲同工之妙。同样是基于布勒(Buhler)的语言功能“工具论模式”,纽马克将语言功能分为六种:表达功能、信息功能、召唤功能、审美功能、人际功能、元语言功能(Newmark,1981:21-22)。一个文本可能具备一种功能,也可能同时具备几种功能,但以其中的一种功能为主，根据文本的不同类型分别可以采用语义翻译和交际翻译(Newmark，1981：68)。翻译研究分类理论和文本类型理论为体育文本的翻译提供了理论上的指导。它有助于译者在翻译的过程中确定所译文本的类型和功能，从而帮助译者拟定大体的翻译策略。

参照霍姆斯的译学构架，体育翻译同商务翻译、法律翻译、旅游翻译等一样属于局部理论研究中的不同类型的文本翻译，文本功能和文体特征分析在翻译过程中具有举足轻重的意义。不过体育翻译的范围不仅涵盖各体育项目的翻译，还会涉及体育学与其他学科的跨学科研究。

6.3 文本翻译示例

6.3.1 体育新闻

体育新闻包括体育新闻报道和体育赛事解说等。

例4：Abhinav Bindra won the gold medal in the 10-meter air rifle Monday，giving India its first medal of the Olympics. The 2006 world champion entered the final in third place but overtook China's Zhu Qinan and Finland's Henri Hakkinen by scoring 104.5 points for the title. Bindra finished with 700.5 points，edging out Zhu who had 699.7 points for the silver.

译文：周一阿比纳夫·宾德拉获得10米气步枪金牌，为印度夺得奥运会首枚奖牌。这位2006年的世界冠军以第三名的成绩进入决赛，但最终以104.5的总分将中国选手朱启南和芬兰选手亨利·海基宁反超，问鼎冠军。宾德拉凭借700.5环的成绩击败朱启南，朱以699.7环屈居亚军(罗永洲，2011：151)。

分析：这是一则体育新闻报道，讲述的是阿比纳夫·宾德拉在2008北京奥运会上荣获金牌一事。从文本功能看，倾向于信息功能，其核心是语言之外的现实世界。从文体特征看，用词涉及射击这一体育项目的著名运动员、比赛规则等专业术语；句型紧凑，使用了三个拓展简单句叙事；修辞格方面使用了暗喻 edging out。译文通过工具性翻译再现了原文的信息功能。由于译文首先关注的是文内连贯，所以在文体方面省略了原文的暗喻这一修辞格。

例5："Lord Nelson! Lord Beaverbrook! Sir Winston Churchill! Sir Anthony Eden! Clement Attlee! Henry Cooper! Lady Diana! Maggie Thatcher—can you hear me，Maggie Thatcher! Your boys took one hell of a beating! Your boys took one hell of a beating!"

译文："纳尔逊勋爵！比弗布鲁克男爵！丘吉尔爵士！艾登爵士！克莱门特·艾德礼！亨利·库柏！戴安娜王妃！麦吉·撒切尔——麦吉·撒切尔，你听见了吗？你的孩子们被狠狠暴揍了一顿！被狠狠地暴揍了一顿！"

分析：这是1981年的世界杯预选赛中，挪威队2比1击败英格兰时，挪威解说员 Bjorge Lillelien 在电视节目中的经典评论。从文本功能看，除信息功能外，倾向于表情功能；从文体特征看，句法短小精悍，极富张力，修辞方面引经据典、广征博引，甚至有牵强附会、小题大做的倾向。其独特的语言形式和要传达的信息同等重要。译文通过文献性翻译既传达了原文的信息，又保留了原文的文体特征。

例6：Instead, the two teams will face off in the play-off for the Third Place, with both eager to restore a little pride after the heartbreak of their semi-final defeats.

译文：比起在决赛中争夺季军宝座，两队更渴望挽回半决赛失利后的声誉。

分析：其实，本句原文中根本没有表示“宝座”的英语词汇，翻译成“比起在决赛中夺季军，两队更渴望挽回半决赛失利后的声誉”也可以。但是，考虑到体育新闻口语化、幽默化的文体风格，加之本文巴西、荷兰为荣誉而战的基调，增译“宝座”一词，既能同后面的“声誉”相呼应，又能使原来复述事实的呆板话语，变得生动、有趣起来。这样更符合汉语体育新闻的习惯、风格。

例7：His predatory powers and electrifying pace made him practically unplayable for opposing defenders.

译文：防守球员面对罗马里奥猛兽般的力量和闪电样的步伐往往束手无策。

分析：译文对句子成分做了较大的调整，英文句子中的主语在译文中充当宾语，原句中的补语转换为译文中的主语，这种句子成分的转换更适合译入语的语言逻辑和表达方式。

例8：As explosive as he was unpredictable off the pitch, Romario de Souza Faria arrived in the United States at the peak of his career and in a rich vein of form.

译文：罗马里奥足球场上的爆发力如同场下生活一样不可预测，1994年美国世界杯上的罗马里奥·德·苏扎·法里尔斯正值生涯巅峰，状态正佳。

分析：原文中并没有提及罗马里奥“足球场上”的表现，但根据语句的对应和上下文，原文很清楚是在描述球员足球场上的表现，译文使用增词法添加了原文中无形式却意在其中的成分。

例9：And despite stiff competition from big names such as Francescoli, Scifo, Laudrup, Platini, Zico and Lineker, the Napoli legend was not to be denied, especially after netting one of football's most sublime goals in a pulsating quarter-final against England.

译文：尽管竞争对手中包括弗朗西斯科利、西弗、劳德鲁普、普拉蒂尼、济科及莱茵科尔等众多大牌球星，但马拉多纳延续了传奇，特别是在四分之一决赛中与英国队比赛中那记惊艳的进球使他成为金球奖的不二人选。

分析：译文中添加了“使他成为金球奖的不二人选”，通读原文，最后一个分句为原因状语从句，笔者通过增词法，将原文深层次的意思表达出来，使译文更符合译入语交际的目的。

6.3.2 体育教学

体育教材包括大中院校、体育培训机构等使用的体育教科书、体育科研论文以及体育项目培训/速成手册、体育器材使用说明等。

例 10：The discipline of physiology is also linked inextricably with the discipline of anatomy and histology, because the functional performances of organs and cells are based on their structures. Since there are different types of life, the field of physiology can be divided into animal physiology, human physiology, plant physiology, viral physiology, and subdivisions.

译文：生理学与解剖学及组织学也有着千丝万缕的联系，因为器官和细胞功能的表现是由他们的结构决定的。根据生物类型的不同，生理学被分为动物生理学、人体生理学、植物生理学、病毒生理学和其他分支。

分析：以上节选自体育通用教材《生理学》，讲述的是生理学与其他学科的关联。从文本功能看，倾向于教学功能；从文体特征看，其句法不同于其他体育文本的简练且富有表现力，而是频繁地使用主从复合句来表述缜密的思维，语言平实，较少使用修辞格。译文通过工具性翻译基本上实现了原文的教学功能。

例 11：野马分鬃

译文：Turn the upper body slightly to the right; bend the right arm horizontally to the front of the right chest with palm facing the ground; move the left hand to the chest, make an arc to the right and then down to the waist, the palm facing up as if holding a ball with both hands, eyes following the right hand(Li Tianji, 1999:106-107).

分析：节选自李天骥《中国武术指南》(*A Guide to Chinese Martial Arts*)。“野马分鬃”是 24 式太极拳的第二式。这种体育项目培训指南既可以单独成册，也可以含在某本教科书之内。从文本功能看，其除具教学功能外，兼具指示功能。从文体特征看，多使用祈使句。译文通过使用增词、释义等多种翻译策略才得以把“野马分鬃”的一招一式叙述清楚，基本上再现了原文的教学和指示功能。

6.3.3 体育营销

体育营销包括健身俱乐部、足球俱乐部、武术散打培训班的宣传手册以及奥运会等的宣传片。

例 12：Y＋与亚洲最具威望的瑜伽老师培训机构 Inspya 合作，由拥有超过 25 年经验的世界知名瑜伽导师 Lance Schuler 指导教师培训。我们的目标在于追求卓越，Y＋和 Inspya

旨在导入中国前所未有的双语(中文和英文)教师培训。我们的课程由 Lance Schuler 亲自指导,配合澳大利亚资深教师团队以及 Y+自身的国际团队。

译文:Aiming at excellence,Y+ is cooperating with Inspya,the most renowned institute of yoga coaches in Asia. Under the guidance of Lancer Schuler,a world-class coach with 25-year experience,Y+ tries to bring bilingual(Chinese and English) course into China with an international teaching group joined by Australian coaches.

分析:这是一则瑜伽培训机构的宣传手册。从文本功能看,倾向于移情/召唤功能。从文体特征看,用词和造句极具煽动性。译文通过工具性翻译,以再现原文的功能为首要目的,而在用词、句法和修辞等方面则侧重于文内连贯。如原文两次提及 Lance Schuler,以突出她的重要性,而译文则省略了原文重复的部分。在句法上使用了合句法,把原文的并列结构、小句转换成两个拓展简单句,更加符合英语的语言习惯和英语体育文本的句法特征。

6.3.4 体育表演

体育表演包括武术表演、灌篮表演、花样跳绳、体育舞蹈等。体育表演的解说词与足球等赛事直播的解说词区别在于:后者常常是即兴的,除信息功能外兼具表情功能,前者常常是有脚本可依,除信息功能外兼具审美功能。体育表演的解说词使观众可以借助视觉和听觉同时感受美。

例 13:日月追风刀:此刀法轻如燕、稳如山、快如风,有技击、观赏之价值。

形意拳:此拳以五行生克、阴阳变化为原理,内存于心,外显于形。取之于各种动物之形神势貌,故名为形意,有内三合、外三合之六合法要,有劈拳、崩拳、钻拳、炮拳、横拳五个基本拳法。演练起来劲沉力脆,刚柔相济,虎虎生风。

译文:The Windstorm Falchion: This falchion can be played as lightly as a dancing swallow,as firmly as a towering mountain,and as fast as windstorm. It is fine for either aesthetical appreciation or practical fighting.

Xingyiquan:This boxing,based on the wuxing and yin/yang theory,stresses both the internal force and the external form. During the performance,the player imitates the movements of various animals. That is why it is called Xingyiquan,the Imitation Boxing. Intrinsic to this boxing are six integrations,of which the internal three are integrations of mind and intention,intention and energy,energy and force while the external three actually refer to coordinated actions of shoulders and thighs,elbows and kneels,hands and feet. The boxing comprises five basic moves: chopping, crushing, drilling, exploding and crossing. Throughout the performance,harmony can be sensed between force,grace,vigor and speed.

分析:原文是中国功夫表演的解说词,蕴含丰厚的文化信息,行文之美溢于言表。从功能上看，兼具信息和审美功能；从文体上看，具有术语多（如"五行、阴阳"等）、句法简洁（如"轻如燕、稳如山、快如风"等）、修辞多（如比喻）等特征。译文以再现原文的信息功能为主，为此，使用释义法翻译了"演练起来劲沉力脆，刚柔相济，虎虎生风"（Throughout the performance，harmony can be sensed between force，grace，vigor and speed）；译文同时兼顾原文的审美功能，为此，使用直译法翻译了"轻如燕、稳如山、快如风"（as lightly as a dancing swallow，as firmly as a towering mountain，and as fast as windstorm）。但译者在尽可能多地传递文化信息的同时，又考虑到英语读者现有的解码能力和英语的行文习惯，因此使用加注法在译文中平添了一句"of which the internal three are integrations of mind and intention，intention and energy，energy and force while the external three actually refer to coordinated actions of shoulders and thighs，elbows and kneels，hands and feet"，用来解释何为"内三合（心与意合，意与气合，气与力合）"、何为"外三合（手与脚合，肘与膝合，肩与胯合）"。

例 14：动作要点：握拳如拳饼，五指紧扣。

译文：Essentials：Keep the fist tightly closed and five fingers closely clenched.

分析："拳饼"是包含中国韵味比较形象的比喻，如果直译为"hold fist tightly like fist cake"，会在武术语言风格中显得极不相称，此次翻译重在交际，即便于目的读者理解和领悟原文，所以可采用意译，只注重内容，不拘泥于形式，译成"keep the fist tightly closed"更容易达到交际目的，并且适合武术语言的风格。而后半句可以在保持原文语言风格、内容和形式的基础上直译，这样直译和意译相结合，效果更好。

例 15：甲双峰贯耳，乙弓步闪身。

译文：A thrusts fists through ears. B dodges her body with bow step.

分析："双峰"是"双拳"的意思，原文整齐而有文采，但如果直译入目的语中，会使目的读者误解。而意译可使读者直接领会招式的意思，用简单的英语表达出来，也符合武术用语简洁的特点。

练　　习

一、短语翻译

1. 现代五项
2. 花样游泳
3. 艺术体操
4. 花样滑冰
5. 马术
6. 举重

7. 单杠

8. 双杠

9. 竞走

10. 箭术

二、段落翻译

1. 中国武术拥有悠久的历史，在中国广为流行。受中国古典美学所提倡的刚柔并济的影响，中国武术形成了自己的审美标准。现在很多人习武是为了健康、娱乐和竞技。为了更好地传承这一古老的技艺，全国各地开设有很多的武术俱乐部和协会。自1980年起，一大批武术专业的毕业生被分配到学校里教授武术。现在很多专家通过将搏斗技巧和健康结合到一起，试着将武术变为一项科学的运动。他们希望有一天，武术可以作为一项赛事纳入奥运会中。

2. Chinese martial arts describe the enormous variety of martial arts styles originating in China. Kung fu and *wushu* are popular terms that have become synonymous with Chinese martial arts. However, the Chinese terms kung fu (Chinese:功夫 pinyin:gōngfū) and *wushu* (Chinese:武术) have very distinct connotations. Each term can describe different martial arts traditions and can also be used in a context without referencing martial arts. Colloquially, kung fu(or gong fu) alludes to any individual accomplishment or cultivated skill colloquially. In contrast, *wushu* is a more precise term that refers to general martial activities. The term *wushu* has also become the name for a modern sport similar to gymnastics involving the performance of adapted Chinese bare-handed and weapons forms(tàolù 套路) judged to a set of contemporary aesthetic criteria for points.

三、语篇翻译

TYPES OF MUSCLEACTION

During a typical strength training session, muscles may contract from tens to hundreds of times to move the body or the implement they are training with. Neural stimulation of the muscle causes the contractile units of the muscle to attempt to shorten. But contraction does not always involve shortening of the muscle fibers. Depending onthe load and the amount of force supplied by the muscle, three different muscle actions may occur during a muscle contraction:

1. Concentric muscle action. This type of muscle action occurs when the muscle force exceeds the external resistance, resulting in joint movement as the muscle shortens(see figure 1. 1a). In other words, concentric contractions are those in which the muscle fibers shorten while contracting to lift the weight. This is demonstrated by the upward phase of a

biceps curl and is often referred to as the positive phase of the repetition.

2. Eccentric muscle action. This type of muscle action occurs when the external resistance exceeds the force supplied by the muscle, resulting in joint movement as the muscle lengthens(see figure 1. 1b). Eccentric muscle actions are demonstrated by the downward phase of the biceps curl. This is often referred to as the negative portion of the repetition. Even though the fibers are lengthening, they're also in a state of contraction, permitting the weight to return to the starting position in a controlled manner.

3. Isometric muscle action. This type of muscle action occurs when the muscle contracts without moving, generating force while its length remains static(see figure 1. 1c). Isometric muscle actions are demonstrated in an attempt to lift an immovable object oran object that is too heavy to move. The muscle fibers contract in an attempt to move the weight, but the muscle does not shorten in overall length because the object is too heavy to move.

Among strength training scientists there is much debate about the importance of each of these types of muscle actions regarding increases in strength and muscle mass. Studies have been conducted in an effort to determine whether one type of muscle action is most important for enhancing muscle strength and mass. Because it is possible to produce greater force during eccentric and isometric muscle actions as compared to concentric muscle actions, it has been hypothesized that these muscle actions may be more important than concentric muscle actions for inducing changes in muscle strength and size.

Researchers have found that training with isometric muscle actions can increase muscle strength and size(Fleck and Schutt, 1985). However, the strength gains from isometric training are realized only during the specific joint angles at which the muscles were trained. In other words, if someone trains isometrically on the bench press at the point halfway between the start and finish, that person will gain muscle strength only at that specific point in the exercise. This would not equate to greater overall strength in the bench press unless a variety of joint angles between the start and finish were also trained isometrically. Therefore, while isometric training can be beneficial, concentric and eccentric muscle actions should also be included for better overall muscle adaptations. For a sample training program that uses isometric muscle actions, see Static Strength Training on page 170 in chapter 9. Because it is possible to overload a muscle more during eccentric muscle contractions, these contractions cause more muscle damage. It has been hypothesized that this greater overload can induce greater gains in strength. Indeed, research has shown that eccentric-only training does induce significant strength gains; however, this training appears to offer no greater strength benefit than concentric-only training. Therefore, to maximize muscle adaptations, strength training programs need to incorporate both concentric and eccentric muscle actions. For sample training programs that incorporate eccentric training, see Negative Repetitions on page 89 in chapter 6 and Negative-Rep Strength Training on page 177 in chapter 9.

The use of concentric, eccentric, and isometric muscle actions in strength training will yield somewhat different adaptations. Although isometric muscle actions can improve strength and muscle size to some degree, they provide mainly static strength. This does not necessarily carry over to dynamic strength used for most sports. Therefore, most strength training programs should focus on concentric and eccentric muscle actions. Greater improvements in strength and muscle mass can be achieved when repetitions include both concentric and eccentric muscle actions.

Another type of muscle action that should be considered here is called voluntary maximal muscle action. This type of muscle action does not refer to the actual movement of the muscle but to the intensity of the resistance. When a muscle undergoes a voluntary maximal muscle action, it is moving against as much resistance as its current fatigue level will allow. Regardless of how many repetitions are performed in a set—whether it be 1 or 10—it is the last repetition, when momentary concentric muscle failure is reached, that is considered the voluntary maximal muscle action. In other words, not another single repetition can be performed. This is also referred to as the repetition maximum (RM) and is usually represented with a number preceding the RM. For example, 1RM would represent the amount of weight that induces a voluntary maximal muscle action with one repetition. A 10RM is the amount of weight that induces a voluntary maximal muscle action on the 10th repetition.

参考文献

[1] 罗永洲. 体育翻译教程[M]. 苏州:苏州大学出版社,2011.

[2] 武当功夫表演团节目(中英文解说词)[EB/OL]. (2008-04-29) [2016-05-30]. http://lindacai588.blog.163.com/blog/static/8399782320083298|43|378.

[3] Li Tianji. A Guide to Chinese Martial Arts[M]. Beijing: Foreign Languages Press & London: Cypress Books Company, 1999.

[4] Newmark P. A Textbook of Translation [M]. Hertfordshire: Prentice Hall, 1988.

[5] Nord C. Translating as a Purposeful Activity Functional Approaches Explained [M]. Manchester: St. Jerome Publishing, 1997.

[6] Toury G. Descriptive Translation Studies And Beyond. Amsterdam: John Benjamins, 1995.

第7章　餐饮文本翻译

中国饮食文化博大精深，中国餐饮业每年所创造的经济效应在GDP中所占比重不断加大，但中国餐饮业在走向世界，向世界人民传播中国文化，尤其是在国家的出口创汇过程中，却没有能真正体现出其巨大的潜力。到底是什么原因导致了中国餐饮业在海外传播的经济、文化效应未能像其在国内一样发挥到极致呢？除了必要的传播理念、手段和方法未能及时跟进世界经济的发展需求外，归根结底在于中国餐饮业在向海外推广的翻译中，译者缺乏对异域市场及受众文化、需求的了解和研究，加之语言习惯上的差异没有得到译者完全的关照，最终导致在菜名的翻译处理上存在着这样或那样的问题，从而导致了目前中国餐饮业海外传播的低效率。因译名质量不高而导致传播的低效率，严重削弱了中国餐饮企业的国际竞争力。译者在翻译过程中缺乏对餐饮对外传播的终极目的的了解和把握，更是不利于国家经济产业结构的调整和优化，严重阻碍了经济的整体综合发展，民族饮食文化的海外传播未能充分发挥出该传播活动对世界的影响。餐饮企业海外发展成功与否，一个关键因素就是其所坚持的理念和传播的概念是否能为异国受众喜闻乐见，这其中的关键因素之一就在于如何去用地道的目标语语言来传递菜肴的信息和那种异国的文化情调。

餐饮文本翻译属于跨文化文本，目标受众是对中国餐饮文化感兴趣的读者或者带有直接目的性的点餐者。根据纽马克的翻译理论，餐饮文本翻译属于交际翻译范畴，具有表情、信息及召唤功能，其翻译的目的是尽可能地在目的语中再现原文读者感受到的同样的效果。

本章在纽马克交际翻译理论的指导下，探讨中国菜肴名称的翻译理论、技巧和方法，以便于译者避免译文信息传递不够具体，用语晦涩难懂，或者因为译语太过直白而索然无趣，不能充分满足广大译文受众的期待视野和审美情趣，使得译名无法完全融入受众的语言规范和文化习俗之中，不能让译文受众理解和接受等现象出现。

7.1　文本类型与语言特征

7.1.1　文本类型

餐饮文本具有信息、召唤、审美的功能。因为地域差异，中国和英语国家都有独特的具有民族特色的饮食和烹调习惯，且继承着不同的风俗民情。英语国家的人饮食观念是理性的，他们在摄取食物的时候，基本上是从营养角度来理解食物，强调采用新鲜原料，在烹调过程中保持原有的营养成分和味道，所以菜肴所含原料在菜名中一目了然。而中国菜在烹饪文化和烹饪技法上，具有多彩多姿、精细雅致、和谐适中的特征，中国菜的英译名应能使外国人从中了解到菜肴的原料、烹调方法及味道，达到吸引他们品尝菜肴的目的。

餐饮文本翻译是一种跨语言、跨社会、跨时空、跨文化、跨心理的交际活动。由于东西方人们所处地理位置和自然环境的差异，以畜牧文化和海洋文化为基础发展而成的西方社会文化必然与以农耕文化和陆地文化为基础构成的中国社会文化之间存在着诸如社会价值观念和饮食习惯等方面的差异，尤其是人类文化认知心理上的差异。餐饮文本的翻译活动涉及两种语言、两种文化，不同语言和文化的内在差异性使得语言和文化之间的对等转换困难重重，难以真正实现完全融合。要想保证译文获得最大的信度和效度，就必须对两种文化的差异及差异所产生的历史原因认真而细致地研究，找出弥补的办法，以期达到译文与原文最大限度近似。

7.1.2 语言特征

(1) 有些中餐菜名直接说明原材料、烹调方式、菜品的色香味形或者菜品的创始人或发源地等详细内容。对这类菜名，译者应把实质性的基本信息传达出来。如：

鸡丝凉面　Cold Noodles with Chicken Shreds

冬笋牛肉丝　Fried Beef Shreds with Bamboo Shoots

糖醋咕咾肉　Fried Pork Slices with Sweet and Sour Sauce

(2) 一些中国菜名蕴涵丰富的中华文化，对于这类中国菜名的翻译，需要既保留菜的文化特色，又让外国朋友了解这道菜的内容。如：

东坡肉　Dongpo Braised Pork

宋嫂鱼羹　Songsao Fish Potage

北京烤鸭　Beijing Roast Duck

其实，就食物，特别是风味食品或特产而言，一定程度的直译是世界各国约定俗成的办法。无论是汉堡包、冰淇淋、色拉，还是 jiaozi、Woolong Tea、Maotai，都早已被译入国外的消费者所接受。

(3) 有些中文菜名含有典故，其名称本身既不反映菜的原料，也不反映烹调方法，若要讲清其意义，必须讲述一个故事或一段历史。这类菜名在翻译时需要解释其中含义。

如：

叫化鸡　Beggar's Chicken

There is a legendary about it. Long long ago there was a beggar. One day he stole a chicken and was pursued by the owner. He was almost caught when he suddenly hit upon a good idea. He smeared the chicken all over with clay, which he found nearby and threw it into the fire he had built to cook it. After a long while the beggar removed the mud-coated chicken from the fire. When he cracked open the clay, he found, to his astonishment, that the clay together with the feather had formed a hard shell in which the chicken had been baked into a delicious dish with wonderful flavour. That night he had a very enjoyable meal. Hence came into being the name of the dish.

佛跳墙　Buddha Jumping over the Wall

Ingredients used for the casserole are all delicacies of Chinese cooking: shark's fins, sea cucumbers, abalones, dried scallops, ham, chicken, duck, lamb, bamboo shoots, mushrooms and various spices. These are sealed inside the casserole and boiled for long hours, ensuring the essence of each ingredient is being extracted. Thus, besides the wonderful taste, the casserole also has high nutritive values. The meaning of "Buddha jumping over the wall" is that, this dish is so delicious that the Buddha cannot help jumping over the wall and have a taste.

(4) 有时中国菜是根据菜的主料和配料的色或形的特点，或烹调后的总体造型来命名的，名字吉祥、典雅，对于这类艺术化的菜名一般采用意译，舍形或舍音求意，将其原料和烹饪法照实译出。如：

狮子头　Crab Meat and Minced Pork Balls in Casserole

蚂蚁上树　Bean Vermicelli with Spicy Meat Sauce

一卵孵双凤　Steamed Chicken in Water Melon

翡翠虾仁　Stir-Fried Shelled Shrimps with Peas

凤爪炖甲鱼　Steamed Turtle and Chicken's Feet Soup

百花酿北菇　Mushrooms Stuffed with Minced Shrimps

7.2　文本功能与翻译目的

英国翻译理论家彼得·纽马克认为，语言是思维的外壳，不同语言之间有其共性，正因为如此，语言之间的翻译是可能的。翻译不是一种二元的过程，而是与伦理、现实、"纯语言"、逻辑和美学相关联。尽管语言之间有间隙，不能一一对应，但是人的思维是对应的。在这种语言共性论的基础之上，纽马克建立了交际翻译理论。纽马克认为："交际翻译的目的就是，尽可能地在目的语中再现原文读者感受到的同样的效果。"如中国菜肴"全家福"，体现了中国人趋吉避凶的文化心理，若直译为"Happy Family"则不妥，根据交际翻译以目的语的可读性为主的原则，当信息与交际目的发生冲突时，根据交际翻译理论应选择对等效果，那么"全家福"这道菜可译为"A Combination of Shrimps, Pork, Beef, Chicken and Mixed Vegetables with Brown Sauce"。但交际翻译理论的使用不是绝对的，应该取决于语域、语言的使用环境、语言的使用者、文本的类型和功能等。

纽马克将文本功能分为以下几类。①表情功能：表情功能的核心是讲话人，他用话语来表达情感，不考虑反应。这类文本包括严肃的权威文本，如政治演说、法律文件、科技和哲学著作和富于想象力的文学作品，如诗歌、小说和喜剧。②信息功能：语言信息功能的核心是外在的语境、话题的事实、语言之外的因素等。典型的信息文本涉及教材、学术报告、报纸杂志上的文章、论文、会议记录等。③召唤功能：语言召唤的对象是读者，或被打招呼的人。要注意召唤的受众不是个人，而是读者群。召唤文本包括说明书、宣传资料、申请书、案情资料等。④审美功能：通过修饰和隐喻，取悦读者的感官，使其有审美愉悦，包括节奏、对仗、拟声、头韵等手法的诗歌、儿歌、广告词等文本。⑤寒暄功能：寒暄是为了与受众保持良好的关系，而不是传递新信息。不同的民族有不同的寒暄套话。寒暄话语不能省略，也不能超额翻译。⑥元语言功能：一种语言解释、命名和批评自身特点的能力叫元语言功能。大多数语言都具有元语言功能，只有个别孤立语缺乏这一特征。

纽马克对语言功能的划分具有非常直接的实践指导意义，餐饮文本是跨文化性质的，具有信息、召唤和审美功能。餐饮文本翻译是一个综合的交际过程，需要使读者懂得原菜名的认知意义，并实现交际的目的，因此应采用交际翻译策略。

7.3 文本翻译示例

7.3.1 菜名

1. 以菜肴的主料和配料为主的菜名

辣子鸡丁 Sauté Chicken Cubes with Chili or Hot Pepper

榨菜肉丝 Shredded Pork and Hot Pickled Mustard Greens

扁豆肉丝 Shredded Pork and French Beans

青椒肉丝 Shredded Pork and Green Pepper

鸭翅膀 Duck Wing Tips

馅饼 Pancake with Meat Fillings/Meat-Filled Pancake

汤面 Noodles with Soup/Soup Noodles

青豆鸡丁汤 Soup of Chicken Cubes with Green Peas

三鲜汤 Three-Fresh Soup/Soup of Three Delicacies

清汤鱼肚 Consommé (Clear Soup) of Fish Maw

冬瓜汤 Consommé (Clear Soup) of White Gourd

西红柿鸡蛋汤 Tomato and Egg Soup

肉丝海带汤 Soup of Shredded Meat with Kelps

素鸡汤 Clear Chicken Soup

白菜汤 Chinese Cabbage Soup

肉片汤 Sliced Pork Soup

丸子汤 Meat-Ball Soup

酸辣汤　Hot and Sour Soup

黄瓜鸡片汤　Soup of Cucumber with Chicken Slices

豆汁　Fermented Sour Milk Made from Ground Mung Bean

冬菇猪蹄　Pig's Trotter with Mushrooms

肉蓉青豆　Fried Green Peas with Minced Pork

咖喱牛肉片　Sliced Beef in Curry Sauce

蚝油牛肉片　Sauté Beef Slices in Oyster Sauce

葱头牛肉丝　Shredded Beef with Onions

咖喱鸡　Chicken in Curry Sauce

桃仁鸡丁　Sauté Chicken Cubes with Walnuts

南荠鸡片　Sauté Chicken Slices with Water Chestnuts

栗子鸡　Stewed Chicken with Chestnuts

茶叶蛋　Boiled Eggs with Tea-Leaves

番茄大虾　Prawns with Tomato Sauce

茄汁虾球　Fried Prawn Balls with Tomato Sauce

蟹肉鱼肚　Stewed Fish Maw with Crab Meat

豆浆　Soya Bean Milk

豆腐乳(腐乳、酱豆腐)　Fermented Bean Curd

冬菇菜心　Cabbage Heart with Mushrooms

冬菇油菜　Sauté Rape with Mushrooms

2. 以菜肴的主料和烹饪方法为主的菜名

叉烧肉　Grilled Pork

回锅肉　Twice-Cooked Pork Slices in Hot Sauce

炒杂碎　Chop Suey

清汤燕窝　Consommé of Swallow Nest①

清汤银耳　Consommé of White Fungus

清汤银耳鹌鹑蛋　Consommé of White Fungus with Quail Eggs

清汤鲍鱼　Consommé of Abalone

拔丝苹果　Crisp (Rock) Sugar-Coated Apple/Toffee Apple

拔丝香蕉　Crisp (Rock) Sugar-Coated Banana/Toffee Banana

炒面条　Fried Noodles

---

① 海外华人餐馆里一直这样用,已经被正式编入美国《韦伯斯特新世界大学词典》。

烧饼 Baked Cake in Griddle

杏仁豆腐 Almond Curd

银耳羹 Broth of White Fungus

中国发糕(山西蒸馍) Steamed Chinese Sponge Cake

凉拌粉皮(丝) Cold Sheet Jelly (made of bean or potato starch) (Vermicelli) with Mustard and Meat Shreds

鸡油冬笋(扁豆) Sauté Bamboo Shoots (French Beans) in Chicken Oil

油焖鲜蘑 Braised Fresh Mushrooms

鸡蛋炒韭菜 Sauté Eggs with Leek

白斩鸡 Boiled -Sliced Cold Chicken

芥末拌鸭掌 Cold Duck Webs Mixed with Mustard

冬笋炒肉丝 Sauté Shredded Pork with Bamboo Shoots

米粉蒸肉 Steamed Pork with Rice Flour

炒里脊丝 Sauté Pork Fillet Shreds

酱爆肉(鸡)丁 Sauté Pork (Chicken) Cubes with Soya Paste

炒腰花 Sauté Pork Kidney

熘肝尖 Quick-Fried Liver

醋熘(辣)白菜 Starch-Coated Quick-Fried Chinese Cabbage with Vinegar(Hot Pepper)

干炸丸子 Deep-Fried Meat Balls

红烧肘子 Braised(Red-Stewed) Pork Leg(upper part of pork leg) in Brown Sauce

软炸里脊 Soft-Fried Pork Fillet

油熘里脊 Sauté Fillet with White Sauce

瓤冬瓜 Stuffed-Steamed White Gourd

红烧扣肉 Braised Sliced Pork in Brown Sauce

红烧羊肉 Braised Mutton in Brown Sauce

葱爆羊肉 Stir-Fried Mutton Slices with Chinese Onion or Green Scallion

烤羊肉串 Mutton Shashlik

炸鸡卷 Fried Chicken Rolls

糖炒栗子 Roasted Chestnuts in Sugar-Coated Heated Sand

红扒鸡(鸭) Braised Chicken (Duck) in Brown Sauce

红烧全鸡 Stewed Whole Chicken in Brown Sauce

口蘑蒸鸡(鸭) Steamed Chicken (Duck) with Truffle or Fresh Mushrooms

清蒸全鸡(鸭) Steamed Whole Chicken (Duck) in Clear Soup

清蒸鲤鱼 Steamed Carp

砂锅鸡 Cooked Chicken in Casserole

炸鸭肝(胗) Deep-Fried Duck Liver (Gizzards)

红烧松鸡 Braised Grouse in Brown Sauce

炒山鸡片 Sauté Pheasant Slices

北京烤鸭 Roasted Beijing Duck

干烧大虾 Fried Prawns with Hot Brown Sauce

干烧鳜鱼 Fried Mandarin Fish with Hot Brown Sauce

红烧大虾(鱼) Stewed Prawns (Fish) in Brown Sauce

红烧鱼翅 Braised Shark's Fin in Brown Sauce

红烧鲍鱼 Stewed Abalone with Brown Sauce

红烧海参 Stewed Sea Cucumber

蚝油鲍鱼 Braised Abalone with Oyster Oil

鸡丝鱼翅 Stewed Shark's Fin with Chicken Shreds

软炸大虾 Starch-Coated Soft-Fried Prawns

清炒虾仁 Sauté Shrimp Meat

糟熘鱼片 Fried Fish Slices with Wine Sauce

烧鼋鱼 Braised Turtle Meat

海参烧鱼肚 Sauté Sea Cucumber and Fish Maw

栗子烧白菜 Sauté Chinese Cabbage with Chestnuts

汽锅鸡(蒸鸡) Steamed Chicken in Casserole

烤乳猪 Roasted Sucking Pig/Roasted Baby Pig

3. 以主料和味道为主

麻辣牛肉 Sauté Beef with Hot Pepper and Chinese Prickly Ash

糖醋里脊 Fried Pork Fillet in Sweet and Sour Sauce

糖醋鱼 Sweet and Sour Fish

麻辣豆腐 Sauté Bean Curd with Hot Pepper and Chinese Prickly Ash

怪味鸡 Multi-Flavored (Fancy-Flavored) Chicken

五香花生米(鸡) Spiced Peanuts (Chicken)

酸菜 Fermented Sour (Pickled) Chinese Cabbage

酸甜辣黄瓜条 Sweet-Sour and Chili Cucumber Slips

鱼香肉丝 Sauté Shredded Pork in Hot Sauce/Sauté of Fish-Flavored Shredded Pork

香酥(琵琶)鸡腿 Spiced-Steamed and Deep-Fried (Pipa-Shaped) Crisp Chicken Legs (Pipa is a Chinese musical instrument)/ Chicken Drum Stick

椒盐鱼 Deep-Fried Fish Served with Salt Pepper

臭豆腐 Preserved Smelly Bean Curd

4. 半形象化的菜名

金钱鱼肚(金钱指香菇) Fish Maw with Mushrooms

柿汁龙须菜(龙须菜指芦笋) Sauté Asparagus with Tomato Sauce

宫保鸡(肉)丁(花生仁鸡丁) Sauté Chicken (Pork) Cubes with Hot Pepper and Deep-Fried Crisp Peanuts

宫保大虾 Sauté Prawns with Hot Sauce

酱爆肉丁 Sauté Pork Cubelets with Soya Paste

木须肉(肉片木耳炒鸡蛋) Sauté Pork Slices with Eggs and Fungus

春卷 Chunjuan/Spring Rolls

肉龙(蒸发面肉卷) Steamed Rolls with Meat inside/Steamed Meat-Filled Rolls

窝头 Wotou(steamed pagoda-shaped bread made of corn flour or chestnut flour)/ Steamed Dome-Shaped Bread Made of Corn Flour

什锦冷盘 Assorted Cold Dishes/Assorted Hors d'oeuvre

什锦火锅 Mixed Meat Hot-Pot

海鲜火锅 Seafood Hot-Pot

松花蛋 Preserved Eggs/Limed Eggs/Fossilized Eggs

豆苗芙蓉汤 Consommeé of Egg-White with Bean Sprouts

咕咾肉(酸甜肉) Sweet and Sour Pork

栗子花篮(栗子面做成的花篮,很早被外国人称为"北京的尘土") Peking (Beijing) Dust

西瓜花篮(把西瓜加工成花篮形状,里面放各种时鲜水果) Basket-Shaped Water Melon Filled with Assorted Fresh Fruits

红烧狮子头 Deep-Fried Red-Stewed Big Meat Balls

芙蓉鸡片(用鸡蛋和淀粉浸过的鸡片,经油炸或油煸之后,样子像芙蓉花) Fried Egg and Starch-Coated Chicken Slices

黑白菜(黑木耳炒白菜) Sauté Chinese Cabbage with Black Fungus

樟茶鸭(熏过的鸭子颜色类似樟、茶色) Smoked Duck

蟹肉龙须菜　Sauté Crab Meat and Asparagus

豆腐脑　Bean Curd Jelly Served with Sauce

豆花儿　Condensed Bean Curd Jelly

腐竹　Rolls of Dried Bean Milk Creams

油饼　Youbing(deep-fried round and flat dough cake)

油条　Youtiao(deep-fried twisted long dough sticks)

麻花　Mahua(deep-fried twisted dough, two or three, entangled together, very short and crisp)

叫花鸡　Beggar's Chicken

狗不理包子　Goubuli Baozi(steamed buns filled with vegetables, meat or other ingredients)

长寿面　Longevity Noodles/Long Life Noodles

珍珠丸子　Meat Balls in Clear Soup

琵琶大虾　Pipa Shaped Deep-Fried Prawns(Pipa is a Chinese musical instrument)

5. 完全形象化的菜名

饺子　Jiaozi

蒸饺　Steamed Jiaozi

馄饨(云吞)　Huntun(Yuntun)

元宵　Yuanxiao(filled round balls made of glutinous rice-flour for Lantern Festival)

汤圆　Tangyuan(filled balls made of glutinous rice-flour and served with soup)

八宝饭　Babaofan(rice pudding with eight-delicious ingredients)

花卷　Steamed Rolls

银丝卷　Steamed Rolls(Bread)

(冰)糖葫芦　Bingtanghulu(crisp-sugar coated fruit e. g. haws, yam, crab apple, etc. on a stick)

猫耳朵　Cat's Ears(steamed cat-ear shaped bread)

包子　Baozi(steamed buns with fillings of minced vegetables, meat or other ingredients)

龙虎斗(指蛇肉和猫肉)　Battle between Dragon and Tiger(stir-fried snake and cat's meat)

驴打滚(即年糕卷沾黄豆面)　Donkey Rolling on Dust-Ground(rolls made of glutinous rice flour coated with soybean flour)

大丰收(即什锦生菜沙拉)　Dafengshou/Big Harvest(salad of assorted fresh vegetables)

7.3.2 烹饪方法

1. 生料

水产品 aquatic product

海鲜 seafood

山珍海味 exotic food from mountains and seas/a feast of fat things

白肉 white meat

红肉 red meat

三菇 three kinds of mushrooms

三蛇 three kinds of snakes

三鸟 three kinds of birds(chicken,duck,goose)

植物四珍 four valuable plant food stuffs

里脊 pork tenderloin

排骨 pork sparerib

沙钻鱼 sand borer

珍珠鸡 keat

九棍 lizardfish

龙头鱼 bombay duck

瓜衫 melon coat(a king of golden thread)

绿衣 toothed wrasse

苏眉 hump-head wrasse

五花肉 streaky pork

血豆腐 coagulated pig's blood

里脊 fillet

毛肚/百叶肚 beef rumen/farding-bag/beef tripe

麻肚 beef reticulum

肥肠 pork large intestine

肉眼 rib eye

板鸭 dried salted duck

鸭信 duck tongue

五辛 five pungent vegetables of Chinese Buddhism vegetable dishes

五荤 five "meat and fish" of Chinese Buddhism dishes(in fact,indicates some spiced vegetables)

粗粮 coarse grains

岩虾　rock shrimp

西式火腿　Western style ham

2. 材料加工

干货涨发　dried food material processing

泡透　steeping thoroughly

泔水泡　steeping in swill

削根　paring the root of the vegetable

除茎　getting rid of the tough stem of the vegetable

摘尖　picking up the shoot of the vegetable

摘毛　picking feathers out

刀工工艺　cutting technique

执刀方法　method of gripping the knife

刀路　order and steps when using the knife

平批　slicing horizontally

切法　regular cutting skill

直切　vertically cutting

滚刀切　rolling-cut

削　skill of chipping off

剔　scraping the meat off the chicken(duck, etc)

剔骨　boning

整料去骨　boning the animal(fowl, fish) and keeping the original shape

剁法　chopping skill

砍剁　hacking up with a stroke

粗剁　coarse chopping

刮　scraping

塌　pressing ingredients with the side of a knife

敲　knocking on the bone

推批　push slicing(for crisp vegetables, bamboo shoots, etc.)

拉批　pull slicing(for chicken breast meat, pork kidneys and livers, lean pork, etc.)

锯批　saw-slicing(pull slicing and push slicing used jointly)

波浪批　wave-slicing(the trace of the blade edge that looks like waves)

料形　ingredient shape

整料　original shape of the ingredient

块 piece(lump,cube)

段 section

片 slice

条 stick

丝 shred

丁 dice

粒 small particle

末 mincing food

丸 ball

卷 roll

食品雕刻 foodstuff carving

雕刻工艺 carving technique

煮 boiling

熏 cooking method of smoking

炒 fry

火口 mouth of fire

火力 heat power

旺火 high heat

文火 low heat

熏火 smoking fire

排菜 putting ingredients in order for cooking

装盘 placing in a plate

追 food material soaked again in water

拔 sucking bitter flavour out

养 keeping dehydrated food material in water

膛刀 sharpening knife at will

改刀 cutting big size food material roughly

剜 hollowing out

吞刀 making a shallow cutting into the ingredient

剞花 cross-slit cutting

单背 boning a rice-field eel into three shreds

双背 boning a rice-field eel into two shreds

花吉庆 the pieces produced by carving

运刀　controlling the knife

伤刀　improper cutting

花刀　cross-slit cutting

退菜　refuse-to-pay dish

摘菜　stripping the outer leaves of the vegetable

泡软(回软)　softening hard food material

刀功　dexterity degree of using knife

凉水追　food material soaked again in cold water

划鳝丝　boning rice-field eel into shreds

对虾出肉　peeling(shelling) fresh prawn

灯影片　large thin slice

挂霜　cooking method of "sugar-frosting"

3. 名菜做法举例

· 佛跳墙

材料:小排骨250克;芋头1个;干栗子1/2杯;蹄筋(发好)1个;海参(发好)1个;香菇6朵;笋1只;干贝5个;鱼翅(发好)1杯;高汤3杯;盐1/2茶匙;大白菜3片;虾米1大匙;地瓜粉适量

做法:

①排骨以酱油腌片刻,沾地瓜粉入油锅炸至表面金黄,捞出备用;

②芋头切块炸过,香菇以水泡软对切,干栗子泡水3—4小时炸过,海参洗净肠泥切块,笋切片,干贝泡水后蒸软备用;

③以3大匙油爆香虾米,加大白菜拌炒,移入炖锅内垫底,再将所有材料置上,注入高汤(水量盖过材料),调味后加盖,移入蒸笼隔水蒸约2小时即可。

· Buddha Jumping over the Wall

Ingredients:250g baby ribs,1 taro,1/2 cup dried chestnuts,1 pig tendor,
1 sea slug,6 black mushrooms,1 bamboo shoot,5 dried scallops,
1 cup shark's fins,3 cups of broth,1/2 Tbsp salt,3 pieces Chinese cabbage,
1 Tbsp dried shrimps,proper dose of sweet potato powder

Methods:

①Pickle the ribs with soy sauce; coat them with sweet potato powder to fry into golden yellow; drain them.

②Cube and fry the taro; soak the black mushrooms,cut them into half; soak the dried chestnuts for 3-4 hours,and fry them; clean the sea slug and cut it into pieces; slice the bamboo shoot; soak the dried scallops, steam them till soft.

③Heat 3 Tbsp oil to fry dried shrimps; put Chinese cabbage in; pour the shrimps into the bottom of the steamed pot; add all ingredients in; pour the broth in; season and cover it; steam for 2 hours, then serve.

· 罗汉斋

材料：白果12颗；草菇6朵；素虾仁15克；鲜香菇3朵；红萝卜1根；玉米笋3根；白萝卜1根；花椰菜1棵

调味料：

(A)料：低钠盐2小匙；酱油2大匙；糖1大匙；水1碗；胡椒少许

(B)料：太白粉、香油各1大匙

做法：

①花椰菜氽烫30秒捞出，盐1小匙、香油1大匙调匀拌入花椰菜内，铺于盘沿备用；

②白果、草菇烫熟，红萝卜、白萝卜挖成圆球状，鲜香菇切丁，玉米笋切粗丁；

③先爆香香菇、素虾仁，再放入红萝卜、白萝卜、草菇、玉米笋炒熟；

④(A)料调匀后入做法③拌炒，以太白粉水勾芡，淋上香油即可。

· Vegetarian Meal for Buddhism

Ingredients: 12 nuts, 6 mushrooms, 15g vegetarian shrimp, 3 black mushrooms, 1 carrot, 3 corn bamboo shoots, 1 radish, 1 broccoli

Seasoning:

(A) 2 Tbsp of low sodium salt, 2 Tbsp of soy sauce, 1 Tbsp of sugar, 1 bowl of water, pepper

(B) 1 Tbsp of cornstarch and white sesame oil

Methods:

①Blanch the broccoli for 30 seconds; stir it with 1 Tbsp of salt, one Tbsp of white sesame oil; put it on the edge of the dish.

②Cook the nuts, mushrooms to be done; make the carrot, radish ball-shaped; dice the black mushrooms; cube the corn bamboo shoots.

③Santé the black mushrooms, vegetarian shrimps; add the carrot, radish, mushrooms, corn bamboo shoots to fry.

④Mix (A) spices, add them into what has been done in method ③; thicken with cornstarch; spread sesame oil.

· 鱼香茄子

材料：茄子400克；葱50克；肉末50克；蒜末10克；姜末10克

调味料：辣椒酱 1 匙；糖 1 匙；味精 1/2 匙；酱油 1/2 匙；太白粉水 1 匙；醋 1 匙；香油 1 匙

做法：

①茄子洗净，去皮，先切 6 厘米长段再切条状；

②葱去头尾，洗净，切成葱花；

③热锅置入色拉油烧至 6 分热，先把茄子下锅炸过，倒入漏勺沥干油分，原锅留点色拉油下肉末、蒜末、姜末爆炒，再入辣椒酱，加一瓢高汤，把茄子倒入，加糖、味精、酱油焖烧，待汤汁快干时勾芡，加醋、葱花，亮油即可。

• Eggplant with Garlic Sauce

Ingredients: 400g eggplant, 50g scallion, 50g minced meat, 10g bruised garlic, 10g bruised ginger.

Seasoning: 1Tbsp chili sauce, 1Tbsp sugar, 1/2Tbsp monosodium glutamate, 1/2Tbsp soy sauce, 1Tbsp starch water, 1Tbsp vinegar, 1/2Tbsp sesame oil

Methods:

①Clean and blanch the eggplant, cut it into 6cm long sections, then strip them.

②Clean and slice the scallion.

③Preheat the pan with salad oil till 60% done; fry the eggplant and drain it up; fry minced meat, bruised garlic, bruised ginger and chili sauce; add a scoop of broth; braise all the stuff with sugar, monosodium glutamate and soy sauce till almost dry; thicken the sauce with cornstarch, add vinegar and the minced scallion, spread sesame oil, done.

7.3.3 中华餐饮文化

所谓"民以食为天"，中国是一个很注重饮食的民族，伟大祖先也为我们留下了精致且源远流长的饮食文化，养育了生生不息的中华民族，这里选取鄂菜的饮食文化进行介绍，作为餐饮文本的翻译鉴赏。

鄂菜的起源可上溯至远古时期。在湖北境内的大溪文化遗址中出土了大量的饮食器具。有蒸饭菜的甑，制作饭菜的釜，烹制菜肴的鼎；盛器有碗、碟、钵、盘等；饮器有杯、壶、瓶等。出土了大量人工饲养的猪、牛、羊、鸡的残骸和鱼骨、兽骨。这些表明鄂菜中的鱼鲜、猪、牛、羊、鸡等菜肴制作已经萌芽。屈家岭文化、石家河文化等史前文化遗址出土的饮食器具制作日趋美观实用。从食器相配的角度而言，食物制作水平也随之提高。湖北境内发现了多处夏商时期城市遗址，城市饮食生活已经比较讲究。盘龙城出土了青铜器 159 件，饮食器具多达 67 件，其中饮酒器具 17 件。贵族和富裕人家已经能够享用相对精美的菜肴和酒饮。由此而言，鄂菜的起源经历了一个非常漫长的时期，从大溪文化到夏商时期，鄂菜在血与火的洗礼中孕育。

The origin of Hubei dishes can track back into the distant past. A number of eating tools have unearthed in the cultural relics of Daxi in Hubei. There are steamers, pots and cauldrons for cooking; there are bowls, dishes, pots, plates for holding; and there are cups, pots and bottles for drinking. There is also a large number of debris, which is full of animal bones of artificial feedings of pigs, cattle, sheep, chicken and fishes. All of these have showed that pigs, cattle, sheep, fishes, chicken and other food production have been sprouting in Hubei. The making of dining utensils from the Qujialing and Shijiahe culture of prehistoric sites is getting more and more beautiful and practical. With the advancement of dining tools, the food making skills have also been improved. Many city ruins during the period of Xia and Shang have been discovered in Hubei, which shows that life in cities was exquisite. Panlong city has unearthed 159 bronzes and more than 67 eating utensils including 17 drinking utensils. The noble and wealthy families have been able to enjoy the fancy dishes and wine during that time. Thus, Hubei dishes have experienced a very long period of time, from the Daxi Culture to Xia and Shang dynasties. Hubei dishes are bred through blood and fire.

“千年鄂馔史，半部江南食”，鄂菜以其鲜明的特色和极强的生命力历经2 800余年而长盛不衰。作为中国烹饪风味的重要组成部分，除了具备“五味调和”“天人合一”等中华民族饮食特色外，鄂菜还凸显了“咸鲜微辣”“汁浓芡亮”“柔嫩酥烂”“长于蒸煨”“三无不成席”等地方特色。这些特色是湖北人民几千年来在饮食适应自然环境与社会发展的过程中形成的。

As the saying goes, “Hubei cuisine with a history of thousands of year makes an half part of Jiangnan food.” With distinctive characteristics and extraordinary vigor, Hubei cuisine achieved lasting fame about 2,800 years later. Being an indispensable part of Chinese cuisine, it distinguishes itself not only by inheriting traditional cooking philosophies like, “Five major flavors reaching perfect proportion and harmony”, “unity of heaven and human”, but also by developing its local features embodied in such expressions as “fresh and salty yet slightly spicy flavoring”, “thick soup and shiny liquid starch”, “tender and juicy meat”, “specialized in steaming and simmering techniques”, “It won't be a feast without three typical dishes (fish, balls, and soup).” Those are what Hubei people have achieved during thousands of years in the process of adapting to natural environment and social development.

湖北位于华中腹地的区域位置决定了鄂菜兼具南北风味又不同于南北的特色。鄂菜选料以淡水鱼鲜、猪肉、鸡肉为主。人们在去腥增鲜、长期保鲜的食物制作过程和去除湿气的食用过程中形成了“咸鲜微辣”的口味特色，通过收汁勾芡等工艺突出菜肴的形美味佳。食材的性质和成菜要求成就了“汁浓芡亮”的工艺特征。秉承水火相生的艺术准则，鄂菜因地制宜，多采用猛火蒸和文火煨等制熟工艺。蒸菜柔嫩滑爽，煨菜酥烂透味。久而久之，蒸和煨成为鄂菜擅长的制熟工艺。

As Hubei is in the middle of central China, its cuisine absorbs the cooking methods from both the North and the South, while develops its own features. First, Hubei dishes use freshwater fish, pork and chicken as the main ingredients. When dealing with these materials, local people tried to find ways to get rid of the smell, keep them fresh, and developed cooking methods to get rid of excessive dampness within the human body, which according to traditional Chinese medicine would obstruct the proper function of body process and cause stagnation. This is why Hubei dishes tend to be salty, fresh and yet slightly spicy. Secondly, as covering the ingredients with liquid starch would enhance the appearance as well as the flavor, "thick soup and shiny liquid starch" gradually becomes a common feature of Hubei dishes. Thirdly, influenced by the idea of fire and water being interdependent, Hubei cuisine mainly applies steaming and simmering technique. Steamed dishes taste smooth and tender while simmered ones taste soft and flavored. Through long passage of time, the two techniques become the representative cooking styles in Hubei.

“鄂菜因水而昌”，水不仅孕育了灵动的湖北，也养育了一代又一代湖北儿女。种类丰富的淡水鱼鲜成为人们款待宾客不可或缺的食材。湖北人民崇尚圆满，因而喜食鱼圆、肉圆和素圆等表达团圆美满饮食心理的食物。在这种饮食审美心理推动下，鄂菜形成了“无鱼不成席，无汤不成席，无圆不成席”的“三无不成席”特色。

"Water brings prospers to Hubei dishes." Water not only gives Hubei the beautiful landscapes, but also nourishes Hubei children for generations. A variety of freshwater fishes are the essential ingredients to entertain guests. Hubei people adore family reunion. This is why they would like to eat fresh balls, meatballs and vegetarian balls, which symbolize unity and happiness. Driven by this aesthetic psychology of diet, Hubei dishes have formed the characteristic of "no feast can do without the three characteristics", i. e., "there is no feast without fish" "there is no feast without soup" and "there is no feast without balls".

鄂菜是湖北菜的简称，又称“千年鄂菜”“楚菜”和“荆菜”。严格意义上讲，鄂菜是楚菜的一部分。鄂菜滥觞于江汉平原，具有鲜明的地域特色。

Hubei dishes are also called "Hubei cuisine with thousand years history", "Chu cuisine" and "Jing cuisine". By definition Hubei dishes are part of Chu cuisine. Hubei dishes flourish on the Jianghan Plain, which possesses distinct regional characteristics.

湖北有着丰富的饮食物产，各地市也有自己的名优饮食特产。“萝卜豆腐数黄州，樊口鳊鱼鄂城酒。咸宁桂花蒲圻茶，罗田板栗巴河藕”就生动形象地反映了各地饮食名产。湖北是鱼米之乡，河道纵横，湖泊棋布，鄂菜也就形成了以淡水鱼鲜为主的选材特色。商务部在《全国餐饮发展规划纲要2009—2013》中提出，要把湖北建设成淡水鱼乡。

Hubei is rich in food products. Each city in Hubei has its own popular food products. The carrots and tofu, come from Huangzhou, are the most distinctive; Fankou teems with bream while Echeng is rich in its wine; Xianning abounds in Osmanthus and Puqi in tea; Luotian teems with Chinese chestnuts while Bahe is rich in lotus roots. These have vividly reflected the local food specialties. Hubei is a land of fish and rice with zigzagging rivers and lakes, and then Hubei dishes have formed the material characteristics, which are mainly freshwater fishes. The Ministry of Commerce has decided to develop Hubei into a freshwater fish town according to the National Food Development Plan for 2009-2013.

湖北地形多样，风俗各异，饮食风味也不尽相同，各个地区在饮食观念的指导下，利用本地食材制作出地方风味，鄂菜也就形成了多个风味流派，概括起来有五个分支。五大风味支系共同构成了鄂菜的菜肴体系。悠久的历史、鲜明的地域特色、自成体系的选材、丰富的菜肴体系让鄂菜跻身于全国十大菜系之列。1983年，新华社在全国烹饪名师技术鉴定会前夕对海内发布的专稿中正式确认鄂菜为中国十大菜系之一。

Hubei's diverse topography breeds various customs and the dietetic flavors are also different from each other. Guided by the diet concept, each region has used their local ingredients to make their local flavors. Hubei dishes have different dish styles. There are five branches. And the five flavors have constituted the Hubei cuisine system. With a long history, distinctive regional features, self-sustaining selections and rich dishes system, Hubei cuisine has been one of the ten national major cuisines. The Xinhua News Agency has confirmed Hubei dishes are one of the Chinese ten major cuisines on the eve of the national cooking technical assessments, in 1983.

陈光新教授把鄂菜能长盛不衰的原因归结为“六名争辉”。一是名料众多，如武昌鱼、槎头鳊、蕲龟、荆沙甲鱼、房县木耳、鹤峰葛仙米等。二是名菜众多，中国财政经济出版社出版的《中国名菜谱》中收录湖北名菜235道。三是名点众多，湖北名点也竞相争辉，汉味小吃名闻天下。四是名席众多，武汉全鱼席、鳝鱼席、藕席等宴席构成了湖北系列名席。五是名店众多，既有大中华、聚珍园等有着辉煌历史的老字号名店，也涌现出小蓝鲸、亢龙太子轩等富有现代化气息的时代名店。六是名师辈出，历代烹饪大师是鄂菜发展的中坚力量，推动着鄂菜不断升华。

Professor Chen Guangxin attributed the prosperity of Hubei dishes to six factors. One is that it has many famous materials,such as Wuchang fish,bream,wild turtles,soft-shelled turtles,fungus and Nostoc sphaeroids Kutz. The second is that it has many famous dishes, *The Chinese Menu* published by China Financial and Economic Publishing House has recorded 253 Hubei famous dishes. The third is Hubei has many dim sum,they are competing with each other,and Chinese flavor snacks are famous around the world. The fourth is it has many famous feasts,Wuhan the whole fish feast,the eel feast and the lotus root feast have composed the Hubei famous feasts. The fifth is that it has many famous restaurants. There are not only glorious history restaurants such as the Great China and Juzhen Park, but also the modern ones such as Small Blue Whale and Kanglong Prince. The sixth is that it has many famous chefs. The culinary masters are the backbone to sublimate Hubei dishes constantly.

鄂菜不仅有着辉煌的过去,也在开拓着美好的未来。在全球化进程日益加快的今天,鄂菜在激烈的国内外竞争中通过吸取众长茁壮发展。食材选用打破了地域界限,既有传统的鱼鲜,也有牛蛙等引进食材。烹饪技法借鉴川菜、粤菜等流行菜式,融会贯通。经营模式也采用了国际上时兴的连锁经营和加盟经营模式。蓬勃发展的烹饪教育为鄂菜发展培养了一批又一批的高层次人才。

Hubei dishes not only have a glorious past,but also a bright future. In the age of globalization,Hubei dishes have developed strongly after fierce competition at home and abroad for absorbing advantages from others. And the ingredients have broken the district bounds. There are not only traditional fishes but also the imported ones,like bullfrogs. Cooking techniques have digested Sichuan,Guangdong and other popular dishes. The business model also adopts the international fashionable chain operation and franchise management. The booming culinary education has trained a batch after batch high-level talents for the development of Hubei dishes.

悠久的传统,特色突出的食材,锐意创新的观念,坚实的人才队伍,这些要素共同推动着鄂菜不断创造新的辉煌。

The long tradition,outstanding ingredients,innovative concepts and strong talents,all of these have promoted Hubei dishes continue to create new glories.

练　习

一、翻译下列菜名,注意不同翻译方法的使用

1. 莲藕排骨汤

2. 鱼头泡饼

3. 炸藕夹

4. 腌笃鲜

5. 烤松茸

6. 油焖春笋

7. 酸菜鱼

8. 香煎马鲛鱼

9. 酸辣藕丁

10. 葱油椒盐花卷

11. 馒头

12. 干炒牛河

13. 腊汁肉夹馍

14. 羊肉泡馍

15. 兰州拉面

16. 岐山臊子面

17. 端午粽子

18. 青菜炒年糕

19. 毛蟹炒年糕

20. 扁豆焖面

21. 山西焖面

22. 清明团子

23. 鲜虾云吞面

24. 大煮干丝

25. 豆腐脑

26. 香炸奶豆腐

27. 蒙古奶茶

28. 炸乳扇

29. 烤羊排

30. 红烧毛豆腐

31. 绍兴醉鸡

32. 酸菜白肉

33. 酸菜饺子

34. Lime Sorbets

35. Berry Salad with Meringue

36. Baked Apple with Vanilla Sauce

37. Nut Ice Cream with Raspberry

38. Cheese Cake with Fruit

二、汉译英段落翻译

位于云南红河地区的建水古城，古称临安。在1 200年间，这里一度是中国西南的重镇，但如今时间已经让其炫目的荣耀褪色。和云南的许多小城一样，建水是一个多民族的聚居地，各种文化掺杂，形成了特有的氛围和格局。天一放晴，姚贵文就把盛满豆腐球的竹匾搬到天台上。这些豆腐球是他和妻子几天的劳动成果。有些豆腐球已经略显微黄，但这种程度的改变远远不够，姚贵文还要再耐心等待几天。干瘪坚硬以及黑褐色的表皮，才是成熟的标志，这种变化来自自然发酵。

王翠华用小块的纱布，把不成形的嫩豆腐紧紧包裹起来，挤压出水分后，让豆腐成形。如果不抓紧时间，新鲜的豆腐很快就会变馊，这意味着她必须包得飞快，容不得片刻休息。

一盆烧得恰到好处的炭火，是姚贵文下午工作的关键。炭火的热力让坚硬的豆腐迅速膨胀，这很容易让人联想到发酵的面团。建水人很会享用这种由风干和发酵打造出的特殊味道。蘸豆腐的调料各有不同，但是对姚贵文来说，豆腐本身的质地才是最重要的。

河谷地区的温暖很容易让豆腐发酵，而适度的干燥又让它们不至于腐烂，对于风、水、阳光和豆腐之间的微妙关系，姚贵文比任何人都要敏感。

大板井在建水很著名。在水井旁，女人们单靠手指的合作，就构建起一条制作豆腐的流水线。始建于明代初期的大板井，直径达到罕见的3米，几百年后依然不失活力。做豆腐的各个环节都和水密不可分，大板井的水是天然的软水，甘甜并且富含矿物质，周围的豆腐坊因此受益。

虽然远离大板井，但是姚贵文的豆腐也用大板井水，因为建水有专门的送水人。也因为尽管自来水是现代生活的标志，可建水人依旧偏爱井水。拥有128口水井的建水人很懂水，他们相信，水能滋养人的灵性和觉悟。这一点就仿佛水对豆腐的塑造，两者间有一种不可言喻的共通。

在距离建水不到40公里的古城石屏，豆腐在气质上却大有不同，成形的豆腐体积大得惊人。最难得的是它们极富韧性，几乎不会破损，而少许的盐就可以最大限度地助其保鲜。

30年来，姚贵文的豆腐摊上很少冷清过。吃一颗豆腐，投一粒玉米，用这种方法计数，买卖双方十分默契。

从豆腐摊回家要走30分钟，几乎横穿老城。社会的飞速发展，改变了建水的很多事情。在漫长的时间里，一些变量消失了，一些变量被修改，还有新的变量加入进来，但总有一些经得起时间的磨砺，保留了下来。

姚贵文和王翠华围绕着豆腐的生活，清淡辛苦。在这对夫妇眼里，每一块豆腐都很珍贵，它们能够帮助自己抚养子女，过上幸福安稳的生活。

云南不是大豆的主要产区，但这不妨碍这里拥有悠久的豆腐历史。在1 000多年里，伴随着北方民族的数次迁入，豆腐代表的中原饮食文化，已经深植于西南边陲的这片富饶之地，并且演绎出自己独特的气质。那些一脉相承的制作细节，让人联想到几千公里外的中原腹地。在那里，中国的豆腐从诞生到兴盛，一路走过2 000年。

很多人相信，2 000多年前，正是热衷炼丹的淮南王刘安，在八公山中用豆浆培育丹苗时，碰巧加入了石膏，于是无意间促成了豆腐的诞生。不管事实是不是真的那么富有戏剧性，中国人必定经历了漫长的探索，才让豆腐最终成为一种了不起的食物。

豆腐的诞生彻底改变了大豆的命运，而且在民间豆腐衍生出各种变身，它们呈现出不同地区的人的口味和性情。

豆腐无限包容的个性，给擅长烹饪的中国人创造了极大的想象空间。那些原本让大豆尴尬的不利因素——胰蛋白酶抑制剂、不能被吸收的糖以及植酸，在中国人古老的转化手段中，都被自觉或不自觉地消除了。豆腐的出现，让人体对大豆蛋白的吸收和利用，达到了一种高峰。中国的厨师对豆腐的理解，往往会让人大吃一惊。或许可以说，中国人用豆腐表达了自己柔软变通的适应性。所有这些，让一粒黄豆得到了升华。

参考文献

[1] 方梦之.应用翻译研究：原理、策略与技巧[M].上海：上海外语教育出版社，2013.

[2] 郭著章，等.英汉互译实用教程[M].4版.武汉：武汉大学出版社，2010.

[3] 刘军平.西方翻译理论通史[M].武汉：武汉大学出版社，2009.

第 8 章　旅游文本翻译

旅游，既是世界改变的产物，也以前所未有的广度和深度改变着世界，成为助推人类社会发展的重要力量。随着中国游客的脚步走向地球的每一个角落，越来越多的外国人也希望来到中国，探索这个古老而神秘的国度，走遍她的名山大川，感受她丰富多彩的文化。中国与世界各国的旅游交流正日趋活跃，中国旅游国际化大潮扑面而来。到 2020 年，中国将超过其他国家成为世界第一大旅游目的地国家，届时，将有 11.37 亿人次来中国参观、访问和游览(刘金龙，2007)。根据国家旅游局《旅游质量发展纲要(2013—2020 年)》，到 2020 年中国将在国际上树立“美丽中国之旅”品牌。为配合涉外旅游的快速发展，尽早达成《纲要》目标，高质量的旅游文本英译显得尤为重要。

目前，国内各大旅游景点一般都提供英文翻译，不管是导游词还是景区介绍、宣传或标示牌等，英文随处可见，但是这些译文存在颇多问题，如语法和表达不当、中式英语、用词累赘、文化误译、大肆渲染、华而不实等，造成外国游客的误解，影响景区的宣传效果，损害我国的对外形象。

旅游文本指与旅游行业相关、以旅游为目的而使用的文本，涉及旅游过程中的各个方面，如景点介绍、风俗与文化、地方特产、餐饮、住宿、交通等诸多方面，因此旅游文本不仅包括简单明了的基本信息介绍、优美华丽的景色描写、博大精深的历史述说，还涉及各种宣传辞藻甚至是广告，这些内容使旅游文本形成了自己独特的语言特征、修辞特征和文化特征等。本章所指旅游文本主要包括各个旅游景点的介绍、公示语、宣传册、导游图、导游词、图书、宣传片等，拟以旅游文本的文本类型和语言特征为切入点，梳理其文本功能，并分析翻译的实际目的，结合国内外著名景点的英汉互译文本示例(鉴于目前国内旅游业的工作重心在于让国内旅游走出去，本章大部分实例为中译英)，探讨旅游文本的翻译原则和策略，同时提供练习和参考译文，方便学习者学练结合。

8.1　文本类型与语言特征

8.1.1　文本类型

德国语言学家布勒(K. Buhler)将语言功能分为三类：信息功能(the informative function)、表达功能(the expressive function)、召唤/祈使功能(the vocative function)(Newmark，2001:39)。根据这一理论，英国翻译学家纽马克(P. Newmark)将文本类型分成相应的三类：信息文本(informative text)、表达文本(expressive text)和召唤文本(vocative text)。

信息文本包括科技、商业、工业、经济等方面的课文、报告、论文、备忘录、纪要等；表达文本一般包括严肃的想象文学、权威发布、自传、个人通信等；召唤文本包括通知、操作说明、宣传、流行小说等(Newmark，2001：40)。德国翻译学家赖斯也根据布勒的语言功能学说将文本分为三类：信息文本(informative text)、表情文本(expressive text)和操作文本(operative text)。信息型文本的重点是所传达的内容；表达型文本是作者用以表达个人态度的文本；操作型文本是为了吸引读者以某种方式行事的文本(刘军平，2009：374)。赖斯认为，不同的文本类型应采取不同的译法。信息型文本的译文应充分传达原文的指涉功能，文本中的指涉可能是现实的或者虚拟的事物；表情型文本的译文应传达原文的审美及艺术形式；操作型文本的译文应在读者那里产生预期的反应(刘军平，2009：375)。纽马克和赖斯对文本的分类在本质上基本一致。

旅游文本是一种应用文体，涉及旅游观光本身、交通、住宿、餐饮、购物及教育、文化、休闲、探险等诸多方面，所以大多数旅游文本包含很多信息，信息性很强，同时又极具"召唤"功能，即"唤起读者的行动"(彭萍，2016：4)。顾维勇(2005：83)指出："旅游资料的功能是通过对景点的介绍、宣传，扩展人们的知识，激发人们旅游、参观的兴趣。"正是因为旅游文本既充满信息，又显示出呼唤的语气，伍峰等(2008：319)指出："旅游文体是一种信息型、呼唤型文体，或者信息-呼唤复合型文体，以描述见长，与异国情调、民俗文化不可分离。"在中国，旅游景点的介绍和宣传，尤其是历史人文景点的介绍和宣传，少不了引经据典，这些历史典故、诗词歌赋一方面可增加景点的文化底蕴，另一方面也展现了中国文学的魅力。因此，旅游文本属于信息文本(informative text)、表情文本(expressive text)和召唤型文本(vocative text)的结合体，具有信息功能和召唤功能的同时也具备一定的审美、艺术功能。

8.1.2 语言特征

关于旅游文本的语言特征，众多学者已有相关的论述。陈刚(2004：310)将英语的旅游文本分为口语体和书面体，并进行了如下论述：

> "前者如旅游指南，属描写型，用词需生动形象、明白畅晓；旅游广告，属召唤型，用词需短小精悍、富有创意，句式需活泼简洁，整体具有很强的吸引力；旅游合同，属契约型，用词正式、规范、准确、程式化；旅游行程，属信息型，用词和句型需明了、简略，具有提示性。后者如现编导游词，属即兴型；预制导游词，属复合型；现编＋预制导游词，属即兴精制型。口语体的旅游文本，其用词特点应符合口语体和口译体的特点及规律。"

陈刚对英语旅游文本特点的论述也适用于汉语的旅游文本，同时对汉英旅游翻译工作者具备一定的启示。伍峰等(2008：319)认为："从整体上说，旅游文体具有以下特点：短小精悍，生动活泼，通俗易懂，信息量大，又不失文学性、艺术性、宣传性和广告性。"李明(2007：209)通过对大量的英文旅游资料进行研究发现："英文的旅游宣传资料大多风格简约，结构严谨而不复杂，行文用词简洁明了，表达直观通俗，注重信息的准确和语言的实用，景物描写多用客观的具象罗列来传达实实在在的景物之美，力求再现自然，让读者有一个明晰的印象。”然而汉语的旅游宣传资料大多言辞华丽，多用四言八句，多仰仗辞藻的渲染而非物象的明晰展示，文采浓郁。而且，汉语旅游宣传资料还注重用典故和诗词来点缀行文，追求一种诗情画意之美。例如，在介绍杭州的旅游材料中会出现“上有天堂下有苏杭”“若把西湖比西子，浓妆淡抹总相宜”等词句。

了解旅游文本的语言特点以及中英文旅游文本在用词、修辞、句式和文化现象等方面的异同，有助于译者更好地传达原文的信息和语气，从而保证旅游文本在目的语读者群中也能发挥同样的作用，使目的语读者在景区的游览顺利而愉悦，并吸引更多的目的语读者前往景点参观游览，达到宣传目的。

8.2 文本功能与翻译目的

正如前文所述，旅游文本兼具信息、召唤及审美功能。然而，旅游文本的涉及面非常广泛，包括景点介绍与宣传、当地特产介绍、风俗文化介绍、节日和活动介绍、行程介绍、导游词、景区公示语、导游图、交通图等。每种文本之间既有一定的语言共性，又存在一定的差异，同时，每种文本在信息、召唤及审美功能中都会更加倾向于其中的一种或者是两种功能。具体的文本功能决定此文本的翻译目的，进而需要译者针对不同的情况，采取不同的翻译策略。

信息功能为主的旅游文本的终极目的在于提供基本的信息服务，教育、导引和传播知识，促使旅游者获得更多的旅游价值(程尽能，吕和发，2008:298)，包括景点介绍、解说词、行程介绍等。此类文本的文体风格偏说明文，结构简单，语言简洁明了，表达通俗，注重信息的准确性和语言的实用性。根据功能翻译理论，其翻译目的在于向目标语读者传达原文本所传达的信息，并且要充分考虑到目标语读者的社会文化背景和他们对译文的期待，达到交际的目的，满足他们的需求。

召唤功能为主的旅游文本以信息接受者行动的敏感性或性情为导向，诱导旅游者以某种特定方式回应。旅游文本中的具有呼吁功能的景区公示语以及富有感召力的影视旅游广告、旅游海报等就是典型的召唤功能类文本。这类文本的翻译目的在于诱导目标语读者做出相应的行动，与源语文本对源语读者的诱导作用一致。翻译的时候，译者必须关注目标语读者的敏感度和隐秘需求，并通过目标语读者喜闻乐见的方式来引起对方的共鸣，打动对方的心，从而达到交际的目的。

在旅游文本中，少有文本仅具有单一的审美功能。通常情况下，在信息型的旅游文本中，例如景点介绍、导游词等，涉及景点历史文化底蕴的介绍时，会兼具审美功能。这类文本中常含有大量的历史典故、诗词歌赋以及文化负载词。这类文本翻译的首要目的依旧是传达信息，完成翻译的交际功能。然而，若将原文本中文化色彩浓厚的信息全部省略，又达不到传播中国传统文化的目的。因此，译者需要在以传达信息为主要目的的前提下，对原文中文化色彩浓厚的信息充分理解，并斟酌采用什么样的方式能既做到让目标语读者很好地了解相关的文化内涵，又完成传播中国文化的使命。

8.3 文本翻译示例

本小节主要探讨旅游景点介绍、导游词和旅游景区公示语的翻译，通过实例来解释相应的翻译方法。同时，在公示语的翻译中，也会列举部分反例来说明目前旅游景区公示语存在的问题，并提出相应的改进措施。

8.3.1 旅游景点介绍

旅游景点介绍主要是指写在旅游景区入口标牌上或者是单个景点标牌上的一些介绍、说明性的文字，对旅游景区进行简单介绍或者说明单个景点的性质、历史和背景。同时，景点介绍还会出现在景区官网、各大旅游网站或者景区宣传册上。在内容上，景点介绍向游客提供相关的自然、地理、人文、风俗等方面的知识；在语言表达上，景点介绍通俗准确、简单明了、富有吸引力，便于不同层次的读者理解。

景点介绍在文体风格上具有说明文的特点，结构严谨，语言用字简单明了，表达直观通俗，注重信息的准确性和语言的实用性，信息型文本功能突出，翻译的时候通常采用直译法，可有效地传达原文信息，除了在语言表达方面要符合目标语的表达形式外，其他无需作重大改变。

例1：听涛景区系东湖风景区的核心景区之一，相传爱国诗人屈原曾在东湖泽畔行吟。景区从西至东主要景点有先月亭、可竹轩、寓言雕塑园、小梅岭、行吟阁、屈原纪念馆、滨湖画廊、碧潭观鱼、儿童乐园、九女墩、疑海沙滩泳场，并辟有宾馆、餐厅、茶舍等多处服务场所。临湖观赏、水上泛舟、湖中畅游都将使你感到无比愉悦。

译文：Tingtao scenic spot is one of the core scenic spots of the East Lake. It is said that the patriotic poet Qu Yuan had recited poems wandering along the East Lake. The main spots from west to east include Xianyue Pavilion, Bamboo Veranda, Fable Sculpture Park, Small Plum Blossoms Hill, Poetry-Reciting Pavilion, Qu Yuan Memorial, Lakeside Gallery, "Viewing Fish at the Green Pool" Spot, Children's Fairyland, Nine Heroines Pier, Yihai Sand Beach Swimming Pool. In addition, there are several service places such as hotels, restaurants, tea houses, etc. You will really enjoy yourself when appreciating the landscape by the lake, and boating and swimming in the lake.

例2：南天门古称"天门关"，元中统五年(1264)道士张志纯创建，跨道门楼式建筑，上为"摩空阁"，为泰山标志性建筑。

译文：The gate was called "Gate to the Heavenly Palace" in ancient times and it was built by Zhang Zhichun, a Taoist of the Yuan Dynasty in 1264. It is an arched building with the Skyscraping Loft being built over the gate, which is regarded as a symbolic construction of Mount Taishan.

例 3:紫禁城分成两个部分,前面部分有三大殿。皇帝在这里处理朝政,主持重要仪式。紫禁城内所有建筑物的屋顶都是黄瓦,黄色只有皇帝才能使用。

译文:The Forbidden City is divided into two sections. The front part has three large halls, where the emperor dealt with the state affairs and conducted important ceremonies. All buildings in the Forbidden City have roofs of yellow tiles, for yellow was the colour for the emperor.

分析:在以上三个例子中,中文原文均包含实质信息,行文简洁。例 1 介绍了听涛景区的主要景点和游客可进行的娱乐活动,清楚明了;例 2 对泰山上的南天门进行了介绍;例 3 简要介绍了紫禁城的结构和建筑特色。翻译时采取直译的方法,使目的语读者能直观地了解这些景点的信息。

例 4:Niagara Falls is one of the most spectacular natural wonders of North America. It is on the Niagara River, about halfway between Lake Erie and Ontario. The river forms part of the United States-Canadian border.

Niagara Falls actually consists of two waterfalls, the Horseshoe Falls and the American Falls. The Horseshoes Falls is on the Canadian side of the border in the province of Ontario. The American Falls is on the United States side in the state of New York. At night, wide beams of colored lights illuminate the falls. About 10 million people visit Niagara Falls annually.

译文:尼亚加拉瀑布位于尼亚加拉河上,是北美地区最宏伟壮观的自然奇观之一,基本在伊利湖与安大略湖之间;而尼亚加拉河构成了美国与加拿大之间的一段边境。

尼亚加拉瀑布实际上由两个瀑布组成,即马蹄瀑布和美国瀑布,马蹄瀑布在加拿大境内的安大略省,美国瀑布则在美国境内的纽约州。晚间,彩灯投射出巨大的光束,将瀑布映照得通体透亮。每年大约有 1 000 万游客到此游览。

分析:例 4 是对尼亚加拉瀑布的总体介绍,行文简洁,无过多辞藻,在翻译的过程中采用直译的方法即能使汉语读者达到原文对源语读者一样的效果。

有些景点由于其特殊性,常包含部分专业信息,如建筑方面的专业信息,这些信息对于源语读者来说尚且不易,若直译,对于目标语读者来说就更加晦涩难懂,这时候需要采用删减和调整的翻译方法,将目标语读者不易理解的信息全部或部分省略,或者将原文难懂的信息用概括的语言进行改写,才能更好地达到翻译的目的。英语的景点介绍通常更注重景点的描述和游客的体验，知识传达偏弱，所以删减和调整的翻译方法多用于国内景点介绍的英译。

例5：五云楼是武当山古建筑中最高的木构建筑，装修设计独具匠心。金柱采用12根梁枋交叉迭搁，裂架用穿针式，墙体用硬山式，使其科学分力荷载，达到建筑工艺与实用功能的和谐统一，既节约用材，又增大了空间。设计师通过变换屋面、高低错落等方式，使建筑臻于完美。金柱又誉称"一柱十二梁"。

译文：The tower is the highest building of all the wood-structure houses among the ancient architectural complexes on Wudang Mountain. The tower is famous for its unique architectural art of "One Pillar Supporting Twelve Beams" with the advantages of well distributing loads, saving timber and increasing room space.

分析：该景点的中文介绍对此建筑的构造原理进行了详细说明，但诸如"穿针式""硬山式"等专业名词对普通读者来说难以理解，因此译者在翻译过程中将此部分信息省略，只用 unique architecture 来概括说明其建筑特色。

例6：峨眉山以其宜人的自然景观、深远的佛教文化以及丰富的物种和独特的地貌而闻名天下。因此，峨眉山素有"植物王国""地质博物馆""动物天堂"和"佛教神山"之美誉。走进峨眉山，你会看见连绵的山峰，峰顶树木参天，溪流湍急，百鸟欢唱，彩蝶飞舞。春天，万物复苏，峨眉山披上翠绿的衣裳；夏天，百花齐放；秋天，红叶满山；冬天，峨眉山被大雪覆盖，俨然一位身穿白色婚纱的清纯新娘。峨眉山终年植被葱绿，加之雨水丰富，地貌奇特，气候多样，土壤结构复杂，为大量物种提供了完美的生存环境。在这里，你可以欣赏稀有的树木，各种各样的花草。这些植物不但使峨眉山秀美迷人，也为动物创造了一个自然仙境。

译文：Mt. Emei is well-known for its enjoyable natural scenery, extensive Buddhist culture, abundant species and unique land form. Thus it gets such titles as "Kingdom of Plants", "Geological Museum", "Animals' Paradise" and "Buddhist Celestial Mountain". Mt. Emei is covered with green vegetation all year round. Its plentiful rainfall, peculiar land form, varied climate and complicated structured of the soil provide a perfect environment for a great number of species. Here you can admire rare trees, many different flowers and herbs. These plants not only endow the mountain with beauty but also create a natural fairyland for the animals here.

分析：在这段峨眉山的介绍中，中文原文利用一系列华丽的排比句和四字词生动形象地描述了峨眉山的独特和美丽，若采用直译法将原文信息一字不漏地转述成英文，那么英文版本会显得啰嗦且空洞，大大降低了英文游客对峨眉山风景的审美预期。因此译者采用了删减和调整的翻译方法，将峨眉山的美呈现在外国游客面前。

与删减和调整的翻译方法相反，有时候在景点介绍的翻译中需要使用直译加注释的翻译方法，以括号的形式对译文添加一些简单的解释性说明，从而使读者更好地了解景点介绍的背景，包括介绍中涉及的人物及事件等，从而激发游客的兴趣，并丰富其知识结构。

英语的景点介绍中，通常除了人名之外很少涉及其他难懂的东西，所以除了对重要人物和地名的注释外，其他信息一般不需要添加注释。

例 7：Buckingham Palace is the monarch's present London home, facing St. James' park. It was built for the Duke of Buckingham and Normandy John Sheffield in 1703. Buckingham House was bought by George Ⅲ for his wife at the price of 28,000 pounds in 1761 and the royal family moved there from St. James' Palace. It was enlarged in the Palladian style by John Nash in the reign of George Ⅳ and then the building became known as Buckingham Palace. When Victoria came to the throne, she made it the royal palace. The grounds cover 40 acres and there are collections of famous paintings and of furniture, most of which are works dating from George Ⅳ's time. Since 1993, Buckingham Palace had been open to the public during the summer months only.

译文：白金汉宫位于圣詹姆斯公园对面，是英国君主现在在伦敦的行宫。1703 年，庄园为白金汉和诺曼底公爵约翰·谢菲尔德所建，被称为白金汉屋。1761 年，英国国王乔治三世（1760—1820 在位）以 28 000 英镑的价格为他的妻子买下白金汉屋，并将皇室从圣詹姆斯宫搬进白金汉屋。乔治四世统治时期（1820—1830），约翰·纳什将其以帕拉丁诺风格进行了扩建，并改名为白金汉宫。维多利亚（1837—1901 在位，是英国在位时间第二长的君主）继位后，将其定为皇宫。白金汉宫占地 40 公顷，收藏着大量的绘画作品和家具，其中大部分是乔治四世时期的作品。从 1993 年开始，白金汉宫开始在夏季向公众开放。

分析：在这段关于白金汉宫的介绍中，译者对几个重要的历史人物进行了注释，加深了中国读者对白金汉宫历史的了解。

由于中国的旅游景点介绍常引经据典，除了上文介绍的删减和调整的翻译方法外，直译加注的方法使用也较普遍。

例 8：路左有一巨石，石上有苏东坡手书“云外流春”四个大字。

译文：To the left is another rock engraved with four big Chinese characters Yun Wai Liu Chun(Beyond clouds flows spring) written by Su Dongpo(1037-1101), the most versatile poet of the North Song Dynasty(960-1127).

分析：本例中，译文将“云外流春”四个字用汉语拼音的形式翻译，以括号加注的形式进行解释，并且对苏东坡的生卒年代和身份进行了注解，能帮助外国读者更好地了解景点的背景知识，扩大其文化视野，增加旅行的乐趣。

例 9:当时在城西南的锡山开采出了锡矿,锡矿发现后,人们就把这个地方称为“有锡”。天长日久,锡矿挖完了,“有锡”便改成了“无锡”。

译文:Then on the Xishan Hill to the southwest of the city,a tin mine was discovered. After that,the city was named “Youxi”(which means “having tin”). As time went by,the tin mine was exhausted,and the city was renamed “Wuxi”(which means “having no tin”).

分析:本例译文对 Youxi、Wuxi 二词的解释恰到好处,确保外国读者能理解“无锡”的来历。

8.3.2 旅游景点导游词

导游词是导游人员引导游客观光游览时的讲解词,其目的在于让游客听懂并能从中获取与旅游景点相关的历史、文化、地理、人文、风俗等方面的信息和知识。导游词和旅游景点介绍都包含对旅游景点相关信息的说明,但导游词用语更加通俗、口语化,而景点介绍偏向书面体。根据前文的文本功能理论,导游词具有两个功能:信息功能和召唤功能。因此,导游词的语言必须准确、明了、通俗、易懂,并且具有吸引力和感染力,能满足不同类型旅游者获取信息的需要。

中文导游词常常具有书面文体的特征,喜欢作各种历史考证,引用名人名言、古诗词来增加文采。这对于中国游客来说习以为常,但对外国游客而言,他们的主要目的是欣赏风景并了解相关的风土人情,因此,在中文导游词的英译中,若一味追求与原文的信息和语言对等,不考虑外国旅游者的接受限度,就容易使他们对旅游目的地的文化产生反感和误解,难以达到宣传目的。在翻译的过程中,译者要充分考虑游客风俗习惯、宗教信仰、价值观念和思维方式等的差异,对目标语文化中不恰当、不重要的信息进行适当删减和调整,并对相关背景知识进行解释,同时应注意将书面语体转换为口语语体,以更好地满足目标语游客的需要,确保宣传效果。

例 10:穿过两仪殿,大家可以看到著名的龙头香了,用青石雕刻而成,通体长 2.9 米,宽 0.3 米,横空跳出,下临深壑,龙头朝向金顶,龙头上放一小香炉,探身俯瞰,毛骨悚然。龙身浮雕祥云,造型美观,线条流畅,是古代石雕艺术中极为珍贵的佳作。

译文:Go through the Liang Yi Hall, you will see the famous stone-carved Dragon Head Incense. It's 2.9 meters long and 0.3 meters wide,hanging in the air with the dragon head toward to the Golden Summit. There is a small censer on the dragon head. Go closer and have a look,you will feel thrilled because of the high cliff and deep gully under the incense. On the dragon's body,auspicious clouds was carved. You can see,it is very smooth and exquisite.

分析:这是一段介绍武当山上著名景点龙头香的导游词,中文导游词是典型的书面文体，措辞工整，语言华丽，非常生动地介绍了龙头香的特别之处。译者在翻译的时候将原文的书面语体转换成了口语语体，同时按照英语导游词的语言特点和风格进行了调整，使目标语游客的感受和源语游客的感受相一致。

例 11：宋代大诗人苏东坡曾把西湖比作西子。

译文：Poet Su Dongpo of the Northern Song Dynasty，that is from 960 A. D. to 1127 A. D. ，once compared the West Lake to Xizi，one of the most beautiful women in ancient China.

分析：在游览西湖时，导游通常会介绍苏东坡将西湖比作西子的典故。本例中，译者在两处增补了相关的背景知识，即对北宋的年代说明和对西子的解释。因为西方人对中国的历史和相关典故不一定了解，适当增加相关信息，目标语游客就很容易理解了。

例 12：各位朋友，我们马上就要到达寒山寺了。寒山寺的出名得益于一首唐诗。唐朝有位诗人叫张继，一个秋天的晚上，他乘船停泊在枫桥下，独坐孤舟，面对着霜天、残月、栖鸦、渔火、红枫、寺庙，不禁游子情思联翩，写下了著名的《枫桥夜泊》：月落乌啼霜满天，江枫渔火对愁眠。姑苏城外寒山寺，夜半钟声到客船。就是这一首诗，唱红了张继和寒山寺。

译文：Well，dear friends，we'll arrive at the Hanshan Temple in a few minutes. In the Tang Dynasty，there was a poet named Zhang Ji. On an autumn night，Zhang Ji moored his boat under the Maple Bridge. Alone in the boat，seeing the frosty sky，fading moon，cawing crows，fishermen's lights，red maples and the Hanshan Temple，he wrote the poem *Mooring at Night by the Maple Bridge* to convey his feelings as a traveler away from home. The poem with a vivid description of the scene and his sentiments，made Zhangji as well as the Hanshan Temple famous in China.

分析：本例中，中文导游词引用张继的诗《枫桥夜泊》来衬托枫桥和寒山寺的美。由于中国有相当一部分人熟知张继的这首诗，导游吟诵这首诗有助于加深中国游客对景点的印象。然而，若导游忠实地将这首诗译成英语，一方面难度较大，另一方面也会增加英语游客的理解难度，因此在此将原诗省略，只译出前文的主要意象，大致传达原诗的含义即可。

中国的名胜古迹和文化遗产导游词中通常会出现许多朝代纪年，以体现某景点或者习俗历史悠久，源远流长。然而中国历史上，特别是封建社会时期，朝代更替频繁，长则几百年，短则几十年，对于这些国人尚不十分清楚的历史，导游应该怎样介绍给外国朋友呢？曾丹（2006）曾提出"以此比彼"的方式来处理导游词中的朝代和纪年。

例 13：陈家祠始建于 1890 年，1894 年落成。

译文：The construction of the temple began in 1890 and was completed in 1894，20 years before the construction of the Lincoln Memorial Hall.

或 The construction of the temple began in 1890 and was completed in 1894, the same year London Tower Bridge was built.

分析：曾丹(2006)将此例针对美国游客和英国游客分别试译为"The construction of the temple began in 1890 and was completed in 1894, 20 years before the construction of the Lincoln Memorial Hall";"The construction of the temple began in 1890 and was completed in 1894, the same year London Tower Bridge was built"。这种"以此比彼"的方法将游客所陌生的历史与他们熟悉的历史联系起来，能自然地拉近游客与中国文化的距离，既能有效地传播中国文化，也能展示国内导游的素质，树立良好的形象。

这种比较和类比的翻译方法还可以应用于导游词中历史人物的翻译，例如导游在介绍梁山伯与祝英台的时候可以补充说明"They are Chinese Romeo and Juliet"，这样可以省去导游绞尽脑汁解释的麻烦，还可以让外国游客更容易理解，增添游玩和了解的兴趣。

与中文导游词不同，英文导游词更加注重游客的情感体验，表达中通常采用第二人称，而且用词简洁易懂，不讲究行文的过度修辞和华丽辞藻的堆砌，因此在将英文导游词翻译成汉语时，应采用归化的翻译方法，使其更加符合汉语导游词的行文习惯，让中国游客喜闻乐见。

例 14：With its colorful ethnic mix, rich history and breathtaking architecture, Toronto offers non-stop adventures for the willing tourist. To get a sense of how big, various and magical Toronto is, the best place to start is the CN Tower, the tallest free-standing structure in the world. From this vantage point, you can get a bird's-eye-view of the city's striking skyline and unique geography.

译文：这里各民族水乳交融，历史文化丰富多彩，建筑物雄伟壮观。对于热爱旅游的游客来说，在多伦多的冒险之旅会让你应接不暇。要知道多伦多到底有多大，文化有多丰富，风景有多曼妙，探索之旅的最佳起点是国家电视塔。国家电视塔是世界上最高的单体建筑，是俯瞰城市魅力轮廓和独特地理景观的理想之地。

分析：针对这段导游词，译者既保留了原文的信息，又使用了中国人喜闻乐见的排比和成语，符合中国读者的审美预期，宣传效果良好。

8.3.3 旅游景区公示语

公示语使用简短的语言或图示形式向社会公众提供一定的信息，具有指示、提示、限制和强制等作用。具体来说，公示语有提供信息，引发公众兴趣，加深公众理解，宣传或固定形象，促发或阻止行动等功能(彭萍，2016：136)。根据文本功能理论，公示语以召唤功能为主，兼具信息功能和表达功能。本节所探讨的旅游景区公示语主要包括景区名标示、公共设施标示、交通路牌、标语提示等。

旅游公示语的风格区别于普通旅游文本的风格，主要包括简洁性、规约性和互文性（程尽能，吕和发，2008:371）。简洁性是指词汇和句式简单凝练，力求以最简单的形式获取最佳的反馈效果。例如，词汇多使用简单名词和动词，句式多使用简单明了的祈使句。归约性是指公示语主要用在特定的场所、特定的环境，而且很多公示语由于历史沿革和语言文化习惯而成为约定俗成的表达形式。所谓互文性则指公示语的文本有些已经固定下来，不能随意更改（彭萍，2016:136）。鉴于公示语的功能和语言风格，其翻译应保留其语体特点和语言风格，以实现在目标语读者中的功能对等。

目前我国公示语翻译的问题主要有以下两类。

①语言错误，主要包括单词拼写错误、大小写错误、语法错误、标点符号错误，以及景区内同一标示译文不统一的错误。

禁止吸烟　No Smorking

爱护花草　Keep Off The Grass

小心落水　Bewares of Falling into Water

女卫生间　Womens' Toilet

上述实例都存在严重的语言错误，可作相应修改：

禁止吸烟　No Smoking

爱护花草　Keep off the Grass

小心落水　Beware of Falling into Water，或者改为 Caution:Deep Water!

女卫生间　Women's Toilet

②语用失误，主要包括选词不当、译文刻板、译文累赘、中式英语、违反礼貌原则，以及因为文化差异导致的语用失误等。

鄂军都督黎元洪起居室　Restroom of Governor Li Yuanhong

展室内禁止闪光灯拍照　No flash when you take photos in the galleries

青青绿草地，三思而后行　Tread on the green grass? Think again and again!

请自觉购票　Please buy your tickets consciously

闲人勿入　Strangers are forbidden

金鸡叫天门（黄山景区一形如雄鸡的怪石）　Gold Cock Calling Heaven

以上实例都是典型的语用失误型译文，可更改如下：

鄂军都督黎元洪起居室　Living Room of Governor Li Yuanhong

展室内禁止闪光灯拍照　No Flash Photography

青青绿草地，三思而后行　Please Keep off the Grass

请自觉购票　Tickets Only

闲人勿入　Staff Only

金鸡叫天门 Gold Rooster Calling Heaven(cock一词在英语文化中表示“骄傲”的含义,还会使人联想到雄性动物的生殖器,而rooster与汉语中的报晓雄鸡相对应,符合西方人的价值观和审美传统)

一般来说,公示语的翻译应该尽可能采用“回译”(Back Translation)和“借用”(Borrowing)的方法,即找到目标语中相应的表达方式,而对有中国特色或文化内涵的特色公示语可采用三种变通的翻译方法:①增译:即对于公示语中一些文化信息很浓的重要信息,要在译文中增添必要的解释,以再现语篇中的指示功能;②减译:删除低值文化信息,从而使译文读者更易于理解;③改写:在掌握大量背景资料的基础上,对原文进行改写,使译文更符合目的语的规范和风格(龙江华,2007)。

例15

原文:17:00起停止入馆

译文:Last Admission 17:00

原文:每周一例行闭馆

译文:Closed on Mondays

原文:讲解接待处

译文:Guided Tour

原文:行李寄存

译文:Left Luggage

原文:老弱病残孕幼席

译文:Courtesy Seats

原文:小心地滑

译文:Caution, Wet Floor

原文:小心碰头

译文:Mind Your Head!

原文:发生火灾时按下,非火灾时严禁使用

译文:Press Only in Case of Fire

原文:残疾人设施

译文:Facilities for Disabled

原文:历史遗迹,严禁刻画

译文:Please treasure the cultural heritages.

原文:谨防扒手

译文:Beware of Pickpockets

原文：为了您和他人的健康，吸烟者请到吸烟区

译文：Smoking in Designated Area Only

原文：请勿触摸

译文：No Touching

原文：酒水另付

译文：Beverage Not Included

原文：桂林山水甲天下

译文：East or west, Guilin landscape is the best.

相比而言，英语公示语的汉译则容易很多，通常利用直译的方式即能找到对应的汉语表达。

例 16

原文：Cars parked here without permission will be clamped.

译文：违停拖走

原文：Children and Women First

译文：妇女、儿童优先

原文：Dogs Not Allowed

译文：禁止携犬入内

原文：For Use Only in Case of Fire

译文：灭火专用

原文：No Visitors

译文：游客止步

原文：Protect Public Property

译文：爱护公物

原文：Help us to keep the tube litter free.

译文：请协助我们保持地铁清洁卫生。

原文：Do not trespass on the railway! Penalty £200.

译文：严禁穿越路轨，违者罚款 200 英镑！

原文：Footpath Closed

译文：边道封闭

原文：Ticket Machines

译文：售票机

8.3.4 经典旅游双语文本

西安城墙

西安城墙位于西安市中心区，城墙平面呈横长方形，墙高10—12米，底宽15—18米，顶宽12—14米，东西长4 256米，南北长2 708米，外缘周长13.94公里，是我国现存最完整的一座古代城垣建筑。

西安城墙奠基于隋唐长安皇城，距今已有1 400多年的悠久历史。现存城墙为明洪武三年至十一年(1370—1378)在隋唐长安城皇城基础上扩建而成，至今亦有600多年历史。初为夯土城墙，四面各辟一门，东名"长乐"，西名"安定"，南名"永宁"，北名"安远"。隆庆年间首次砌砖，崇祯九年(1636)增设月城、闸楼及南、西、北三关郭城。清代修葺11次，尤以乾隆四十六年(1781)陕西巡抚毕沅主持的工程最为浩大——增砌城墙外壁及顶面，加厚包砖，增修排水道、女墙、垛口等，形成了今日的外观。

西安城墙防御体系包括护城河、吊桥、闸楼、箭楼、城楼、角楼、敌楼、女墙、垛口、登城马道等一系列军事设施。作为一个完整严密的古代城市军事防御体系，西安城墙是世界上历史最久远、形制最壮观、保存最完整的城墙。1961年被国务院公布为第一批全国重点文物保护单位，2001年被国家旅游局评为"AAAA级旅游景区"。

Xi'an city wall lies in the central region of the city, the plane of which assumes a horizontal rectangle. It is 10-12 meters high, 15-18 meters wide at the bottom, 12-14 meters wide on the top, 4,256 meters long from east to west and 2,078 meters long from north to south, with an outer perimeter of 13.94 kilometers. It is the most intact among the ancient Chinese city wall buildings that still exist today.

Xi'an city wall is sited on the Imperial City of the Sui-Tang Dynasties and enjoys a history of more than 1,400 years. The extant wall was constructed from the third to eleventh years of Emperor Hongwu's Reign (1370-1378) when the city was expanded on the basis of the Imperial City of the Sui-Tang Dynasties, and had a history of over 600 years. It was originally built out of rammed earth and a gate was set up in each direction—the east gate named "Changle", the west "An'ding", the south "Yongning" and the north "Anyuan". In the reign of Emperor Longqing, it was rebuilt with bricks for the first time. In the ninth year of Emperor Chongzhen's Reign, crescent fortification, portcullis towers and the outer towns surrounding the South, West and North Gate were added. In the Qing Dynasty, 11 renovation projects were carried out in total, among which the one presided over by Bi Yuan, Provincial Governor of Shaanxi was the largest. In the renovation, besides the enchantment of the outer side and the top with bricks, water gutters, parapets, and battlements were newly constructed, which resulted in the present pattern.

The defense system of the city wall consists of the moat, the drawbridge, the portcullis tower, the archery tower, the gate tower, the corner tower, the watch tower, the parapet, the battlement, the ramp and other military installation. As an intact rigorous military defense system of the ancient city, Xi'an city wall is the oldest, best preserved and grandest in structure in the world. It was announced among the first batch of the key cultural relic units under the state protection in 1961 by the State Council and rated as an AAAA tourist attraction by the National Tourism Administration in 2001.

长江文明馆

长江:中国第一大河,世界第三大河,历史悠久、人文荟萃、资源丰富、风光旖旎,她以其异常丰美的乳汁,养育着地球上最多的人口!以其无与伦比的能量,释放出文明星空未曾消逝的曙光!

长江:宇宙的造化,自然的独创。她宛若惊世神女,拨开各拉丹冬雪山的皑皑冰层,掠过青藏高原的七彩霓裳,抚摸四川盆地的千里沃野,穿越神秘三峡的奇峰绝嶂,品味两湖皖苏平原的稻香鱼肥,拥抱吞吐百川的浩瀚海洋!其丰满而修长的身躯,是贵重金属的宝库、珍稀动植物的梦乡、万里神州水上交通的动脉、泱泱中华最为丰盈的粮仓!

长江:历史的厚赠,文明的华章。她俨然丹青妙手,勾勒出青藏文化的凝重庄严,挥洒出巴蜀文化的达观奔放,涂抹出荆楚文化的浪漫奇谲,点染出吴越文化的绮丽清朗!其精睿而高超的智慧,蕴涵着博大精深的思想经典、泽被万世的学术珍藏、惊采绝艳的文学佳构、争奇斗艳的艺术群芳、领异标新的科技创举、风流千古的伟杰巨匠!

长江:人类历史上最富魅力的江河,中国大地最具活力的经济带,地球北纬30度线最为夺目的弧光!

走进长江文明馆,你将深切地感受到长江的自然之美、人文之最及由此产生的巨大的心灵震撼和激越的精神飞扬!

As the largest river in China and the third largest river in the world, the Changjiang River boasts a long history enriched with brilliant culture, abundant resources and charming landscapes. It nurtures the world's largest population and shines the peerless glory in the sky of human civilizations.

The Changjiang River, a blessed daughter of the universe and nature, starts from the glacier-capped Geladandong Peak melt in the rosy clouds on Qinghai-Tibet Plateau and winds across the expanse of fertile Sichuan Basin. It flows through the grotesque and mysterious Three Gorges, raises the abundance of Hubei, Hunan, Anhui and Jiangsu and finally embraces the vast seas. The long ample river is a treasury of precious metals, a home to rare flora and fauna, an artery of water transportation across China and huge granary of the country. The Changjiang River is a history-endowed gift and symphony of culture. It witnesses the sublimity of the Qinghai-Tibetan culture, the magnanimity and boldness of the Bashu culture, the romance and ingeniousness of the Jingchu culture and the elegance of the Wuyue culture. Its great wisdom has nurtured brilliant thoughts, remarkable ideas, splendid literature, wonderful arts, ingenious modern sciences and memorable figures.

The Changjiang River runs with irresistible charms through the history of human beings into the modern days as China's most dynamic economic belt. It is the most attractive light shining along 30° North Latitude.

Enjoy your tour in the Changjian Civilization Museum. Experience the humanity essence and natural beauty of the Changjiang River, which will give you deep impressions and flourish your spirit.

古 琴 台

古琴台，又名伯牙台，坐落在琴台工人文化宫之内，东对龟山，北临月湖，景色秀丽，是武汉著名的音乐文化古迹。相传两千多年前春秋战国时期，楚国有位音乐大师俞伯牙，善于鼓琴。有一次伯牙乘船沿江而下，途经汉阳江口，忽遇狂风暴雨，停舟龟山脚下，不一时，雨过天晴，伯牙鼓琴消遣。隐士钟子期闻音赞叹。伯牙抚琴志在高山，子期称赞道："美哉，巍巍乎若泰山！"伯牙抚琴志在流水，子期又说："美哉，荡荡乎若江河！"伯牙喜遇知音，便与其结为挚友。约次年再晤。届时，子期病故，伯牙失知音，十分悲痛，于是碎琴绝弦，终身不复鼓琴。后人赞颂其事，在此筑台纪念，成为琴台。这个故事流传很早，传播甚广。两千年以前的《吕氏春秋》《列子》等书均有记载。据《皇宗书录》记载："琴台在北宋时已有之。"1949年后，党和政府重视文物古迹保护工作，由武汉市政府和武汉市总工会数次拨款对琴台进行全面修葺，使之成了驰名中外的游览胜地。

Guqin Platform, situated at the foot of the Tortoise Hill in Hanyang, was built in the fifth century to commemorate the profound friendship between Yu Boya, musician of the Chu State and Zhong Ziqi, woodcutter during the Spring and Autumn Period(841B. C.-477B. C.). It is said Yu Boya was sent to the Chu State as an official of the Jin State. When his boat berthed at the side of Tortoise Hill, he played Zheng(a stringed Chinese harp) and expressed his aspirations in meaning of "high hill and flowing water". The woodcutter understood the meaning deeply. He stopped to listen respectfully. After that they become bosom friends. Now the saying of "high hill and flowing water" has become a reference to bosom friends. The present Guqin Platform was built in 1957 in the style of the one that was rebuilt in the 20th year during the reign of Emperor Guangxu(1874-1908) of the Qing Dynasty(1644-1911). The landscape is as beautiful as a painting.

The scenic spot is in the center of the city. With its advantageous geographical position and convenient traffic, it is one of the famous scenic spots in Wuhan. Blessed with excellent transportation facilities, Guqin Platform is easy of access by buses No. 5, No. 10 and No. 64 or trolleybuses No. 1 and No. 4 and express.

苏绣简介

苏是苏州的简称，苏州是个典型的南方水乡，苏州的一切都反映出了恬静和优雅。苏绣也是一样，这边是条小鱼在戏水，那边是只小猫在游玩，就代表了苏绣的这一风格。由于拥有得天独厚的气候，苏州与周边的地区都非常适合种桑养蚕。早在宋代时，苏绣就已经因其优雅生动而闻名于世了。历史上，苏绣是用来装饰王室的衣柜和墙壁的，即使到了今天，苏绣仍然占据了中国和世界刺绣市场的很大份额。

Su is the short name for Suzhou. A typical southern water town, Suzhou and everything from it reflects tranquility and elegance. So does Su Embroidery. Embroidery with fish on one side and kitty on the other side is a representative of this style. Favored with the advantageous climate, Suzhou with its surrounding areas is suitable for raising silkworms and planting mulberry trees. As early as the Song Dynasty, Su Embroidery was already well known for its elegance and vividness. In history, Su Embroidery dominated the royal wardrobe and walls. Even today, Su Embroidery occupies a large share of the embroidery market in China as well as in the world.

Switzerland

We owe the fact that Switzerland is in Switzerland to Caesar—58 B. C. He prevented the Helvetians from emigrating to France and founded a flourishing Helvetia. The people remained in the Alps. The real history of Switzerland began in the 13th century, with the first alliances from the villages around Lake Lucerne.

Conquest by Napoleon in 1798 put an end to the Old Confederation. The new era began—in 1848 the political arguments about the type of state lead to a pioneering, revolutionary constitution for Europe—a democratic Federal state with 26 sovereign cantons, democratically elected authorities, a two chamber system, a direct political say and equality of the four languages of the country and cultures.

Every major Swiss city honors its own symphony, opera or theatre, where acclaimed international artists appear. Smaller towns and villages prize their chamber groups or quartets. The Bern, Willisau and Montreux Jazz Festivals rival in recognition with the classical music events of Lucerne and Gstaad, to name just a few.

About 700 museums round out a rich cultural life. You'll find outstanding, internationally acclaimed art collections and specialized museums for every interest. Today scores of medieval castles and venerable mansions are open for a look around. Some house superb museums, others wonderful restaurants. Churches, monasteries and abbey libraries hold precious legacies of the ages.

瑞士能成为今天的瑞士首先要感谢恺撒。公元前 58 年，恺撒阻止了赫尔维蒂人迁居法国，建立了繁荣的赫尔维蒂国，于是人们继续居住在阿尔卑斯山。瑞士真正的历史始于 13 世纪，当时卢塞恩湖周围的村庄首次结盟。

1798 年的拿破仑征服结束了旧的联邦，新的时代由此开始。1848 年有关国家类型的政治争端催生了欧洲开创性的新政体，即由 26 个自治州组成了民主联邦国家，民主选举产生行政管理机构，实施两院制，人们拥有直接的政治发言权，平等对待国内的四种语言和文化。

瑞士的每一座城市都拥有自己的交响乐、歌剧或话剧，世界著名的艺术家都会汇聚于此。小一点的城镇和村庄拥有自己的室内乐团或四重奏乐队。伯尔尼、维利绍、蒙特勒等地的爵士音乐节与卢塞恩和格施塔德的古典音乐节等众多节日均举世闻名。

约 700 家博物馆会使您的文化生活更加丰富多彩，在这里可以看到国际上著名的杰出艺术收藏和符合各种兴趣的博物馆。如今，几十座中世纪城堡和历史悠久的官邸均可供游客参观，有些成了一流的博物馆，有些则成为别致的餐馆。教堂、修道院、修道院图书馆均珍藏着各个时代的宝贵遗产。

练　习

请将下列景点介绍或导游词翻译成英文(中文)

1

紫金城敕建于明永乐十七(1419)年，环天柱峰逶迤而立，周长 344.43 米，建有东西南北四座天门，被誉为“天上故宫，云外清都”。

入南天门拾级而上，途径灵官殿，殿内置锡制灵官神像一尊。相传灵官面生三目，能识人间善恶，专司天上人间纠察之职。越灵官殿，攀九连蹬，即到金殿。金殿敕建于明永乐十四(1416)年，位于海拔 1 612 米的天柱峰顶，为铜铸鎏金重檐庑殿式仿木结构，总重 90 吨，耗金 360 公斤。殿内供奉真武大帝铜铸鎏金神像，金童玉女捧册端宝侍立左右，水火二将执旗捧剑拱卫两厢，神案下置“龟蛇二将”，上方高悬康熙皇帝御笔“金光妙相”金匾。金殿之后设父母殿，侍奉着真武大帝的双亲——净乐国国王和善胜皇后，以供善男信女瞻仰膜拜。

俯瞰金顶，整个建筑群依山就势，布局巧妙，与周围山峰交相辉映，形成“天造玄武”的自然奇观。

2

滚滚长江东逝水，浪淘尽千古风流人物。长江流域是中国人口密集、经济繁荣的地区，沿江重要城市有重庆、武汉、南京、上海。长江素有“黄金水道”之称。自然风光和人文景观更是闻名遐迩。长江三峡是长江上游最为美丽、最具吸引力的一段峡谷风光。数千年来，沧桑巨变，但长江仍以她博大的胸怀吸纳百川，滚滚东流，她目睹了沿江城市的昨天和今天；她见证了沿江社会经济和长江旅游，特别是长江三峡旅游的历史巨变。

3

板壁岩拥有雄奇的石林景观和秀美的亚高山自然风光，步道两旁竹林苍翠，杜鹃摇红，草甸如绒，峭似板壁的嵯峨怪石千姿百态。此处因多次发现疑似野人的毛发、踪迹而备受关注。寻踪石林，你能感知神农架的神奇、神秘。

4

黄鹤楼雄踞长江之滨，蛇山之首，背倚万户林立的武昌城，面临汹涌浩荡的扬子江，相对古雅清俊晴川阁。登上黄鹤楼，武汉三镇的旖旎风光历历在目，辽阔神州的锦绣山河也遥遥相望。独特的地理位置，以及前人流传至今的诗词、文赋、楹联、匾额、摩崖石刻和民间故事，使黄鹤楼成为山川与人文景观相互倚重的文化名楼，与湖南岳阳楼、江西滕王阁并称为“江南三大名楼”，素来享有“天下绝景”和“天下第一楼”的美誉。

关于黄鹤楼因何而建，流传下来很多的传说，这就更给黄鹤楼增加了几分神秘色彩，引得无数人景仰。

传说一：

一千多年前，有位姓辛的老人在蛇山上开了酒店，常客中有一道士，回回喝酒不买下酒菜，只用随身带着的水果下酒。店主人揣想他一定清贫，执意不收他的酒钱，同他交了朋友。一天，道士用橘子佐酒，饮罢，用橘皮在酒店的壁上画了一只鹤，自言道：“酒客至拍手，鹤即下飞舞。”遂去，再也没有回来。

店中吃酒的人里，有位好奇的，想当场试试，面对壁上的画拍手，那黄鹤展翅飞下，在店外舞了一圈，又复原位。此事迅速传开，酒店大旺，连店里的井水也喝干了。当地一名贪官借口要除妖，命人把那面墙壁移到官府，谁想船行到中途，黄鹤抖翅飞走了，贪官追鹤，葬身江中。卖酒老人为纪念仙鹤，在原址建立了黄鹤楼。

传说二：

黄鹤楼始建于三国吴黄武二年，公元 223 年，当时吴主孙权出于军事目的，在形势险要的夏口城，即今天的武昌城西南面朝长江处，修筑了历史上最早的黄鹤楼。黄鹤楼在群雄纷争、战火连绵的三国时期，只是夏口城一角瞭望守戍的“军事楼”，晋灭东吴以后，三国归于一统，该楼在失去其军事价值的同时，随着江夏城的发展，逐步演变成为官商行旅“游必于是”“宴必于是”的观赏楼。

往事越千年，黄鹤楼时毁时建、时隐时现，历经战火硝烟，沧海桑田，仅明、清两代黄鹤楼分别七建七毁。公元 1884 年，清代的最后一座楼阁在一场大火中化为灰烬，百年后，一座金碧辉煌、雄伟壮观的楼阁在武汉横空出世，真可谓千古风云传盛世，三楚江山独此楼。

5

1978 年发掘的曾侯乙墓是一座 2 400 年前的诸侯国君的墓葬，它位于湖北随县(今随州市)城郊擂鼓墩，共出土礼器、乐器、漆木用器、金玉器、兵器、车马器和竹简 15 000 余件。

墓中随葬以九鼎八簋(gui，音轨)和编钟、编磬为主的礼乐器，遵守了周代诸侯的身份，反映出先秦社会严格的礼乐制度，以及人们对天地、神明和祖先的敬畏。十二律俱全的 64 件青铜双音编钟(不包括楚王所送镈钟)，玲珑剔透的尊、盘和完整地书写二十八宿名称的衣箱等，体现了先秦时期中国在艺术、技术、天文等方面的极高成就。展览陈列了曾侯乙墓最有代表性的文物，以展现 2 400 年前人们的精神世界和物质生活。

6

Established in 1861, the National Gallery of Victoria made its first acquisition of Asian art in 1862. Since then, through the generosity of Felton Bequest (established 1904), The Art Foundation of Victoria, the NGV Supporters of Asian Art and generous donors, the Asian collections have grown to nearly 5,000 items.

They include the arts of East Asia, South and Southeast Asia, dating from the second millennium B. C. to the twenty-first century in all media: paintings, calligraphy, prints, bronzes, sculptures, ceramics, lacquers, jade, glass, furniture, textiles, and videos.

The collections reflect not only the rich diversity of Asia's artistic traditions, but also the artistic, cultural and spiritual links brought about by cross-cultural contacts and interactions.

The suite of Asian galleries include: The Art of China, The Art of South and Southeast Asia, The Art of Japan, and Special Asian Exhibitions.

参考文献

[1] Newmark P. A Textbook of Translation [M]. Shanghai: Shanghai Foreign Language Education Press, 2001.

[2] 陈刚. 旅游翻译与涉外导游[M]. 北京：中国对外翻译出版公司，2004.

[3] 程尽能，吕和发. 旅游翻译理论与实践[M]. 北京：清华大学出版社，2008.

[4] 顾维勇. 实用文体翻译[M]. 北京：国防工业出版社，2005.

[5] 李明. 商务英语翻译(汉译英)[M]. 北京：高等教育出版社，2007.

[6] 刘金龙. 从功能翻译理论看旅游资料翻译的原则——以《中国文化胜迹故事》英译为个案研究[J]. 山东教育学院学报，2007(5)：89-94.

[7] 刘军平. 西方翻译理论通史[M]. 武汉：武汉大学出版社，2009.

[8] 龙江华.国内公示语汉英翻译研究述评[J].语文学刊,2007(17):128-131.

[9] 彭萍.实用旅游英语翻译(英汉双向)[M].2版.北京:对外经济贸易大学出版社,2016.

[10] 伍峰,何庆机.应用文体翻译:理论与实践[M].杭州:浙江大学出版社,2008.

[11] 曾丹.论导游词英译[J].中国科技翻译,2006(2):36-39.

第9章　汽车文本翻译

随着全球汽车工业的发展，汽车国际贸易迅猛发展，汽车文本的翻译也日益受到重视。汽车商标、广告以及说明书的翻译对于推动产品的宣传和营销，增强商品的市场竞争力都有着重要的意义。而在跨文化语境下，汽车文本的翻译受到各种因素的制约。以往的汽车商标、广告的翻译研究，往往仅关注词汇或文化因素，缺乏深入的理论研究。功能翻译理论重视文本功能的研究，强调翻译是一种有目的的跨文化交际活动，译文的预期目的或功能决定翻译策略，为汽车文本的翻译提供了理论指导。本章拟以德国翻译功能学派的文本类型理论为框架，分析汽车文本的文本功能和文体特征，并在此基础上探讨汽车文本的翻译策略。

9.1　文本类型与语言特征

9.1.1　文本类型

本章涉及的汽车文本包括汽车商标、汽车广告以及汽车说明书。

商标是商品生产者或经营者为了使自己生产或销售的商品或服务，在市场上同其他商品生产者或经营者的商品或服务相区别而使用的一种标记，这种标记通常由文字图形单独构成，或由文字图形组合构成。商标主要有两个功能：一是识别商品，传递商品信息；二是广告宣传，诱导消费。商标是一种特殊的语言符号，商标的翻译有一定的功利性和商业意图，汽车商标翻译的目的就是为了提升产品形象，宣传品牌，促进销售。

广告最基本的功能就是向目的受众提供信息。除了传播信息和促销的功能以外，它还有助于树立良好的品牌形象。总的来说，它有教育功能、文化功能、社会功能和经济功能（蔡瑾，2008）。广告商通常会用各种媒体向顾客传递信息，对于汽车广告来说也是一样。汽车生产商通常也会通过各种诸如电视、报纸、收音机、海报、杂志、网络等媒介来促销自己的汽车产品。汽车广告是目的性非常强的文体，是感染型文体。由于广告翻译的特殊性，为了实现广告的目的，译者在翻译过程中就不可避免地要运用技巧对原文进行再创造，而不能一味地寻求译文与原文对等。进行再创造时需要考虑目的语的语言特征，尊重受众的文化，迎合消费者的心理期待，这样才能创作出成功的广告翻译作品。

汽车说明书是对汽车用途、规格、性能和使用方法所做的简明文字说明。说明书是一种比较特殊的文体，具有准确性、简明性和诱导性的特点，说明书的翻译属于应用翻译。应用翻译具有实用性、目的性、专业性、匿名性和商业性的特点。功能派理论侧重目的语，强调目的至上原则，突出文本的功能与文类规约，既有理论深度又有高度，对汽车文本翻译实践具有很好的指导意义和借鉴作用。

9.1.2 语言特征

1. 汽车商标

商标是一种特殊的语言形式，语言和文化之间有着密不可分的关系，因此商标与文化之间的关系也十分密切。从汽车商标中，可以找寻到其中蕴藏的特有的文化现象及其功能。

(1) 源自具有历史意义的人名

很多汽车商标的命名都由一些有一定历史意义的专有名词而来，如历史名人，或各行各业有突出贡献的人士等。不仅具有纪念目的，而且增加了汽车的文化底蕴，如 Benz，就是为了纪念 Carl Friedrich Benz，他是德国汽车工业先驱者之一，1886 年发明并制造了第一辆一缸四冲程汽油发动机汽车，并成为当时世界上最大的汽车制造商。后来他与另一位德国汽车发明人 Daimler(戴姆勒)的公司合并，成立了“戴姆勒-奔驰汽车公司”。(张向阳，2005)

Cadillac：是为了纪念 Antonio Cadillac(1657—1730)。他是北美洲法国总督，汽车城底特律的创建者。1701 年 Cadillac 在这一地区创建贸易交易站，使之成为政治贸易中心，在此基础上逐步发展成了今天的底特律。

Chevrolet：是为了纪念 20 世纪初在美国参加 FIAT 汽车大赛并一举夺魁的王牌赛车手——瑞士工程师 Louis Chevrolet。

Lincoln：是为了纪念美国历史上第十六任总统 Abraham Lincoln。他是美国历史上最受人爱戴的领袖。

Rolls-Royce：以其公司创始人 Henry Royce 与 Charles Rolls 的姓氏命名。

所以，在对此类汽车商标名进行汉译时，大多采用音译法，如卡迪拉克、雪弗莱、林肯、劳斯莱斯等，以体现原来的纪念目的。

(2) 源自名篇佳作

国外汽车的商标词有的来自家喻户晓的文学名著，这些词代表美好的事物或特殊的意境，英国汽车商标词“西风”(Zephyr) 就是典型的例子。英国西临大西洋，东面是欧洲大陆，西风徐徐从大西洋吹来，恰似中国的东风，如雪莱的《西风颂》(*Ode to the West Wind*)就热情地讴歌了温暖和煦的西风：“It's a warm wind，the west wind ，full of birds' cries.”从此，《西风颂》成为家喻户晓的名篇，其主题 Zephyr 也含有丰富的文化内涵和功能。此车商标名的汉译为了体现原英文商标名的良苦用心，直译出了“西风”，然而欧洲的西风恰似中国的东风，若要表达这种西风温暖和煦之意，以“东风”为名更为妥切。

日产公司生产的 Nissan-Bluebird 也有典可据。Bluebird 是源自比利时作家 Maurice Maeterlinck 1911 年的童话剧 *Bluebird*。剧中 Bluebird 象征“未来幸福”，以此为名，当然也是希望此车带给消费者美好幸福的寓意和祝福。该车汉译名“蓝鸟”，表达了原商标的美好用意。

(3) 源自本土民族特色和历史

很多汽车的命名源自本土源远流长的历史或是代代相传的民俗习惯。拿美国来说，它

是一个汽车大国，被称为是“车轮上的国家”。美国以辽阔的草原、壮美的群山、幽深的峡谷、瑰丽的海洋及神秘的印第安文化构成了世界上独一无二的拓疆文化——粗犷、率真、豪迈、勇敢。显然，在这块土地上破土而出的品牌，无不具有雄浑、奇特的特点。那些拓疆者跋山涉水，翻山越岭，克服种种困难到达西部，开始他们的新生活，他们的勇敢和大无畏精神值得后人敬仰与学习，很多汽车商标就以此为根据，Conquers，Ranger，Tracer，Touring 等这些商标名能让消费者感受到美国独特的文化。

(4) 源自神话传说

神话是文学的起源，承载着人们对自然的一种解释，笼罩着一种神秘的色彩。神话在西方文化史上占据着重要的地位。它在某种程度上代表着人性的解放，以及人类对大自然的征服(张向阳，2005)。许多汽车商标便由此而来，给人们以美好的联想。

日本公司的 Mazda，是公司创始人松田这一姓氏错误的英文音译，十分凑巧，它正好是波斯神话中的“光明之神”的名字，寓意美好，很受大众欢迎。由于是借用神话人名，因此采用了人名的通常译法，音译为“马自达”。

(5) 源自让人产生美好联想的词汇

尽管东西方文化有很大差异，但人们都有共同点，如喜欢美好的事物，向往幸福的生活等，因而商品的标志也以此为根据，求吉取利，迎合消费者的心理。汽车商标正是如此，如 Regal 是 GM 公司的汽车产品，为“君主”“皇家”之意，显其高贵之气。Saxo 是雪铁龙公司推出的一款新车，它让人联想起了 Saxophone(萨克斯管)音乐的清新和舒畅，让人感觉宁静、祥和，该车汉译为“萨克斯”，也同样传达了此意。

还有其他一些寓意深刻，使人产生美好联想的汽车商标，如 Crown(皇冠)、Accord(和谐)、Triumph(胜利)、Legend(传奇)、Sunny(阳光)等。下面的一个反例可以很好地说明寓意美好的词汇的重要性。众所周知，美国有家救护车公司的标志是“A. I. D. S”，这原是公司的宗旨“态度诚实、服务可靠”首字母的缩写，但自从人们知道它同艾滋病的缩写“A. I. D. S”相同时，就再也没有人敢坐它了。

(6) 源自风景名胜

风景名胜让人陶醉倾心，流连忘返，也成为很多汽车商标的首选。如 Elysee，这是雪铁龙公司的一款汽车，取名自位于巴黎香榭丽舍大街东端的爱丽舍宫，该宫有近 300 年的悠久历史，一直为达官贵人所享用，路易十五和路易十六当政时相继居住于此。这就使该车具有了浪漫而高贵的气息。

Santana：德国大众(Volkswagen)公司生产的汽车，源自美国加州盛产名贵葡萄酒的“Santana 山谷”。让消费者不禁想起“葡萄美酒夜光杯”，此商标的汉译也采取地名翻译的常用方法，音译为“桑塔纳”。

(7) 源自地理自然现象

以地理自然现象为商标名的也不乏其数。上文所提到的 Volkswagen 公司喜欢用风名来命名汽车，如 Passat，是德文“信风”的意思，寓意该车没有不能到的地方，但是信风对于中国消费者来说也许寓意不强，为了独显其异域文化，汉译为“帕萨特”。Jetta 是美国当地旋风的名称，象征汽车的迅捷，于是汉译为“捷达”，突显了该车的优越性能。

（8）源自创新词或臆造词

很多汽车名来自于创新词，这些创新词给人耳目一新的感觉，能极大地引起消费者注意，唤起他们的兴趣，使他们产生购买的欲望。著名的别克公司的 Excelle，由 excellent 一词演化而来，译为“凯越”二字再合适不过。还有其他一些创新词作为汽车商标的，如 Elantra、Lioncel、Range Rover、Acura 等。

2. 汽车广告

汽车自 19 世纪末诞生以来，已有 120 多年历史，汽车广告也应运而生。百年发展历程、高昂的价格对汽车广告提出了高要求。在有限的时间与空间中通过简明恰当的语言推销汽车，广告语成败对汽车宣传有重要影响。

（1）词汇特点

广告英语在用词方面与普通英语有着较大的区别。为达到预定的宣传效应，广告词语要突出重点、简明扼要。英语广告语言中，简单的名词、短小的动词、生动的形容词、亲切的人称代词，以及吸引眼球的新颖词较常使用，可达到简单生动又联系生活的效果。

例 1：Baseball, hot dogs, apple pie, and Chevrolet. (Chevrolet)

例 2：Think. Feel. Drive. (Subaru)

例 3：At 60 miles an hour, the loudest noise in this new Rolls-Royce comes from the electric clock. (Rolls-Royce)

例 4：Your next car. (Chrysler)

例 5：Piston engines go boing (x7). But the Mazda goes hmmmmmmmm. (Mazda, 1973)

例 1 的前三个名词都是美国文化的代表，将 Chevrolet 置于第四的位置正体现了其品牌的代表性；例 2 几个简简单单、大众熟识的动词精确传达了 Subaru 希望带给消费者的感受；例 3 虽用了 loudest 一词，但反衬出了 Rolls-Royce 的噪声极其微小；例 4 使用第二人称拉近了生产商与消费者之间的距离，显得更为亲切；例 5 中两个具有创新性的拟声词 boing(x7) 与 hmmmmmmmm，不仅生动形象，而且形成反差，突出了 Mazda 的优势。从以上解读可以看出，英语汽车广告语中虽没有用大词、难词，但简单生动的词语已清楚明了地展现了不同汽车品牌的特质，达到了理想的宣传效果。

（2）句法特点

英语汽车广告语中，常使用短小精悍、突出重点的简单句，省略次要部分，给人以遐想的空间。而且，广告的功能之一为劝说功能，祈使句正是实现劝说功能的不二之选，可形成强大的号召力。

例 6:Shift the future.(Nissan)

例 7:Drive your way.(Hyundai)

例 8:What will you do with all the money you save?(Toyota,1980s)

例 9:Have you driven a Ford ... latterly?(Ford)

例 6、例 7 是祈使句,让消费者能轻松记住广告语,也实现了良好的劝说功能;例 8、例 9 为疑问句,且使用了人称代词,以问答形式拉近了与消费者的距离,可引发消费者思考。英语汽车广告语的句法特点与词汇特点类似,以“简”为主,结合祈使句、疑问句等不同形式,清楚简明地传达汽车的品牌含义。

(3) 修辞特点

广告语要新颖独特,具有创新性,发挥语言本身丰富的想象力与创造力。广告语中常用修辞,在于修辞本身的吸引力,借此达到形象生动、让人过目不忘的目的。英语汽车广告语中,比喻、拟人、仿拟、押韵、对偶、双关、拟声等都有很强的可读性,让读者身临其境。

例 10:Like a rock.(Chevrolet Trucks)

例 11:They will stay on the job longer than most employees.(Volvo)

例 12:Where there is a way,there is a Toyota.(Toyota)

例 13:Major motion,from Nissan.(Nissan)

例 14:Bigger in Texas,better in a Dodge.(Dodge)

例 15:Chevrolet,building a better way(to see the USA).(Chevrolet)

例 16:Zoom,Zoom,Zoom.(Mazda)

以上几例都包含修辞手法,使每个汽车品牌的特质明朗化。如例 10 将 Chevrolet Trucks 比喻成 rock,传达了其坚实、硬朗的特质;例 11 套用大众熟识的谚语“Where there is a will,there is a way”,这种仿拟不仅新颖有趣,而且朗朗上口;例 16 用了三个拟声词,生动贴切,给人以真实感。修辞运用得当,会给人带来好感,抓住消费者眼球。

3. 汽车说明书

汽车英文使用说明书的翻译在本质上属于实用科技文体翻译,它强调信息的传达与接受,具有信息性、实用性和匿名性等特点。以下将从汽车英文使用说明书的构词方式、句式等方面进行分析,总结出汽车英文使用说明书具有的语言特点。

(1) 构词特点

一是复合词和缩略词的广泛使用。复合词是指那些由一个以上的词汇语素构成的词,或者由两个独立的词连接起来构成新的形式;缩略词是指由每个单词首字母组成的词。汽车英文使用说明书和其他科技文体一样,有许多专业术语,为了方便交流,就形成了许多复合词和缩略词。大量使用复合词和缩略词构成了汽车英文使用说明书的一大语言特色，如windshield(由 wind 和 shield 组成)，挡风玻璃；wheelbase(由 wheel 和 base 组成)，轴距；ABS(全称是 Anti-Block Brake System)，防抱死制动系统。

二是新词大量涌现。由于现代科学技术迅速发展，汽车的生产技术和性能都得到了极大提高，在这个过程中，大量新的装备被运用到汽车上，这些新技术和装备给汽车英文使用说明书带来了众多新词汇，如 OBD，即指这两年刚出来的车载电脑自动诊断系统。汽车英语词汇正呈现出不断扩展的趋势。

三是词性转换现象普遍。英语词性转换现象由来已久，并且随着语言的发展，词性转换越来越丰富多彩，汽车英语也不例外，其中，动词名词化最为常见。例如：Unnecessary high-speed running or slow running with the gearshift lever in high speed will cause over-consumption of fuels；Proper maintenance and driving can prolong the vehicle service life. 动词名词化可以更好地体现出汽车英文使用说明书的客观性和正确性。在上述的例子中，由于动词名词化，句子中的施动者都被省略，这样有利于体现其客观性。同时，动词名词化还可以简化句子结构，并增加句子的信息量。

(2) 句式特点

汽车英文使用说明书作为科技文体的一种，具有科技英语的一般特点，即要求用尽量简洁的句子提供尽可能多的信息，并要求所提供的信息具有客观性和准确性。这就决定了汽车英文使用说明书的句子具有长句多、祈使句多、大量使用被动语态和虚拟语气等特点。

①长句的大量使用。长句具有逻辑严密、结构紧凑的特点，适合准确地阐述复杂的观点和理论，这是一般的简单句难以比拟的。科技文体的严谨性决定了长句多的特点。汽车英文使用说明书也是如此，长句的大量使用，使得其句子结构复杂、晦涩难懂。例如：It is forbidden to start the engine by way of traction from another truck ，for the engine starting may have forward impact ，which will cause possible collision with the truck that serves traction . 该句可译为：严禁用另外一辆车牵引的方式启动发动机，因为发动机一旦启动，会产生向前的动力，这就有可能引起两车追尾。

②祈使句的大量使用。祈使句是科技英语中常用的一种句型，它可以有效地表达说话者的请求、命令、号召、建议、愿望等。祈使句可以按照其构成划分为不同的类型，不同类型的祈使句拥有不同的指令力。在汽车英文使用说明书中，常用的祈使句主要有一般祈使句和虚拟祈使句两种类型，它们主要用来表达汽车操作过程中应该注意的事项，以及在特殊情况下应采取的必要措施。

例 17：With the engine running，check if the alternator indicator light and the oil pressure indicator light are off .

译文：请在发动机运转的情况下，检查发电机指示灯和油压指示灯是否熄灭。

例 18:If the vehicle must be parked on the road for some reason,please put a warning sign 200m in front of and behind the vehicle respectively.

译文:如果由于种种原因,车辆必须在公路上暂停时,请在车辆前后两百米的地方各放置一个三角警告牌。

在上述两例中,例 17 采用了一般祈使句,例 18 则采用了虚拟祈使句,分别表达了汽车检测过程中应注意的事项和汽车意外停留在公路上时应采取的安全措施。

③被动语态的大量使用。汽车英文使用说明书中的一个特点是大量使用被动语态。这主要是由被动语态的特殊用途所决定的。被动语态具有不指明动作的施动者、强调事件本身的过程,以及使句子结构紧凑的特点。这正好与汽车英文使用说明书的要求不谋而合。在汽车英文使用说明书中,为了强调具体操作过程和注意事项,操作方法便成为整个句子的重点。并且,汽车英文使用说明书中的被动语态虽然没有指明施动者,但其实施动者就是阅读者本身,这样可以增强贴切感和说服力,同时还可以起到强化指示操作的效果。

9.2 文本功能与翻译目的

在探讨翻译批评时,赖斯提出了文本类型理论(text typology),将各类翻译体裁按语言功能分为“信息型”(informative)、“表达型”(expressive)、“诱导型”(operative)。“信息型”文本重内容(content-focused),包括新闻、商业信件、货物清单等;“表达型”文本重形式(form-focused),包括文学的各种文体类型;“诱导型”文本重诱导(appeal-focused),包括广告、布告、宣传等文本。

众所周知,无论是汽车商标还是广告,其功能都在于引起公众注意,让人理解它要传达的信息,使人们对其中某些有益的信息感兴趣或被说服,最终根据自己的需要采取某种行动。如果某商标或广告达不到说服消费者实施购买行为的目的,无疑是失败和毫无价值的。为了实现广告消息的有效传播,“广告文本必须要能提供信息(Information),争取顾客(Persuasion),保持需求(Maintenance),扩大市场(Creating Mass Market)和确保质量(Quality)”。也就是说,汽车广告要具备劝诱功能(persuasive function)和信息功能(informative function),其中信息功能从属于劝诱功能。因为商标和广告的目的并不只是为了提供信息,而是希望通过提供信息实现劝诱功能,达到争取更多顾客的真正目的。因此,汽车商标和广告的翻译应该以实现译文的预期目的和功能为中心,以译文读者为目标,以目的语言、文化为取向。

与汽车商标和广告侧重诱导功能不同,汽车英文使用说明书的翻译在本质上属于实用科技文体翻译,即赖斯所说的“重内容”的文本翻译。它强调信息的传达与接受,具有信息性、实用性和匿名性等特点。通过介绍汽车零部件的功能、汽车的操作方式、注意事项等方面,让客户能够轻松自如地驾驶,并在出现紧急情况时能够采取防范及其解决措施。汽车使用说明书的英译已成为人们了解汽车性能特点等的重要手段。因此，译者在进行翻译时，要考虑到目的语文本阅读者的文化层次、语言特点和其所处的社会文化环境，采取各种变通手段，不必一味地拘泥于语言层面上的形式对应，而是必须尽量使译文结构合理、通顺自然，符合目的语的表达习惯。这样才能够有效地传达信息，强化操作指令，实现汽车英文使用说明书的目的。

9.3 文本翻译示例

9.3.1 汽车商标

汽车商标的翻译应该以实现译文的预期目的和功能为中心，以译文读者为目标，以目的语言文化为取向。在功能派翻译理论下，汽车商标翻译可采取以下方法。

1. 音译发挥译语优势

音译可保留原商标词的音韵特征，展现商标词音韵美的同时又体现了产品的洋气和异域特色。沃尔沃(Volvo)、劳斯莱斯(Rolls-Royce)再现了原商标词的音韵特色，法拉利(Ferrari)、兰博基尼(Lamborghini)、凯迪拉克(Cadillac)反映了产品的异国品质。如果在原商标词的音韵和译入语的音韵之间实现了最佳的契合，则能让商标词的翻译产生独特的效果。天籁(Teana)，取天籁之音之意，营造了一种清静优雅的意境，暗示了产品的优良特性；悍马(Hummer)、宝来(Bora)，在保留英文原有发音的基础上，又充分发挥了译入语的优势，迎合了消费者的审美期待。

2. 意译传递商标内涵

意译，即在不违背译入语语言规范和不产生歧义或者错误含义的情况下，直接翻译出商标词的含义。采用这种翻译方法的商标词往往能直接传达商标的词义，同时能反映原语中所包含的美好或者独特的内涵。甲壳虫(Beetle)、迷你(Mini)，反映了汽车独特的外形；皇冠(Crown)，彰显了贵族气质；嘉年华(Fiesta)、Vision(远景)，营造了美好的审美期待；Lotus(莲花)、Red Flag Car(红旗)则暗含了独特的文化内涵。

3. 变译迎合消费者心理

为了树立良好的品牌形象，加深消费者对产品的印象，许多汽车品牌在翻译时都另辟蹊径，选择创造性的翻译方法以迎合消费者的审美需求。雅绅特(Accent)，中英文名有很大的区别，但中译名暗含汽车犹如一位优雅的绅士，增强了消费者对品牌的认同感；览胜(Range Rover)，出自词语“寻幽览胜”，意指寻找幽静的地方去饱览胜景，强调驾驶乐趣；Gonow(吉奥)，充分发挥了译语优势，既展现了商品性能，又易于记忆。

9.3.2 汽车广告

汽车广告属于实用文体一类，在准确传达产品信息的同时，要求语言简洁明了、条理清晰、重点突出，同时它又有别于其他实用文体，因为它既要求文字准确精练，还需要有艺术性，继而激发人们购买的欲望。

例 19：Where there is a way，there is a Toyota.

译文：车到山前必有路 ，有路必有丰田车。

这是丰田车在英语国家的广告语，熟悉英语谚语的人都知道这则广告汲取了英文中"Where there is a will，there is a way"的结构。而其到了中国则翻译成"车到山前必有路，有路必有丰田车"，这则中文广告词同样套用了中国的一句俗语，给中国消费者留下了深刻印象。该车广告语在目的论的基础上，以读者为中心，重视所在国的文化背景，频频在广告中使用所在国的习语，对广告进行释义，给接受者留下了深刻的印象，并产生积极的影响，从而实现了其广告的商业目的。

例 20：Not all cars are created equal.

译文：并非所有的汽车都有相同的品质。

当三菱汽车进入美国市场时，英语广告语是"Not all cars are created equal"。了解美国历史的人都知道 ，美国《独立宣言》中的首句就是"All men are created equal"，广告商将原句中的 men 改为 cars 来突出广告所诉求的目标，将原来的肯定句式改为否定句式，表明该车优于其他汽车。这则广告词套用了美国家喻户晓的名句，在美国成功地打开了销路。日本的汽车在世界市场上占有最大的份额，其主要原因之一是他们的广告商极为重视所在国的文化背景，频频在广告中使用所在国的习语，抓住了消费者的心理，使之在思想上产生共鸣。而在中国，三菱汽车的这则广告则巧妙地翻译成："并非所有的汽车都有相同的品质"，而不是直译成"并非所有的汽车在被创造时就平等"。汽车也是产品，消费者更看重的是产品的质量，而且中国消费者与美国消费者的思维不同，他们可能并不熟悉美国《独立宣言》中的话，如果直译成中文就凸显不出英语原文暗含的韵味，倒不如意译，突出汽车的品质，以达到吸引顾客的宣传目的。

例 21：This is the motor city，this is what we do.

译文：这里是汽车之城，我们无所不能。

以上是克莱斯勒汽车——底特律进口 200 款的电视宣传广告的英汉广告语。译者对广告词的前半句采用了直译的方法，"这里是汽车之城"。这就告诉顾客这款汽车的来源是美国的底特律，因为有"汽车之城"的美称，从底特律进口的车当然品质可靠，这样，这则广告就达到了宣传产品质量的目的。而对于后半句"this is what we do"，译者却采取了意译的方法，将原文翻译成"我们无所不能"，而不是直译成"这就是我们所做的"或者其他。这样的意译很好地体现了克莱斯勒汽车制造商的能力，很容易让顾客联想到汽车的质量有保证，后期维护有保障等。这样，这则汽车广告也就达到了它宣传产品、激起顾客购买产品的欲望等目的。

例 22：Drivers wanted.

译文：修身、齐家、治业、行天下。帕萨特，成就明天。

帕萨特汽车的英文广告是“Drivers wanted”，而中文的广告则变成：“修身、齐家、治业、行天下。帕萨特，成就明天。”显然，帕萨特汽车的这则广告模仿了《礼记》中“正心、修身、齐家、治国、平天下”之理念。该广告借用这一理念，旨在说明帕萨特汽车可帮助驾驶者“修身”“齐家”“治国”和“行天下”，以此来体现帕萨特汽车对人生具有重要意义，暗含帕萨特汽车是所有驾驶者的最佳选择之意。只有理解这层文化内涵，才能够在翻译时，充分利用目的国的文化资源，使译文和原文成功地转化，吸引消费者。

例 23：Shine with the Star together.

译文：点亮你的未来。

这是奔驰汽车网页上的一则广告。广告英文是“Shine with the Star together”，译者采用了意译的方法将它翻译成“点亮你的未来”，而没有直译成“与星星、日月同辉”之类的话语。这显然与汽车广告翻译的目的相关，奔驰汽车在消费者看来是身份的象征，拥有奔驰车就是拥有美好的未来。译文正是迎合了消费者这样的心理，从这层意义上来讲，“点亮你的未来”的译文远比“与星星、日月同辉”之类的译文合适，可让顾客产生更好的联想，从而让这则广告达到更好的宣传效果。

例 24：We lease too，honestly.

译文：诚信租赁。

这是一则汽车租赁广告，这则广告采用了双关的修辞手法。因为 honestly 一词既可以表示当然，又可以表示诚实，所以该广告的双关含义是“我们做汽车租赁，我们的生意立足诚信”。译文巧妙地使用了具有中国特色的“诚信经营”“立足诚信”等商业箴言，对原文进行了创造性再现。既体现了产品的性质，又实现了广告的宣传目的，能更好地让译文读者所接受。

9.3.3 汽车说明书

1. 词汇层面

在微观层次上，翻译过程就是一个选择过程，包括选择词汇和选择句法形式。一般而言，英语语篇的意义相对确定，词汇的意义趋于单一性、准确性，翻译时主要是重新组织句法结构，而词汇选择却相对容易。不过，在语言系统中，孤立语言单位的意义具有一定的不确定性，语言单位越小，其意义的不确定性越高。比如句子的意义比短语的意义更能确定，短

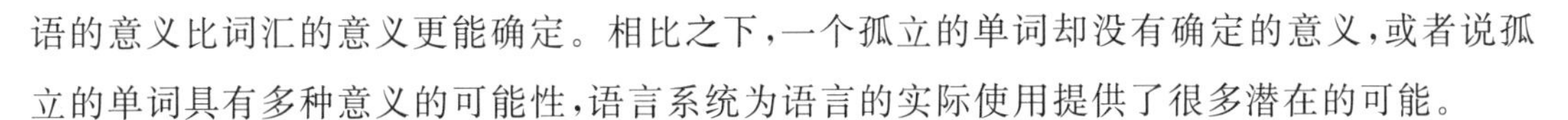

语的意义比词汇的意义更能确定。相比之下，一个孤立的单词却没有确定的意义，或者说孤立的单词具有多种意义的可能性，语言系统为语言的实际使用提供了很多潜在的可能。

从科技语篇的词汇特点可知，科技语篇的词汇可以大致分为两大类：专业术语和普通词汇。专业术语又可以分为纯专业术语和半专业术语。一般来说，纯专业术语的特点是意义相对单一，使用范围狭窄等，而半专业术语在不同的领域则意义不同，普通词汇的意义不确定性更强，这就是词汇的歧义现象。词汇歧义(ambiguity)指一个单词具有多种解读的可能。具体如何解读，如何在多种词义中选择最贴切原文的一个，则需要考虑目的语的语境。

例 25：The primary circuits of the electronic ignition systems operate on full battery voltage which helps to <u>develop</u> a stronger spark.

译文：电子点火系统的初级电路在蓄电池电压下工作，用于<u>产生</u>更强的火花。

例 26：Gasoline evaporates quite easily. 20％of all HC emissions from automobile are from the gas tank. An evaporative control system was <u>developed</u> to eliminate this source of pollution.

译文：汽油非常容易蒸发。20％的汽车碳氢化合物的排放来自油箱蒸发排放，所以人们<u>研制</u>出了蒸发控制装置来消除这种污染源。

例 27：Since our localization of AT technology is very difficult to <u>develop</u>，developing torque converter for the domestic enterprises still has higher risk.

译文：因为我国 AT 技术本土化的<u>研发</u>具有困难，发展液力变矩器对本土企业来说依然相当冒险。

例 28：We also have <u>developed</u> ways to test emissions，which have caused automotive manufacturers to develop better，safer emission system.

译文：我们也<u>制定</u>了相应的排放检测方法，这也促使汽车厂商研制更好、更环保的废气排放控制系统。

同样一个动词 develop，与不同的名词搭配，其语义就不同，相应的翻译也有差异。要确定 develop 一词的意义，需要参照与其出现在一起的其他词汇，顺应汉语词与词的搭配习惯，做出合适的翻译选择。当 develop 与 power 连用时，通常翻译成“产生”；与表示产品或材料的名称搭配时，一般译成“研制、发明”；与技术、实际应用等连用，理解为“研发、开发”；与表示方式、方法的词在一起，可译为“寻找出、探索出、研究出”。

翻译中的词汇意义转移是指词汇的意思从一种变化成另外一种，前者是词汇的字面意义(literal meaning)，后者则是词汇在具体语境或上下文中获得的语篇意义(textual meaning)。语篇意义是词汇在语境或上下文中时获得的意义，不具有稳定性，也许词典上并没有作为释义列出。实际上，词典上的所有释义都是根据词汇在不同语境中的使用来确定的，但任何词典都不可能穷尽词汇的使用,而列出词汇的全部释义。或者说,先有词汇使用,才有词典释义,而不是先有词典,再有词汇的具体使用。由此可见,翻译选词不能完全根据词典释义,而要根据词汇使用的语境确定词义。如果某个词的意义在词典上没有列出,那么就可能是其意义发生了转移。

例 29:This light on the instrument panel will go on when you start your vehicle.

译文:起动汽车时仪表板上的这个灯会亮。

go on 最常见的意思是"继续",然而这里却相当于"turn on",可译为"(灯)亮""接通"。显然,这种意义转移具有临时性和不确定性。在翻译实践中,需要结合语境准确理解词汇意义并进行相应选择,使译文意思清楚,表述自然。

另外需要指出的是,讨论翻译中的意义转移需要有一个前提,这就是字面意义,只有确定了字面意义,才能确定是否发生了意义转移。然而,这个前提无论在理论上还是在实践中,都存在一定程度的不确定性。在理论上,研究者无法确定字面意义与转移意义之间的清楚界限,因为两者的区分是相对的,而不是绝对的。在实践中,有时候难以确定该词是否发生了实际的意义转移。对此还没有有效的解决方案,有些情况下需要凭直觉作判断。

2. 句法层面

英语被动语态由"be+动词的过去分词"组成。科技英语里常见的几个时态,以及几个情态动词都可以通过加 be 构成被动语态。被动语态在英语科技语篇被广泛使用,其频率远远高于汉语语篇。因此在进行翻译时,相当多的英语被动语态句子需要译成汉语主动句或无主句,不过有时也可以译为被动句,必要时还可译成其他形式。这就要求译者遵循翻译的基本原则,顺应汉语表达方式,灵活采取各种翻译方法和技巧,准确表达原文意思。

例 30:Drive axle is located at the end of the power train.

译文:驱动桥位于传动系末端。

原句的主语是无生命的事物,句中也没有出现动作的施予者,因此译为汉语时没有改变原句子主语及句子结构,直接译成了汉语的主动语态。

例 31:Valve-train noise is brought about by improper valve adjustment,worn or damaged parts,dirty hydraulic lifter,or lack of clean lubricating oil.

译文:气门调整不当、气门部件磨损或毁坏、液压挺杆脏污以及润滑油杂质过多等,都产生配气结构噪声。

原被动句中由 by 引出动作的发出者,译文为了突出这个动作的发出者,将其转译成汉语句子的主语。

例 32:When the vehicle starts and the air and fuel vapor is produced in the fuel supply system,it is gradually introduced into the delivery pipe and rapidly injected through the connectors and the injectors into the combustion chamber of an engine.

译文:当汽车起动时,燃油供应系统中产生空气和燃料蒸汽,缓慢进入输油管,同时通过连接器和喷油器迅速喷射到发动机的燃烧室。

原被动句中虽然没有出现动作的发出者,但作为地点状语的 in the fuel supply system 可译为汉语主语,从而整个句子成了汉语的主动句。

例 33:The bellows is stretched and squeezed to cause the vacuum and pressure.

译文:波纹管被拉长,挤压,造成真空和压力。

例 34:Primary current is turned on and off by the action of the armature.

译文:初级电流的接通和断开由电枢控制。

例 35:Modem automobile is made up of four basic sections:engine,chassis,body and electrical equipment.

译文:现代汽车由发动机、底盘、车身、电器设备四大部分组成。

综合以上几例可知,英语科技语篇中的被动语态翻译成汉语时可以有多种方式,可以将英语的结构被动句译为汉语结构被动句,如以上例子中的"被"字句、"由"字句和"受"字句等,也可以将英语的结构被动句译为汉语的意念被动句或主动句。

练　　习

一、汽车术语翻译

1. 内燃机
2. 连杆
3. 气门杆
4. 真空管
5. 自动变速器
6. 火花塞
7. 巡航控制
8. 主缸
9. 仪表盘
10. 变速换挡杆

二、请将下列句子翻译成汉语

1. Any obstructions that restrict pedal travel can cause loss of vehicle control and critical situations on the road.

2. The common belief that passengers can brace their weight with their hands in a minor collision is false.

3. Check the condition of the seat belts at regular intervals. If you notice that the belt webbing, fittings, retractor mechanism or buckle of any of the belts is damaged, the belt must be replaced by a qualified workshop.

4. Even at urban speeds of 30 km/h to 50 km/h, the forces acting on the occupants in a collision can reach the equivalent of 1 ton(1,000 kg) or more.

5. These individual safety features are harmonized to provide you and your passengers with the best possible protection in accident situations.

6. All the other airbags in the car will remain functional if the front passenger's airbag has been deactivated with the key-operated switch.

7. An object weighing 4.5kg is lying unsecured in the vehicle. During a frontal collision at a speed of 50km/h, this object generates a force corresponding to 20 times its weight.

8. Occupants can suffer severe or fatal injuries if they sit in an incorrect position while the vehicle is moving.

9. The following alternatives are available for safely securing a child safety seat on the rear seats and on the front passenger's seat.

10. We recommend, however, that child seats should be only fitted on the rear seat so that the front passenger's airbag can remain functional and provide protection in an accident.

三、请将以下汽车广告翻译成汉语

Think of What You Can Save

Have you thought about the future? Honda engineers have spent some time pondering this question. And when they put pen to paper, a new kind of car was created. The Honda Civic VX.

The new Civic VX will amaze you. It's fun to drive. And very energy efficient. So you can step on the gas, and save on gas as well.

A car like the VX certainly demands a new engine. One so significant that it began to make news months before the first production model hit the streets. It has a unique fuel-injected system that lets you pass with power. And pass more services stations along the way.

To do this, you need a little control. Like variable value control, or VTEC-E to be

exact. It tells the engine how to breathe effectively. As you accelerate,the intake valves in each cylinder let in more air and fuel for increased horsepower. While at slower speeds,one valve opening is reduced for improved fuel economy.

So how economical is this car? If you ask the EPA(Environmental Protection Agency),they'll tell you 55 miles per gallon on the highway,48 miles in the city. These figures make the VX the best of any four-cylinder automobile.

参考文献

[1] 方梦之,毛忠明.英汉-汉英应用翻译教程[M].上海:上海外语教育出版社,2005.

[2] 冯修文.应用翻译中的审美与文化透视——基于商标品牌名和品牌广告口号的翻译研究[M].上海:上海交通大学出版社,2010.

[3] 何新祥.广告语言修辞策略[M].长沙:中南大学出版社,2003.

第10章　译者的素养

改革开放以来，我国翻译工作在政治、外交、经济、军事、科技、文化对外传播和民族语文翻译等各个领域都取得了历史性的成就，但目前从事翻译工作的主体仍是不具备翻译专业资质的业余翻译或兼职翻译。合格的翻译人才极度短缺，尤其是高素质、专业化的翻译人才严重匮乏。随着国际交流的日益广泛，急需大量高素质、专业化的译员充实到翻译队伍中来。准备从事翻译工作的学习者首先应该明白译者角色的内涵，以及合格译员应具备的基本素质。

在翻译发展的历史长河中，中外译界对译者角色的定位众说纷纭，如"译者"，"舌人也"；"翻译者"是"叛逆者"；还有"职业媒婆"等各种称呼。台湾的余光中教授(2002:55)说，"原作者是神灵，则译者就是巫师。其任务是把神的话传给人。译者介于神人之间，'既要通天意'，'又得说人话'，真是左右为巫难"。从上述定义，我们可以感受到，要理解原文，用译文准确表达原文，实属不易。肩负文化交流重任的翻译工作十分艰辛，因此，要成为一名合格译员，必须具备多方面的素养。

所谓素养，指通过训练和实践而获得的一种修养。从广义上讲，素养包括道德品质、外表形象、知识水平与能力等各个方面。就译者素养而言，指翻译人员完成翻译活动所必需的基本条件。"译者其实是不写论文的学者，没有创作的作家。也就是说，译者必定相当饱学，也必定擅于运用语文，并且不止一种，而是两种以上：其一他要能尽窥其妙；其二他要能运用自如。造就一位译者，实非易事，所以译者虽然满街走，真正够格的译家并不多见。"这一见解，是余光中教授在《作者、学者、译者》一文中提出的。

翻译是一门综合性很强的活动，作为一名翻译人员必须具备全面的修养才能译出出色的译作。要成为一个合格的翻译，既要有严肃认真、一丝不苟的工作态度，还要至少具备扎实的双语语言基本功、丰富的文化背景知识、百科知识、基本的翻译理论和常用技巧知识、翻译工具的运用能力等。

10.1　扎实的双语语言基本功

扎实的语言基本功是从事翻译的基础。译者不仅要熟练掌握外语，而且要精通母语。一名合格的翻译不应该有语言障碍，如果译文有词汇、语法错误，翻译就无法进行了。作为译者，要熟悉外语词汇、句子、语法，风格尤为关键；而母语对于译者来说也同样重要，一是因为理解的需要，二是因为表达的需要。如果汉语水平差，汉译外时，根本看不懂原文，就谈不上翻译;在外译汉时,尽管外语好,能理解原文,但如果汉语不好,同样翻译不好。母语的口语能力可以在一个人的自然成长过程中,通过与同一语言的社会成员接触而自然而然地获得,但母语的书面理解和表达能力只能通过专门的教育才能获得。

郭沫若(1954)认为,译者至少要精通一门外语,最好能懂第二、第三种外语。除此之外,"更重要的是对本国语文的修养"。语文修养不够深厚,不能自如运用,外语再好也不能胜任翻译工作。郭沫若强调的是译者源语和译语两方面的语言能力,二者缺一不可。

如果一个人英文水平低,别的条件都具备,那只不过具备了全部翻译条件的百分之三十,是不能进行翻译工作的。反之,如果一个人的英文水平较高,那么他就具备了翻译条件的百分之七十,也就是说,英文水平的高低是搞好汉英翻译的关键。要搞好汉译英,就必须在英语方面打好基础(单其昌,1990)。

对汉英两种语言正确的理解能力和纯熟的运用能力、英语语感和英语表达能力对翻译结果起决定性作用。英语语感包括语法意识(sense of grammar)、惯用法意识(sense of idiomaticness)和连贯意识(sense of coherence)。英语表达能力是用自然、地道、合乎语法规范的英语进行表达的能力,要有丰富的词汇积累,纯熟的句式变化能力,以及恰当运用语体风格的能力。在翻译过程中,从语义、语法、语境、句法、篇章结构、语用、语域等各个方面来理解外文,一字一句,甚至一个标点也不能放过。

例 1:These are only teething problems.

译文:那些问题不过是创业阶段必然会产生的问题。

分析:teething problems 不是字面的意思"牙痛的问题",而是英语的一个习惯用语,原指婴儿长牙期间出现的牙痛,此处用来比喻一个项目初始阶段不可避免的问题。

译者不能仅仅满足于"译出"或者"译好"原文文字,还要考虑到译文在译语语境中是否能达到预期功能或效果。

例 2:Spray on some stain remover,throw it in the washer,and Bob's your uncle.

译文:喷一些去污剂,扔在洗衣机里,就一定能洗干净。

分析:这是一则去污剂的广告,这儿"Bob's your uncle"意思是,只要根据使用说明去做,就一定能取得理想的效果。

例 3:联合调查组深入一些省市的高新技术产品出口工业园和一部分高新技术产品出口企业进行了调查研究。

译文 1:The joint researching group visited some high-tech and new-tech product export industrial zones in some provinces and cities and some enterprises of the export of high-tech and new-tech products to make investigation and research.

译文 2:Joint teams toured provinces and municipalities where they visited and surveyed high-and-new tech exporters and industrial zones.

分析：译文1虽然没有什么语法错误，但是重复、啰嗦，不符合英语表达习惯；译文2更加简练紧凑。

10.2 广博的文化背景知识

翻译并不是一项简单的语言转化工作，而是在一定文化背景下进行的语言转换。译者是个杂家，英汉互译要求译者不仅精通英语词汇和语法，还要熟悉中国和英语国家的文化和背景知识。这包括两个方面：一是相关国家涉及历史、地理、风土人情、自然风貌、文学艺术、宗教信仰等方面的知识；二是汉英两种语言所反映的中西文化差异的知识。尤金·奈达说："对真正成功的翻译而言，熟悉两种文化甚至比掌握两种语言更重要，因为词语只有在其作用的文化背景中才有意义……实际上，文化之间的差异比语言结构上的差异给读者带来的复杂性更多。"(Nida，2001：103)

译者须具备原文所涉及的文化背景知识，才能将原文的内容清晰准确地表达出来。如 Helen of Troy 这个词语，直译为"特洛伊的海伦"，其引申含义为"红颜祸水"，源自荷马史诗 *Iliad* 中的希腊神话故事。Helen 是希腊的绝世佳人，美艳无比，嫁给希腊南部城邦斯巴达国王墨涅俄斯(Menelaus)为妻。后来，特洛伊王子帕里斯奉命出使希腊，在斯巴达国王那里做客，他在爱与美之神阿芙罗狄蒂的帮助下，趁着墨涅俄斯外出之际，诱走海伦，还带走了很多财宝。此事激起了希腊各部族的公愤，墨涅俄斯发誓说，宁死也要夺回海伦，报仇雪恨。为此，在希腊各城邦英雄的赞助下，调集十万大军和 1 180 条战船，组成了希腊联军，攻打特洛伊城，企图用武力夺回海伦。双方大战 10 年，死伤无数，许多英雄战死沙场。最后，希腊联军采用足智多谋的奥德修斯(Odysseus)的"木马计"，里应外合，攻陷了特洛伊。特洛伊城被掠夺一空，烧成了一片灰烬。战争结束后，希腊将士带着大量战利品回到希腊，墨涅俄斯抢回了美貌的海伦重返故土。这就是特洛伊战争的起因和结局。正是由于海伦，特洛伊遭到毁灭的悲剧，真所谓"倾国倾城"，由此产生了 Helen of Troy 这个成语。英语中很多词语涉及历史和地理知识。如 carry coals to Newcastle，纽卡斯尔是英国的一个城市，以盛产煤炭著称，故而"运煤到纽卡斯尔"被视为"做徒劳无益的事情"。对这一成语的理解必须建立在熟悉纽卡斯尔的地理背景之基础上。有人把纽约市的别称 Big Apple(大苹果)译成"大阿普尔"，把英国国务院所在地 Foggy Bottom(雾谷)译为"雾的尽头"等，都是缺乏文化背景知识的表现。

例 4：John can be relied on. He eats no fish and plays the game.

译文：约翰为人可靠，他既忠诚又正直。

分析：有人将其译为"约翰为人可靠，他不吃鱼而且玩游戏"。从字面上看，译文反映的是原文信息，但实际上译文忽略了 eat no fish 和 play game 的深层含义。eat no fish 源于英

国历史上新旧教派之争，新教徒在斋日拒绝吃鱼，以表示忠诚；play the game 本为比赛术语，表示“按规则进行比赛”。

再比如中西方对颜色的理解有着不同的文化差异。如红色是我国文化崇尚的色彩，它象征吉祥、喜庆、繁华、热闹、漂亮等，如女子美艳的容颜为“红颜”；而西方文化中红色主要指鲜血的颜色，多指血腥、暴力、恐怖、危险等，如 red ruin 指火灾。红色在西方也常用于情感上，当某人生气时，常用 see red 或 red with anger 来形容；另外，其还有“亏本”等消极意义。

10.3 专业知识

对于某一学科专业文献的翻译，要做到表达贴切，让读者明白，就需要译者拥有尽量广泛的专业基础知识，掌握尽量多的专业术语和词汇，熟悉所译专业的基本概念。

在日常的翻译实践中，由于译者不谙专业知识而造成误译的情况比比皆是。邓丽君过世的消息传出后，某外文杂志新任主编急着要在完稿送印前插入这一消息，可懂英文的编辑不在，于是他吩咐秘书说，“Please hold the copyboy for a while and ask him to go to the morgue and get a cut of Deng for me”。秘书马上对送稿的人说，“等一会儿再送，你先到殡仪馆随便剪下一些邓丽君的遗物回来”。问题出在行话上。morgue 本意是“停尸间”，cut 本意是“剪断”，但是在媒体从业者的口语里，morgue 是“剪报数据文件室”，而 cut 则是一张照片或插图。

例 5：同机车转向架一样，客车转向架也是两轴或三轴的。

原译：As with the locomotive bogie, the coach bogie is a two-axis or three-axis one.

改译：As with the locomotive bogie, the coach bogie is a four-wheel or six-wheel truck.

改译以术语 four-wheel、six-wheel 表“两轴”“三轴”。

翻译实践中，面对题材各异的文本和众多知识点，怎样准确理解和通顺地传达信息对译者是一个挑战，涉及译者的资料查询能力和筛选能力、获取专业知识的能力。所谓获取专业知识的能力，指在阅读原文的过程中，译者在脑海中要逐步建立起与文本内容相关的专业知识的基本概念和发展脉络，并运用这些专业知识进行思辨，这样才能沿着原文作者的知识体系、逻辑推理和论证思辨进行翻译。译者只有渗透相关专业领域，才能寻找到专业的表达方式，查找和筛选准确的信息。而且，对译者来说，找到专业知识的切入点对建构相关专业知识的基本概念和发展脉络，理解和掌握各个知识点，从而产生贴近原文的译文至关重要。平时要扩大知识面，改善知识结构，大量接触文学佳作、历史哲学、政治军事、人物传记、工商贸易、法律伦理、生物医学、航空航天、海洋极地等多方面的知识材料，只有这样，在翻译相关专业文章时才能得心应手。

10.4　丰富的翻译理论知识和技巧

有人认为译者直接翻译就行，用不着学习研究翻译理论和翻译策略，这种认识有些偏颇。无论哪位译者，即使不曾自觉地探讨翻译理论，其经历、学识、性格和审美观等也会在无形中帮助他形成自己的翻译策略。比如说一个英语基础较好、汉语表达较弱的人就可能比较倾向于直译；而汉语基础较好的人就可能比较喜欢天马行空式的自由译法。翻译理论，特别是应用翻译理论和翻译技巧本身就是译者实践经验的总结和升华。了解并掌握基本的翻译理论，不仅能够解释许多翻译现象，而且能够帮助译者提高翻译能力。一位没有翻译理论指导的译者容易出现硬译、死译或是天马行空似的自由翻译等问题，而这都会降低译文的质量。

林语堂在《论翻译》(1995)一文中认为，翻译艺术所倚赖的有三条：第一是译者对于原文文字及内容有透彻的了解；第二是译者有相当的语文程度，能写清顺畅达的中文；第三是译事上的训练，译者对于翻译标准及技术问题有正当的见解。“工欲善其事，必先利其器”，要做好翻译工作，翻译理论和技巧就如同做翻译的工具，工具的好坏决定着译作的质量。

10.5　熟练掌握信息通信技术

因特网融合了现代通信技术和计算机技术，将各种各样的信息连接起来，构成了巨大的信息交流与共享网络。先进的信息通信技术改变了翻译工作的环境和方式。网络资源、搜索引擎、在线翻译、机器辅助翻译软件、翻译论坛等成为译者不可或缺的帮手，为译者节约了时间，提高了效率，并改善了翻译质量。

10.5.1　网络资源

网络资源指网络百科全书和网络词典。翻译活动涉及很多不同的领域，译者不可能通晓所有领域的知识，在翻译时就需要借助网络资源。网络资源的最大特点是检索方便，容量无限，更新及时，便于摘录。常用的网络百科全书有 Encyclopedia Britannica(http://www.britannica.com/)、Wikipedia (http://www.wikipedia.org/)、Columbia Encyclopedia (http://www.bartleby.com/)。译者在百科全书上键入要搜索的关键词，相关结果马上就能显示出来。有名的在线词典有 Webster Dictionary(http://www.webster.com/)、Longman Dictionary of Contemporary English (http://www.ldoceonline.com/)、ICIBA (http://www.iciba.com/) 和 youdao(http://dict.youdao.com/)。

10.5.2　搜索引擎

搜索引擎是指根据一定的策略、运用特定的计算机程序从互联网上搜集信息，在对信息进行组织和处理后，为用户提供检索服务，将用户检索的相关信息展示给用户的系统。目前国内常用的有百度(http://www.baidu.com/)、搜狗(http://www.sogou.com/)。用户只

需要把一个或数个关键词输入搜索框,就可以找到有用的资料。搜索引擎不仅可以用于一般的信息查询,还可以用于协助翻译。它可以用来查询译者需要的背景知识、专业术语,以及人名地名等专有名词的译法,查找国内外重要法律文书的译文或原文,检索词语的意思或用法等。

10.5.3 在线翻译

在线翻译是机器翻译原理和搜索技术相结合的一种翻译模式。机器翻译的系统保存着大量词汇,可以为用户节省查词典的时间,同时采用翻译记忆技术,把译者已经翻译完的成果作为数据库的一部分保存下来,下次再遇到相同的句子,系统会自动从数据库中提取上一次的翻译结果,译者不需要再翻译第二遍了。由此可见,机器翻译之所以能满足翻译者的需要,是因为它有巨大的文本库。经济全球化以及信息时代的来临,人们需要处理越来越多的非母语资料,这给译者带来了极大的市场,同时也带来了挑战。译者必须提高翻译效率来满足快节奏的市场要求。利用因特网能够有效地加快翻译速度,且学语言出身的译者在翻译中会碰到对源语言材料所论述的专业知识不熟悉的情况,因特网辅助翻译依托的是已经按照固定算法总结成的网络数据库的大量源语言和目标语言的文本,以此为根据搭建平行语料库,构建统计翻译模型,从而得出某些特定单词、短语或文件的最佳翻译文本,所以在翻译约定俗成的专业术语的时候,因特网辅助翻译往往能给出准确的翻译文本。但是因特网本身不具备理解自然语言的能力,它提供的翻译辅助是机械的,难免会出现语法等方面的错误,需要译者发挥主观能动性,在在线翻译的基础上,结合语言学、文体学对源文本进行分析,最终得到理解准确、表达流畅的译文。在线翻译网站有谷歌翻译、百度翻译、有道翻译、爱词霸翻译、必应翻译、搜狗翻译等。只要输入要翻译的文本,点击“翻译”,就会出现译文。

10.5.4 计算机辅助翻译软件

计算机辅助翻译(computer-aided translation,简称 CAT)由机器翻译(machine translation ,简称 MT)演变而来,但二者有着本质的区别。机器翻译试图通过完全自动化的翻译过程来取代人工,其中可能会涉及人的译前编辑和译后校改;而计算机辅助翻译是运用计算机技术来提高翻译效率和译文质量,人在这一过程中仍然起着决定性的作用。从狭义上来说,专指为提高翻译效率,优化翻译流程而设计的专门的计算机翻译辅助软件,包括翻译记忆系统、术语管理工具、对齐工具和项目管理工具等。利用计算机辅助翻译软件,就是为了把翻译过程中机械、重复、琐碎的工作交给计算机来完成。这样,译者只需将精力放在译作上就可以了,即能保证质量,又能提高效率。

CAT 技术在国外已经有较长的发展历史,开发翻译记忆软件的厂家有很多,比较著名的有 Trados、Déjà V、TransStar、IBM Translation Manager、WordFisher、Wordfast,OmegaT 等,其中最为知名、最具有代表性并广泛使用的是德国的 Trados。在中国从事 CAT 技术研究和产品开发的机构不多,主要有传神的 iCAT 火云译客、雅信 CATS、中科院的华建、文婕 WinMAT、北京永邦博典 ITM 和译友翻译环境等。

这些翻译软件无疑会大大提高翻译的效率，但前提是译者必须具备一定的计算机操作技巧，熟练操作常用的办公软件；会安装使用重要的程序和电子资源如大英百科全书电子版，通晓网络资源的检索和获取等。只有这样，面对功能多样的翻译软件才能得心应手地使用。

计算机辅助翻译软件之所以得到大多数人的认可，是基于其独特的运行原理和优势。这里以国产的 iCAT 火云译客为例，来看 CAT 的工作原理和优势。

1. 项目管理

iCAT 火云译客的基本工作界面提供了双语对照的翻译平台。译者通过手动或电子扫描输入要翻译的材料后，新建一个翻译项目，设置好源语言和目的语，导入翻译材料，就可以在项目页面下进行翻译了。此操作比较简便，界面整齐，有条理，解决了双语难以对照的问题，易于翻译。此外，项目有自动保存功能，并且经过相关操作可生成翻译记忆，为以后的翻译做好了准备。且可生成术语库，是 Déjà V 操作的基础。

2. 翻译记忆(translation memory，简称 TM)

CAT 技术的核心就是翻译记忆技术，译者在进行翻译工作的同时，翻译记忆库在后台不断学习和自动储存新的译文，建立语言数据库。在翻译过程中，每当相同或相近的短语出现时，系统会自动搜索翻译记忆库中相同或相似的翻译资源（如句子、段落等），给出参考译文，使用户避免了无谓的重复劳动，只需专注于新内容的翻译。对于给出的参考译文，译者可以完全照搬，也可以修改后使用，如果觉得不满意，还可以弃之不用。

3. 术语管理功能

翻译中经常遇到的专业性很强的词语一直是翻译中令人头疼的事。一遍遍地输入那些熟悉的词语既费时又费力，翻查专业术语词典又影响速度。iCAT 火云译客翻译记忆软件中有一个术语管理工具，可规范所有的专业术语。译者只需一次性建立一个或多个标准术语列表，翻译时，翻译记忆软件会自动识别出哪些字词或结构是已定义的术语，并且给出相应的术语译文，保证术语统一。只要在平时的翻译中积累了一定的术语，翻译工作就会“多、快、好、省”。长此以往，译者的记忆库和术语库就会越来越大，为翻译工作提供了极大的便利。

除以上三大优势以外，iCAT 火云译客还可以适时地导入、导出译文，以便让非 iCAT 火云译客环境下的译者完成译作的修订、校对工作。其他一些翻译软件，如 Wordfast、Trados 等也有各自独特的优势，在此不一一列举。

10.5.5 翻译论坛

因特网是一个跨时空交流平台，提供的交流途径很多，如 Email、QQ、Skype、WeChat、论坛、博客等。其中最便捷的是翻译论坛(bulletin board system)。它是利用网络进行电子信息交换的电子公告板系统,是网上多对多交互联络的主要手段,亦是一个开放的公共空间,不受时间限制,具有信息更新快、门类全、查找方便的特点。通过翻译论坛,可以搜集翻译资源和信息,交流翻译经验,询问翻译问题。常用的翻译论坛有:http://www.chinafanyi.com/bbsv1/default.asp、http://www.zftrans.com/bbs 和 http://fane.cn/forum.asp。

10.6 职业道德

10.6.1 译者的责任

1. 译者在技术层面上的责任

任何一个译者都不可能无所不知,在翻译中随时会遇到拦路虎,包括理解和表达各方面的障碍。译者要尽自己所能,保证翻译的准确性。译者要有强烈的求知欲,愿意接受挑战,愿意为解决一个问题花上几个小时甚至几天的时间。为保证质量,译者要对译文进行多次检查、修改、编辑。

2. 译者在社会和文化层面上的责任

作为一个尽职尽责的译者,除了"伺候"好译文和原文,对得起作者和读者以外,还要对社会负责。首先表现在对自己的译作负责。例如,从事外宣翻译的人员,一定要熟悉国家外交政策,一切应以原话、原作为本,有的放矢,不能随个人的好恶对原作有所取舍和改变;从事科技翻译的工作人员,更要谨小慎微,一不小心就会给国家和企业造成重大经济损失。从事文学翻译的译家们,更是要如履薄冰,慎重对待两种不同文化的差异,引领人们的精神生活和文化价值观。其次,还要关注自己的译作是否为译入语受众所接受,是否为社会所承认。

在文化层面上,译者更是责无旁贷。在如今多种文化并存互补的全球化趋势下,要保证不同民族、不同文化之间进行平等交流,译者要有稳定的立场。如何处理本国民族文化和外来文化,如何保留自己的文化和个性,如何积极地推动本民族文化的发展,对译者而言都是挑战。文化是人类创造的财富,具有独特的民族性、地域性、时代性。在当今世界全球化语境下,翻译的本质就是文化传播和文化交流。

10.6.2 良好的政治思想素质

热爱祖国、忠于祖国,有着鲜明的政治立场,不利于祖国利益的题材坚决不译,有损于民族形象的翻译任务不做。

尤其是从事外事翻译的译员,还要严守国家机密,严守外事纪律,了解、理解、拥护党和国家的路线、方针、政策,特别是外交政策,要有高度的政治敏感性。译员一不小心就可能犯政治性或政策性错误,比如把"台湾"说成"国家",把"叛乱者"译成"持不同政见者"。一时疏忽或一字之差就可能酿成重大的政治事故或经济损失,或者影响国家、民族或个人的良好形象。

作为译员，平时要多看报纸，关心国内外大事，学习政治，了解国家政策，加强政治意识，翻译时保持清醒的政治头脑。

另外，在听外国广播的时候，不要受到西方国家对某些国际事件宣传的影响，要有自己的甄别力；最重要的是，要精确掌握英语词汇间的细微差别。

10.6.3 高尚的职业道德

为规范翻译行为，促进翻译行业的发展，各国和国际翻译协会都制定了译者行为规范。国际译协(International Federation of Translators) 制定了 The Translator's Charter；英国译协(The Institute of Translation & Interpreting) 分别为个人和集体会员制定了 Code of Professional Conduct；美国译协(American Translation Association)为个人和集体会员制定了 Code of Professional Conduct and Business Practices；澳大利亚口笔译协会(The Australian Institute of Interpreters and Translators Inc，AUSIT)制定了 AUSIT Code of Ethics for Interpreters & Translators。以上规范的内容在其相应的官方网站都可以查到。

作为译者，要遵守本行业的行为准则和职业道德规范，维护行业的声誉。具体包括：

①译员应当举止得体，保持低调，态度坚决，不损尊严。

②要时刻明确自己的译者身份，充分认识自己的职责，加强责任心，树立良好的职业道德观念，认真对待每一项翻译任务，不篡改原话原意，不添油加醋，不偷工减料，不喧宾夺主，不越俎代庖。

③口译时，不随意代替演讲人直接回答外宾的问题。

④笔译时，认真严谨，确保翻译质量，按照委托人的要求完成任务。

⑤实事求是的态度也是职业道德的一部分。一旦接下翻译任务，就要一丝不苟地、按时、保质保量地完成。

⑥译员在执行翻译任务时具有保密义务。未经客户许可，译员不得泄露信息，也不得利用所接触的信息谋取利益。

总之，译者素养代表了翻译从业群体对翻译活动的认识和对译者的定位，是译者在特定社会、文化情境下创造性地解决翻译问题、生成翻译产品所需的自主意识及其实践。成为一个合格的译者，需要多年的翻译实践和不断学习。需要指出的是，翻译过程中的各种素养不是孤立存在的，而是相互交融的。较高的译者综合素养是翻译成功的保证。

练　习

一、回答下列问题

1. 什么是译者素养？

2. 译者素养包括哪些内容？

二、翻译练习

1. 英译汉

Everyone is listening to you now. You came by the tens of millions to become part of

a historic movement, the likes of which the world has never seen before.

At the center of this movement is a crucial conviction—that a nation exists to serve its citizens. Americans want great schools for their children, safe neighborhoods for their families and good jobs for themselves.

These are just and reasonable demands of righteous people and a righteous public. But for too many of our citizens, a different reality exists. Mothers and children trapped in poverty in our inner cities, rusted out factories scattered like tombstones across the landscape of our nation, an education system flushed with cash but which leaves our young and beautiful students deprived of all knowledge. And the crime, and the gangs, and the drugs that have stolen too many lives and robbed our country of so much unrealized potential. This American carnage stops right here and stops right now.

2. 汉译英

传统意义上的春节始于农历腊月(即十二月)初,一直持续到来年的正月(即一月)中旬。随着中国的现代化,一些传统习俗被保留了下来,而另一些却逐渐消失在我们的视野中。

农历腊月二十三日是小年,也是祭灶节。灶神在中国神话传说中监管一家的善恶。

人们在小年这一天祭拜灶神,焚烧灶神的画像,意味着送灶神上天,禀报这家人在过去一年的德行。接着人们会在灶旁贴上新的画像,意味着再把灶神接回来。

农历腊月二十四日,各家各户会进行大扫除扫舍去尘,预示着除旧迎新。

根据传统,各路鬼神在农历腊月必须决定自己是返回天庭还是继续留在人间。据说为了确保鬼神及时启程离开,人们必须彻底地沐浴干净,清理住处,哪怕是抽屉柜子也不能疏忽。

农历腊月二十五日,人们推磨做豆腐,因为传说玉帝会在这一日降临人间,品尝豆腐渣,体味人间疾苦。

道家神话里,玉帝是道家统治者,管理着天界及以下各界,包括人间和地狱。玉帝是中国传统宗教诸神中最重要的神祇之一。

参考文献

[1] Nida E A. Language and Culture: Contexts in Translating[M]. Shanghai: Shanghai Foreign Language Education Press, 2001.

[2] 郭沫若. 郭沫若全集[M]. 北京:人民文学出版社,1982.

[3] 林语堂. 林语堂名著全集 [M]. 长春:东北师范大学出版社,1994.

[4] 单其昌. 汉英翻译技巧[M]. 北京:外语教学与研究出版社,1990.

[5] 余光中. 余光中谈翻译[M]. 北京:中国对外翻译出版公司,2002.

参考答案

第1章

一、略

二、英译汉

《开学第一课》将于今晚在中央电视台播出，并要大陆各在校中、小学生都观看。

教育部还指示所有中、小学校都要贯彻落实电视节目中的每一项安全措施，并制定出对突发情况的应急方案。“学校开学后就应该重点进行安全教育和安全训练，”教育部说。

驻北京的一位新闻学者对这一举措表示欢迎。他说中国过去从来没有专门制作过关于灾难预防和逃生的节目。

“过去我们缺乏预防灾难的措施，”那位学者说，“现在我认为四川地震最终带来了某些积极的变化，因为地震中的死亡人数——特别是学生的死亡人数实在是太高了……”

三、汉译英

The basic principle for solving the problem of grain supply and demand in China is to rely on the domestic resources and basically achieve self-sufficiency in grain. China endeavors to increase its grain production so that its self-sufficiency rate of grain under normal conditions will be above 95 percent and the net import rate 5 percent, or even less, of the total consumption quantity.

China has basically achieved self-sufficiency in grain at the present stage, and there are many favorable objective factors for her to maintain such achievement by her own efforts in the course of future development. Natural agricultural resources, production conditions, technical level and some other conditions ensure great potential in this respect.

第2章

一、词语翻译（英汉互译）

1. 中央处理器
2. 联合国教科文组织
3. 英国脱欧
4. 美洲豹
5. 盐湖城
6. 洲际酒店集团

7. 变性人

8. 经济减缓

9. 人云亦云的观点

10. 雪花一代(指脆弱的一代)

11. Lenovo

12. Dragon-Boat Festival

13. Yellow Crane Tower

14. propaganda department

15. board of directions

16. economy housing project

17. marital status

18. demographic dividend

19. Room 502, Unit 1, Building 3

20. the Chinese People's Political Consultative Conference

二、句子翻译(英汉互译)

1. 拥有一块天美时表,拥有一段美好时光。

2. 请报价并说明包装情况。

3. 发现问题的严重性时,他们会改变态度的。

4. 行动之前,我得考虑成功的可能性有多大。

5. 仓库重地,禁止吸烟。

6. 我们这个社会,有时不得不做个马屁精。

7. 他讨厌失败,他一生中曾战胜失败,超越失败,并且藐视别人的失败。

8. 中国加入世贸组织使我们有机会解决许多不同的问题,如不公平的贸易做法、贸易壁垒、歧视性调控手续、透明度欠缺,以及其他限制美国参与中国市场或给美国贸易带来不公平影响的政策。

9. 由于地理环境千差万别、意识形态截然迥异、面貌体格参差不一、行为举止各有特色,我们在和其他文化族群交往时常常很难真正相互理解,和睦相处。这种清晰的人类历史事实持续困扰着我们,因而也催生并发展了一门学科——跨文化交际学。

10. The lathe should be set on a firm base.

11. He ran his eyes down the list.

12. Never in my life have I heard such a strange thing.

13. He studied computational linguistics at Oxford from September, 2011 to August, 2012.

14. The school said by using the method the teachers hoped to help the students de-stress before the upcoming final exam.

15. We have opened a new branch in this district,for the convenience of our customers who live here,and for residents who wish to obtain clothing of the newest style and most reliable quality at reasonable prices.

16. Beijing has used license plate restrictions to limit the number of cars and set out plans to keep the oldest and most polluting vehicles off roads when air is especially bad.

17. While there was no association between living near a road and Parkinson's disease or multiple sclerosis,dementia risk reduced as people lived further from a main road.

18. Unfortunately,China seems to be following the west's lead:the rising number of career singles and childless families,the soaring divorce rate and more and more elderly parents living alone.

三、语篇翻译（英汉互译）

1. 沃尔玛公司由美国零售业的传奇人物山姆·沃尔顿于1962年在阿肯色州成立。历经四十年的发展,沃尔玛公司已成为每周接待1.76亿顾客的机构。它已经成为世界最大的私人企业和连锁零售商,在全球开设了分布在14个国家的7 000多家店,员工总数达190多万人。

2. 亚马逊计划开设一家不设收银台的实体杂货店,顾客挑选好商品后通过应用支付即可。这种"即选即走"的购物模式使用了与无人驾驶汽车同类型的科技。当顾客从货架上取下或放回商品时,该系统可以检测到变化,并在虚拟的购物车中记录商品行踪。一旦顾客走出商店,他们的亚马逊账户就会被扣除相应的消费额,并收到收据。2017年年初,位于美国西雅图的第一家亚马逊实体杂货店将有望对公众开放。

3. Shaolin Kungfu is considered the symbol of Chinese martial arts, which were accumulated by ancient Chinese people at the price of their lives in the war activities. Chinese martial arts, which take the body actions of attacking and defending during a combat as their core and systematical action routine as their basic unit,have been gradually shaped into a culture manifestation form in the environment of unique Chinese culture. Therefore,they have become an essential component of Chinese traditional culture,containing abundant ancient Chinese thoughts, such as philosophy, morality, military, medicine, religion and so on.

4. Wudang Mountain,also called Taihe Mountain,is a well-known sacred mountain to Taoists in China. It stands aloft in Danjiangkou, Shiyan City, Hubei Province, overlooking the vast water of Danjiangkou Reservoir in the front,and joining Shennongjia Forest Reserve at the back,covering an area of about 400 square kilometers. The highest peak is the

Heavenly Pillar Peak, rises 1,612 meters above the sea level. Around it there are altogether 72 peaks, 24 streams, 11 caverns, 3 ponds, 9 springs, 10 pools, 9 wells, and 9 terraces, to form this beautiful and grand view of Wudang Mountain.

第3章

一、句子翻译(英译汉)

1. 我方对T20型号很感兴趣，如能提供样品及报价，并告知贵方的最快装船日期，将不胜感激。

2. 兹奉告，由于贵方价格过高，我方恕不能接受贵方报价，甚为遗憾。

3. 贵方应记得我方曾强调过准时装运的重要性，因此对于贵方延误而带来的损失，我方有权提出索赔。想必贵方是能理解的。

4. 我方想知道贵方是否容许我方将交货时间延期10天，如果贵方容许我方延期10天，请速传真回复。

5. 在今后交易中如果每笔金额不超过一万美元，或不超过按当时兑换率折算的等值人民币，可按付款交单方式办理支付。我方认为这样明确一下是适当的。如果金额超过这一数字，就必须用信用证支付货款。

二、句子翻译(汉译英)

1. We have the pleasure to send you this letter, hoping that it will be the prelude to business relations between us.

2. Enclosed please find our monthly statement up to and including May 31, and, the amount of RMB 350,000 remaining unpaid last month.

3. We are sorry we cannot agree with the view put forward by your clients, and must repudiate the claim on account of insufficient evidence.

4. We should be obliged for any information as to the credit standing of the firm, and you may rest assured that anything thus communicated will go no further.

5. It's a matter of regret to inform you that we failed to effect shipment as the date of shipping in the credit owing to some unforeseen reasons in the factory. We would be much obliged if you could extend the dates of shipment and validity to August 15 and 31 respectively.

三、语篇翻译(英译汉)

尊敬的先生：

事由：包装不善要求索赔

我方遗憾地通知你方，由"天使"轮装运的我方第6016号订单项下的棉织品，到货时包装令人很不满意，我方不得不向你方提出索赔。

经检查，近 80% 的货包明显因包装不善而破损。在此情况下，我方只能在交付给客户之前重新包装，因而不可避免地要额外支出 1 500 美元费用。这部分费用我方希望你方给予赔偿，并愿借此机会建议你方今后交货时要特别注意，因为客户往往会根据不良包装而误认为你方货物质量不佳。

此致

敬礼！

公司落款

2016 年 8 月 20 日

第 4 章

一、请将下列句子或段落翻译成中文

1. 考虑到包含于此的相互协议，缔约双方特此共识如下。

2. 由于没有满足该项要求，这笔债务应视为到期应付款。

3. 双方同意，如果在财产转移前，财产的任何部分由于失火或其他事故而遭到毁坏或损害，则须视该项损失的程度和数额，在前文所述的买价中予以扣除。

4. 本合同规定的货物付款不意味着买方已完全接受货物的质量，所有货物要经过买方仔细检验后方可接收。

5. 货到目的口岸 60 天内经中国商品检验局复验，如发现品质或数量或重量与本合同规定不符时，除属于保险公司或船方负责者外，买方凭中国商品检验局出具的检验证明书向卖方提出退货或索赔。

二、请将下列句子或段落翻译成英文

1. If you are prepared to accept it, please indicate on the copy of this letter enclosed here with in the space provided.

2. If no agreement can be reached between the two sides, the case in dispute may then be submitted for arbitration.

3. The Contractor shall execute with the owner a secrecy agreement, the terms and conditions of which will be agreed upon by both parties.

4. The Buyer is of the opinion that if the result of packing in cartons turns out to the satisfaction of the Buyer's clients, the Seller may continue using this packing in the future.

5. The Parties, adhering to the principle of equality and mutual benefit and through friendly consultation, desire to exert all their efforts in co-operating with each other and agree to jointly invest to set up a joint venture enterprise in Wuhan, P. R. China for the purpose of expanding international economic cooperation and technological exchange on a

mutually beneficial and profitable basis.

三、请将下面这份销售合同的前言部分翻译成英文

Through consultations, the Seller, China ×× Import & Export Corporation, and the Buyer, US×× Native Products, Inc., on the principle of equality and mutual benefits, have, concerning the sales and purchase of Chinese native products, signed the Contract as follows:

Contract No.:

Date:

Place: Beijing, China

Seller: China ×× Import & Export Corporation

Address: No. ________________, ________________ Str., Beijing, China

Country of Corporation: the People's Republic of China

Telex:

Fax:

Zip Code:

E-mail:

Buyer: US ×× Native Products, Inc.

Address: Los Angeles, CA, USA

Country of Corporation: the United States of America

Telex:

Fax:

Zip Code:

E-mail:

第5章

一、短语翻译

1. crowd innovation, crowd support, crowd sourcing, and crowd funding platform
2. Internet Plus made in China 2025
3. Internet Plus government services
4. random inspections and prompt release of results
5. cities linked up to fiber-optic networks
6. new era of mass tourism
7. pension system unification
8. the Belt and Road Initiatives

9. the 21st Century Maritime Silk Road

10. the spirit of the craftsman

二、请将以下高校外事材料翻译成英文

Wuhan Business University

Founded with the approval of the Ministry of Education in 2013, Wuhan Business University(formerly Wuhan Commercial Service College) is a four-year institution of higher education. It is under the direct supervision of the Hubei provincial government. The construction and administration are by the Wuhan municipal government. Located at Houguan Lake in the Wuhan Economic and Technological Development Zone, the university covers an area of about 169 acres with floor space amounting to 320,000 square meters. Presently, it has more than 10,000 full-time students and aims specifically at cultivating applied talents, suited to economic and social development.

The university consists of 11 schools and departments: School of Business Administration, School of Commerce, Trade and Logistics, School of Physical Education and Equine Industry, School of Cuisine and Food Engineering, School of Mechatronics Engineering and Automobile Service, Department of Information Engineering, Department of Applied Arts, Department of Applied Foreign Languages, Department of Ideological Morality and Politics and School of Continuing Education.

The University features six undergraduate programs: logistics management, e-commerce, hospitality management, physical economy and management, cuisine and nutrition education and automobile service engineering, and 53 diploma programs. Among the diploma programs, are areas like: refrigeration and air conditioning, animation design and production, photographing, etc., which have a dominant position and great influence in similar colleges. The university has taken a national lead in setting up the equestrian sports program.

Apart from that, it has received a series of 42 honors, like national and provincial education reform pilot majors; national and provincial excellence courses, "Capacity Building Programs of Specialized Service Industry" sponsored by central government, "Talents Cultivation Program of Strategic Emerging Industries for Regular Higher Educational Institutions in Hubei" and provincial model training base.

During recent years, there have been five research projects awarded the first, second and third prizes for the Hubei Teaching and Research Achievements.

Wuhan Business University holds a teaching staff of about 600 full-time teachers. 47% have obtained a Master's Degree and 39% are professors, assistant professors or highly qualified personnel. Among these teachers, there are six State Council, Provincial and

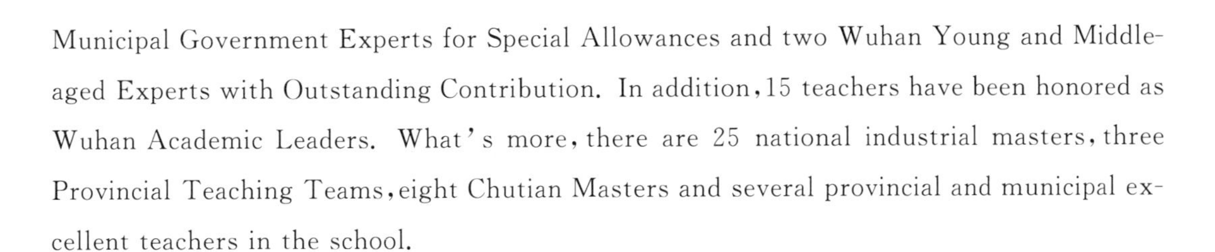

Municipal Government Experts for Special Allowances and two Wuhan Young and Middle-aged Experts with Outstanding Contribution. In addition, 15 teachers have been honored as Wuhan Academic Leaders. What's more, there are 25 national industrial masters, three Provincial Teaching Teams, eight Chutian Masters and several provincial and municipal excellent teachers in the school.

Wuhan Business University has six research institutes, namely Commerce Culture Research Institute, Modern Logistics Research Institute, Tourism Economy Research Institute, Equine Economy Research Institute, Vegetarian Research Institute and Vocational Quality Research Institute. It also hosts more than 200 national, provincial and municipal academic research programs. The school also publishes a journal. Teachers from the school have published 40 academic books and nearly 500 academic papers in key journals.

Upholding the principle of mutual development for a win-win situation, the university has established a strategic cooperation relationship with governments, and more than a hundred national and international enterprises. As the training base for skillful talents and first training base for service outsourcing personnel in Wuhan, the university carries out various vocational skill training. Furthermore, it owns the first Hubei Cuisine Museum with the approval of the Hubei Cultural Relic Bureau and hosts the first highly acclaimed Inheritance and Development of Hubei Cuisine Forum.

Teachers and students of the school have volunteered in groups for the Beijing Olympic Games, Shanghai Expo, Guanzhou Asia Games, Shenzhen Universiade, Chinese Antarctic Expedition and the "Two Sessions" (the NPC and CPPCC). They were awarded the Chinese Youth Volunteers' Outstanding Organization Award by the Central Committee of the Communist Youth League—the highest honor for voluntary service in China.

Wuhan Business University has built a cooperative partnership with 15 overseas institutions in Britain, America, Germany, France, Australia, New Zealand, Japan, South Korea, Norway and Finland. There have been collaborative efforts in academic exchange and talents cultivation.

Wuhan Business University has always been the cradle of many excellent graduates who have taken positions like: national, provincial and municipal skill leader, well-known entrepreneur, chef of state banquet in the Great Hall of the People, and Wuhan Spokesman. During recent years, the students have won more than 60 first prizes, both in teams and as individuals, in national and international professional skill contests. In terms of enrollment and placement, there have been outstanding achievements: the proportion of candidates' applications to the final recruit is 2.7 to 1; the employment rate has been above 94%, showing that the university lives up to its high reputation. The university has been honored as Hubei Civilized Unit, Wuhan May 1st Labor Medal and awarded Hubei Safety Campus consecutively for the past five years.

三、请将以下校际交流协议翻译成中文

武汉商学院与某大学教师、学生交流协议

武汉商学院与某大学为进一步推进深度合作，增进学术、师资、学生交流，根据两校签订的合作备忘录制定本协议。

一、维护两校共同利益，促进两校深度交流，双方可定期派遣教师、教学行政管理人员赴对方学校进行短期培训及深造。

二、双方学校教师、教学管理人员在对方学校学习、培训期间，接收培训学校应提供专业性的培训，负责或协助提供交通、食宿等事宜，尽力保障学习、培训人员在当地的人身安全。培训结束后，由接收培训学校颁发学习培训证书。

三、根据两校专业设置和学科优势，两校可以互派相关专业在校生作为交换生赴对方学校学习（实习），学习（实习）期限可为 6 个月或 12 个月。双方对交换生学习（实习）实行免费，同时承担协助交换生解决学习、交通、食宿等事宜之职责，并保障学生的安全。

四、交换生在对方学校学习（实习）期间，自行承担交通、签证、食宿、生活、保险等费用。交换生顺利完成学习（实习）任务，由接收学校颁发学习证书。

五、本协议以中文和英文写成，具有同等效力，双方各执原件两份，中英文各一份。

六、本协议受双方合作谅解备忘录基本条款约束，自签字之日起生效，有效期暂定三年，期满如无不同意见可继续有效。

七、本协议的任何变更必须经双方讨论一致通过。

八、如任何一方欲终止本交换项目，应至少提前六个月以书面形式通知另一方；在此情况下，双方仍应各负其责，确保正在进行的教师、教学管理人员的培训学习和交换生的学习（实习）顺利完成。如一方单方面违约，另一方有权终止协议，并可依法追究违约方责任。

第 6 章

一、短语翻译

1. modern pentathlon
2. synchronized swimming
3. rhythmic gymnastics
4. figure skating
5. equestrian
6. weightlifting
7. horizontal bar

8. parallel bars

9. race walk

10. archery

二、段落翻译

1. Chinese martial arts enjoy a long history and great popularity in China. Influenced by ancient Chinese aesthetics which advocated a balance between hardness and softness, Chinese martial arts have formed their own aesthetic standards. Today, many people practice it to pursue health, entertainment and competition. In order to inherit the ancient art, many martial arts clubs and associations have been established across China. Since 1980, a large number of graduates majoring in martial arts have been assigned to teach martial arts in schools. Many specialists today are tying to turn martial arts into a scientific sport by combining fighting skills with health. They hope that one day martial arts will become a sport event at the Olympic Games.

2. 中国搏击术是对源于中国的各种搏击技艺的总称，俗称功夫或者武术。但“功夫”和“武术”在内涵上也有一定差别，两个词既体现了不同的搏击技艺传承，也可分别在搏击术之外的语境中单独使用。功夫一般指个人修炼的技艺或技能，而“武术”是指代搏击术时更实用的一个词。武术还可以指一种类似体操的现代体育运动，包括空手和器械套路表演，可以用一套现代美学标准打分评判。

三、语篇翻译

肌肉收缩的种类

在一次典型的力量训练中，肌肉可以收缩数十次到数百次从而移动身体或器材。肌神经刺激导致肌肉单元收缩。然而肌肉收缩并不总是伴随着肌肉纤维的缩短。这取决于肌肉的负荷与其产生的力，肌肉的收缩包括三种：

1. 向心收缩。此种收缩见于肌肉力量大于外界阻力，随着肌肉收缩导致关节运动。换言之，向心收缩是指肌肉收缩时肌纤维缩短从而举起重物。此类收缩的典型是肱二头肌弯举的举起阶段，又被称为正阶段。

2. 离心收缩。此种收缩见于外界阻力大于肌肉力量，导致关节移动并伴随着肌肉伸张（见图 1.1b）。此类肌肉收缩的典型是肱二头肌弯举的下沉阶段，又称负阶段。尽管肌肉纤维伸展，它们仍然处于一种收缩状态，从而使重物匀速地回到起始状态。

3. 等长收缩。此类收缩见于肌肉收缩却无移动，产生力量的同时肌肉长度保持不变（见图 1.1c）。等长肌肉收缩表现在尝试移动无法移动的物体或者该物体过重时。肌肉纤维收缩以尝试移动重物，但由于物体过重，肌肉总体长度保持不变。

至于这三种肌肉收缩对力量与肌肉增长的重要性学界尚存在争议。也有研究试图证明哪种肌肉收缩对于肌肉增长和力量提高更为有效。因为离心与等长肌肉收缩和向心肌肉收缩相比,肌肉可以产生更大的力量,有假设认为在刺激肌肉与力量增长方面离心与等长收缩比向心收缩更为有效。

有研究者发现,通过等长肌肉收缩训练能提高肌肉体积与力量(Fleck 与 Schutt 于 1985 年提出)。然而,等长训练只能提高肌肉在该关节角度下的力量。换言之,如果某人在卧推的起点与终点之间进行等轴训练,此人只会提高在该位置下的力量表现。这并不会提高卧推的整体力量表现,除非在起点与终点之间的各个位置都进行等长训练。因此,尽管等长训练有其作用,向心与离心肌肉收缩才能更好地提高肌肉的整体功能。欲了解一套使用等长肌肉收缩的训练计划的示例,请查看第 9 章的静力训练,在第 170 页。由于离心肌肉收缩能使肌肉过载,所以此类收缩能造成更多的肌肉微损伤。有假设认为这种过载能够更有效地提高力量。确实,研究表明离心收缩能极大地促进力量;然而此种训练与单一向心收缩训练相比并不更高效。因此,为了最大化提高肌肉功能,力量训练计划应结合向心与离心两种收缩。欲了解一套采用离心收缩训练计划的示例,请查看第 6 章的负阶段动作,在第 89 页,以及第 9 章的负阶段力量训练,在第 177 页。

在力量训练中采用向心、离心与等长肌肉收缩训练会导致肌肉产生不同的变化。尽管等长收缩训练能使肌肉体积与力量提升到一定程度,其主要结果是肌肉静力的提升。而这一结果对于大部分需求动能的运动来说并无实质性意义。因此,大部分力量训练计划应主要使用向心与离心收缩训练。

还有一种应当注意的肌肉收缩类型是最大随意肌肉收缩。此种收缩并不是指肌肉的实际运动而是指所受阻力的强度。当肌肉进行最大随意收缩时,肌肉所产生的力量大小取决于其当前的疲劳程度。无论动作在一组中重复了多少次——无论是 1 次还是 10 次——最大随意收缩取决于重复的最后一次,当向心肌肉收缩暂时无法完成时。换言之,动作无法再重复。这也被称为重复极限,即 RM,通常前边都有数字表示。比如,1RM 表示某重量导致肌肉出现最大随意收缩出现在动作的第 1 次,而 10RM 表示该重量使肌肉在重复第 10 次动作时出现最大随意收缩。

第 7 章

一、翻译下列菜名,注意不同翻译方法的使用

1. Lotus Root and Rip Soup
2. Bread Soaked in Fish Head Soup
3. Deep-Fried Lotus Root Sandwich
4. Bamboo Shoot Soup with Fresh and Pickled Streaky Pork
5. Roasted Matsutake
6. Braised Bamboo Shoot
7. Boiled Fish with Pickled Cabbage and Chili

8. Decocted Mackerel
9. Hot and Sour Lotus Root
10. Steamed Twisted Rolls with Scallion and Spicy Salt
11. Steamed Bread
12. Stir-Fried Rice Noodles with Beef
13. Chinese Hamburger
14. Pita Bread Soaked in Lamb Soup
15. Lanzhou Hand-Pulled Noodles
16. Qishan Minced Noodles
17. Zongzi
18. Rice Cake Stir-Fried with Vegetables
19. Rice Cake Stir-Fried with Crabs
20. Braised Noodles with Lentil
21. Shanxi Braised Noodles
22. Sweet Green Rice Ball
23. Wonton Noodles with Shrimps
24. Braised Shredded Chicken with Ham and Dried Tofu
25. Tofu Curd
26. Fried Dried Milk Cake
27. Mongolia Milky Tea
28. Fried Dairy Fan
29. Baked Lamp Chop
30. Stinky Tofu Braised in Soy Sauce
31. Shaoxing Chicken in Wine
32. Pickled Chinese Cabbage with Plain Boiled Pork
33. Dumpling of Pickled Chinese Cabbage
34. 青柠冰糕
35. 什锦莓子沙拉配马玲球
36. 焗苹果配奶油香草汁
37. 坚果冰淇淋配树莓
38. 奶酪蛋糕配鲜果

二、汉译英段落翻译

The ancient town Jianshui, which used to be called Lin'an, is located in Honghe area of Yunnan. During the past 1,200 years, this place used to be the key position in military operations, but has faded its glaring honor as time goes by. Like many other small towns in Yunnan, Jianshui is a multinational habitation with mixed cultures in the formation of a special atmosphere and pattern.

When it clears up, Yao Guiwen will move the bamboo basket which is filled with tofu balls onto the roof. These tofu balls are the fruits of his wife and him in several days. They have already been slightly yellowish, but Yao Guiwen still needs to be patient for another several days as this level's balls are far enough. The mature sign is that the outer layer becomes shriveled, hard, and black brown. This change comes from natural fermentation.

Wang Cuihua uses small pieces of gauze to pack the shapeless soft tofu tightly, and then squeezes out the water to make it take shape. If she does not seize the time, the fresh tofu will soon turn sour. That means she must pack it incredibly fast, without a rest for a moment.

A pot of charcoal fire which is burnt to the point is the key of Yao Guiwen's work in the afternoon. The heating power of the charcoal fire will swell the hard tofu quickly which makes people easily associate it with the fermentative dough. The special taste which is made through air drying and fermentation is very enjoyable to Jianshui people. There are diverse kinds of spices can be dipped in when people eat tofu, but the character of tofu itself is the most important thing to Yao Guiwen.

The warmth in the areas of river valley is very easy to ferment tofu while the moderate dryness will not allow it to be spoiled. Yao Guiwen is more sensitive to the subtle relationships among wind, water, sunshine and tofu.

Daban well is known in Jianshui. Near the well, women can construct an assembly line of making tofu simply through the cooperation of fingers. Constructed in the initial Ming Dynasty, Daban well's diameter is rarely as long as 3 meters without losing its vigor hundreds of years later. Every procedure of making tofu cannot separate from water. The water of Daban well is naturally soft water which is sweet and rich in mineral substance. The surrounding tofu workshops are beneficial from it.

Although far from Daban well, Yao Guiwen still uses the water from it as there are special water carriage people in Jianshui. That's why Jianshui people still love well water as before, while tap water is the symbol of modern life. Jianshui people who own 128 wells of water have knowledge of it. They believe that water can nourish people's intelligence and awareness which are the same what water to the model of tofu. The two of them have an inarticulate common.

In the ancient town Shiping, less than 40 kilometers far from Jianshui, the temperament of tofu is obviously different. The size of the shaped tofu is amazingly big. But the most rare thing is that the tofu is very tough and hardly to be broken, and a shade of salt can furthest retain its freshness.

In the past 30 years, Yao Guiwen's soybean booth is seldom deserted. Buyers and sellers have the tacit agreement by using the method "one tofu, one corn" to count.

Yao Guiwen needs a 30-minute-ride to go back home from his soybean booth, almost across over the ancient town. Many things have been changed in Jianshui along with the rapid development of the society. During the lengthy time, some variable quantities disappeared, some are modified, and some new come in. However, there are always some variable quantities can withstand the test of time. Yao Guiwen and Wang Cuihua's life which surrounds tofu is common and toilsome. In this couple's eyes, each piece of tofu is extremely precious as it can help them to raise their children with a happy and steady life.

Yunnan is not the major production area of soybeans, but it does not limit the place to own a long history of tofu. During the past over 1,000 years, that tofu represents food culture of the Central Plains has already been rooted in the fertile lands of the southwestern frontier and deduced its own unique temperament with the northerners' several times immigration.

Those making details which come down in the same continuous line are associated with the Central Plains' hinterlands thousands of kilometers away. That is the place which has witnessed Chinese tofu's birth to prosperity over 2,000 years.

Many people believe that over 2,000 years ago, it was Liu An, the king of Huainan, who loved refining synthetic drugs which were mainly composed of mineral substances helped to bring about the birth of tofu when he was breeding the seedling of them and happened to add the gypsum in it. Whether the fact is such dramatic or not, Chinese people undoubtedly had experienced an endless exploration to finally make tofu become such a kind of amazing food.

The birth of tofu has totally changed the destiny of soybeans and it derived many kinds by civilians. They represent people's taste and temperament in different areas.

Tofu's characteristic of tolerance creates enormous imaginary space for Chinese people who are skilled in cuisine. Those originally embarrassing soybeans' negative factors, trypsin inhibitor, nonabsorbable sugar and phytic acid, have been eliminated consciously or unconsciously through Chinese ancient transformation. The appearance of tofu lead people's absorption and utilization of soy protein reach another height. Chinese chefs' understanding to tofu often shock people. Maybe we can say that the Chinese have used tofu to express their soft and flexible adaptability. All these have sublimated a grain of soybean.

第8章

1

The Purple Gold City,344.43 meters in circumference,was build in 1419 of the Yongle reign of the Ming Dynasty (1368-1644) by an imperial order. Winding around Heaven's Pillar Peak,the City is also known as the Forbidden City of Heaven and the Quiet City on Clouds.

Walking through the Southern Heaven Gate,and climbing a few winding steps up,visitors come to the Hall of Officer Wang,in which stands a tin-made statue of Officer Wang. It is said that Officer Wang,with three eyes that can distinguish good from evil,is in charge of all things both in the heaven and the world.

After visiting the Hall of Officer Wang,visitors have to climb a flight of steep and winding steps called "Nine-Turning Steps" with iron chains on both sides before they reach the Heaven's Pillar Peak,1,612 meters high above sea level. On top of the peak stands the skyscraping Golden Palace. The Golden Palace,built in 1416 with 90 metric tons of bronze, is gilded with 360 kilos of gold. The bronze structured palace imitates wooden architecture style with double eaves. In the palace is worshiped the gold-gilded bronze statue of the deity of Zhen Wu. Before Zhen Wu is a desk,under which lie the snake and the turtle. On his two sides are his attendants Gold Boy and Jade Girl serving him with official dispatches and a seal. Further besides him stand two generals—the General of Water and the General of Fire,who guard Zhen Wu with a sword and a banner. On the wall above his head is hung a horizontal board inscribed with Emperor Kangxi's words:Gold-shining and Lifelike Statue. In the palace there is magic lamp which lights unceasingly for 600 years because of its delicate design and airtightness. To the west of the Golden Palace is Parents Hall where the statues of Zhen Wu's father,king of Jingle Kingdom and his mother,Shansheng queen,are worshiped.

A bird's eye-view of the Golden Palace and the other buildings gives a surprising impression that the layout of the buildings integrated harmoniously with the mountains is a natural wonder.

2

The rolling Changjiang River flows to east; and heroes from generation to generation,

like its spindrift, have been quickly passed away. The Changjiang Valley is one of densely populated and economically prosperous districts of China. Along the river, there are important cities of Chongqing, Wuhan, Nanjing and Shanghai. The Changjiang River is usually called Gold Watercourse. Its natural scenery, human and culture landscape are well-known to all. The Three Gorges is one of the most beautiful and attractive gorge scenes in the upstream of the Changjiang River. Although it has experienced great changes for several thousand years, it still embraces various rivers by its great bosom and rolls to the east. It witnesses the great changes of the cities' yesterday and today along the river. It testifies the great historical changes of the social economy and the travel industry along the Changjiang River, especially the changes of Changjiang Three Gorges Travel.

3

The scenic spot of the Cliffy Rocks is famous for the grand and peculiar stone forest and the graceful subalpine natural landscapes. On both sides of the footpath, are the lush green bamboos, the red azalea flowers, the mat-like meadows, and the cliffy rocks with various postures. This spot caught much attention because the hairs and traces of the suspect Bigfeet have been discovered for several times. Through the stone forest, you will appreciate the miracle and mystery of Shennongjia.

4

Located on the top of the Sheshan Hill (which means "the Snake Hill"), the Yellow Crane Tower stands against Wuchang, faces the vast Yangtze River and the elegant Qingchuan Pavilion. On the tower, you can enjoy the beautiful scenery of Wuhan and its adjacent regions. Thanks to its unique location, and the poems, prose, couplets and folk stories passed down from the ancient times, the Yellow Crane Tower is reputed as one of the "three famous towers south of the Yangtze River". It enjoys such titles as "Best Scenery under Heaven" and "Number One Tower under Heaven".

There are many legends about why the Yellow Crane Tower was built, which brings mystery to the tower and attracts many people to admire it.

Legend One

More than 1,000 years ago, an old man surnamed Xin ran a tavern on the Sheshan Hill. A Taoist who was a regular visitor never ordered dishes, but drank wine with fruits he brought along. The owner refused to accept the Taoist's money, assuming that he was poor. Soon they became friends. One day, the Taoist drew a yellow crane on the wall with the orange skin and said, "The crane will dance upon hearing the clap." Then he left and never returned.

The curious customers clapped their hands and then the crane flew from the wall, danced and then returned to its original place. The restaurant became very famous as the story was widely spread. A corrupt official ordered to move the wall to the local authorities' headquarters, but the crane flew away and the official was drowned in the Yangtze River when chasing after it. Thus the tavern owner built the Yellow Crane Tower on the original site to commemorate the crane.

Legend Two

The tower was first built in 223 A. D. In the Three Kingdoms Period. Sun Quan, the King of Wu, built the earliest Yellow Crane Tower in the Town of Wuchang. During that period, the tower served a significant military purpose. After the three kingdoms were united, with the development of the city, the tower lost its military value and gradually became an ornamental tower.

The tower, built and ruined many times, has undergone many wars and changes. In the Ming and Qing dynasties, it was built and ruined seven times. In 1884 A. D., it was reduced to ashes, but one hundred years later, a new magnificent tower rose up in Wuhan.

5

The tomb of Marquis Yi of Zeng, originally located at Leigudun in the suburbs of Sui County(present-day Suizhou) in Hubei, was excavated in1978. It is the tomb of a feudal King buried 2,400 years ago. More than 15,000 artifacts were unearthed, including ritual vessels, musical instruments, lacquered articles, gold wares, jade wares, weapons, chariot parts, harnesses and bamboo slips(before the invention of paper, Chinese people wrote on bamboo slips).

The funerary objects are mainly musical instruments including nine ding(vessel to hold animal meat) and eight gui(container to hold grain), bianzhong(set-bells) and bianqing (stone chimes). Their number and arrangement are proper for the owner's rank as a feudal monarch in the Zhou Dynasty(1046 B. C. -256 B. C.), reflecting strict rules as well as the reverence for Heaven and Earth, gods and ancestors in the pre-Qin period. The sixty-four two-tone bianzhong(excluding the one presented by the King of Chu), delicately made zun (wine vessel) and pan(water vessel), and the suitcase with a diagram of the twenty-eight constellations, etc. fully demonstrate Chinese people's high achievements in art, technology and astronomy at the time.

The most representative relics from the tomb are exhibited according to different cate-

gories in separate halls, representing the spiritual and material life 2,400 years ago to our modern people.

6

维多利亚国立美术馆建于 1861 年，是澳大利亚第一个成立的，也是最早收藏亚洲艺术品的美术馆，并于 1862 年收藏了首件亚洲艺术品。由于得到设立于 1904 年的法兰敦基金、维多利亚艺术基金、亚洲艺术支持者，以及其他捐助者的慷慨捐赠，亚洲收藏品现已近 5 000件。

亚洲收藏品包括东亚、南亚和东南亚艺术品与文物，其时间跨度从公元前两千年至二十一世纪。收藏品种类包括绘画、书法、版画、青铜器、雕塑、陶器、瓷器、漆器、玉器、玻璃器皿、家具、织物及影像。

亚洲收藏品不仅反映了亚洲艺术传统的丰富多彩，同时也反映了其在艺术、文化和精神上的交流情况。

亚洲艺术馆由“中国艺术馆”“南亚和东南亚艺术馆”“日本艺术馆”和“亚洲艺术专题展览馆”组成。

第 9 章

一、汽车术语翻译

1. internal combustion engine
2. connecting rod
3. valve stem
4. vacuum hose
5. automatic transmission
6. spark plug
7. cruise control
8. master cylinder
9. dashboard
10. gear shift

二、请将下列句子翻译成汉语

1. 任何物品在踏板区域造成阻碍，都可能导致驾驶员失去对车辆的控制，引起严重的交通事故。

2. 一种普遍的看法认为，在轻微碰撞事故中，乘客可以用手将身体支撑住，这是错误的观点。

3. 每隔一段时间要查看一下安全带的状况，如若发现安全带织物、安全带连接件、安全带自动回卷装置或锁扣有损坏，则必须到专业维修站更换新的安全带。

4. 即使仅以30千米/时至50千米/时的速度行驶，车辆发生碰撞时施加在乘坐人员上的力可能相当于1吨(1 000千克)或更多。

5. 这些安全装备配合协调，为您和您的乘客在事故中提供最佳的保护。

6. 用钥匙关闭副驾驶座安全气囊时，车内所有其他安全气囊仍可正常工作。

7. 4.5千克重的物品放在车内未固定，当车辆以50千米/时的速度行驶时，如果发生正面碰撞事故，则这个物品将释放出相当于其自身重量20倍的冲击力。

8. 车辆行驶过程中，坐姿不正确可能导致乘坐人员受重伤或死亡。

9. 如何把儿童椅安全地固定在后排座椅或副驾驶座椅上，有以下方法可供选择。

10. 然而，我们建议儿童安全座椅安置在后排座椅上，这样副驾驶座的安全气囊仍能正常工作，在发生事故时，能提供适当的保护。

三、请将以下汽车广告翻译成汉语

想想您能节约些什么

您是否想过未来？本田的工程师们已经花了不少时间思考过这个问题了。当他们用笔写下想法时，一种新型汽车诞生了。这就是本田思域VX型汽车。

令人惊叹的新款思域VX型车，让您体味驾驶的乐趣，并具有超群的节能功效，即使加速也同样省油。

VX型车当然拥有独特的新式发动机，在第一辆样车出厂前好几个月就已经名声大噪。独特的燃料油喷射系统增加了动力，并能节省燃料，使你不必常常停下来加油。这样您需要一些控制。比如可变气门控制，确切地讲，是可变配气定时和气门升程电子装置。它控制发动机正确地进行“呼吸”。在您加速时，每个气缸的进气门放入更多的空气与燃料油以加大马力，而在低速行驶时，一个气门开得很小，以节约燃料油。

这种车经济到什么程度呢？美国环境保护局的测试会告诉您：每加仑汽油可在高速公路上行驶55英里，在市区行驶48英里。这些数据使VX型车成为最好的四缸汽车。

第10章

一、略

二、翻译练习

1. 英译汉

现在，所有人都在倾听你们。你们数以千万计地投入到这场历史运动中，这样的事情世界上从来没有过。

这一就职典礼的核心是一种信念——我们坚信国家是为服务人民而存在的。国家要为孩子们提供优良的学校教育，为家庭提供安全的生活环境，为每个人提供好的就业岗位。

这些是正直的人民、正直的公众发出的合理诉求，但是很多人面对的现实却与我们的期望不相符。在内城区，母亲和孩子正陷于贫困之中，生锈的工厂像墓碑一样布满我们国家的土地，教育系统充斥着黑暗的权钱交易，我们年轻又俊俏的学生们因此被剥夺了本该习得的知识。犯罪团伙和毒品夺走了许多生命，阻碍了我们国家未开发潜力的释放。我们国家中的这些屠杀行为将永久结束在此地，结束在此刻。

2. 汉译英

Traditionally, Spring Festival starts in the early days of the 12th month in the lunar calendar and lasts until the middle of the 1st lunar month of the following year. With the modernization of China, some traditional customs are still followed today, but others have fallen by the wayside.

Little New Year, which falls the 23rd day of the 12th month in the lunar calendar, is also known as the Festival of the Kitchen God, the deity who oversees the moral character of each household.

People make sacrifices to the Kitchen God on this day. A paper image is burnt dispatching the god's spirit to Heaven to report on the family's conduct over the past year. The Kitchen God is then welcomed back by posting a new paper image of him beside the stove.

Families undertake thorough house cleaning on the 24th day of the 12th month in the lunar calendar, sweeping out the old in preparation for the coming year.

According to tradition, ghosts and deities must choose either to return to Heaven or to stay on Earth during the last month of the year. It is believed that to ensure the ghosts and deities' timely departure, people must thoroughly clean both their bodies and their dwellings, down to every last drawer and cupboard.

People turn the mill and make tofu on the 25th day of the 12th month in the lunar calendar, as legend says the Jade Emperor will descend and taste the soybean curd residue to experience an austere life.

According to Taoist mythology, the Jade Emperor is the Taoist ruler of Heaven and all realms of existence below, including that of Man and Hell. He is one of the most important gods of the Chinese traditional religious pantheon.